荣格自传

记忆、梦、思考

（瑞士）荣格◎著　刘婉莹 顾瑞◎译

中国华侨出版社

·北京·

图书在版编目（CIP）数据

荣格自传：记忆、梦、思考/（瑞士）荣格著；刘婉莹，顾瑞译.—北京：中国华侨出版社,2021.5
ISBN 978-7-5113-8263-4

Ⅰ.①荣… Ⅱ.①荣… ②刘… ③顾… Ⅲ.①荣格(Jung, Carl Gustav 1875—1961)—自传 Ⅳ.① K835.226.2

中国版本图书馆 CIP 数据核字 (2021) 第 063829 号

荣格自传：记忆、梦、思考

著　　者/（瑞士）荣格
译　　者/刘婉莹　顾　瑞
责任编辑/高文喆　桑梦娟
策　　划/周耿茜
封面设计/胡椒设计
经　　销/新华书店
开　　本/710 毫米×1000 毫米　1/16　印张 / 19.5　字数 / 308 千字
印　　刷/天津旭非印刷有限公司
版　　次/2021 年 5 月第 1 版　2021 年 5 月第 1 次印刷
书　　号/ISBN 978-7-5113-8263-4
定　　价/65.00 元

中国华侨出版社　北京市朝阳区西坝河东里 77 号楼底商 5 号　邮编：100028
法律顾问：陈鹰律师事务所
编辑部：(010) 64443056　64443979
发行部：(010) 64443051　传真：(010) 64439708
网　　址：www.oveaschin.com
E-mail：oveaschin@sina.com

译　者　序

在这座房子里诞生了卡尔·古斯塔夫·荣格（1875 年 7 月 26 日——1961 年 6 月 6 日），人类心灵奥秘的探索者。

——荣格故居碑文

精神分析学家、心理学家卡尔·古斯塔夫·荣格于 1875 年出生于瑞士小镇凯斯维尔，并于 1895 年进入瑞士巴塞尔大学主修医学，后求学于苏黎世大学。荣格一生致力于精神病学和心理学的治疗与研究，是现代心理学和精神病学的开创性人物，分析心理学派的建立者。他提出了内倾和外倾人格、原型和集体无意识等心理学概念与理论，对后世的文学、哲学、人类学、宗教、艺术等诸多领域产生了广泛而深远的影响。荣格一生著述颇丰，晚年隐居在苏黎世柏林根的湖畔。

荣格自幼就是一个性格有些孤僻、想象力丰富的男孩，而他的父母在其早年性格形成期所产生的影响为日后荣格的一生打上了底色，或者用荣格自己的话说："一个人毕其一生的努力就是在整合他自童年时代起就已形成的性格。"荣格的父亲是一名拥有语言学博士学位的乡村牧师，由于职业原因压抑自我，性格喜怒无常，他信仰上帝却反对自己唯一的儿子从事宗教学研究。他的母亲有着明显的双重人格，在荣格眼里她是称职的母亲，一个不错的聊天对象，但同时也会表现出歇斯底里的症状。在父母二人并不和睦的婚姻中，荣格扮演了一名痛苦的调解者的角色。

荣格曾有言，"孤独并不是来自身边无人。感到孤狐的真正原因是因为一个人无法与他人交流对其最要紧的感受"。与他人难以产生共鸣，常常陷入种种幻象和梦境的荣格最终在自然科学和人文社会科学的探索中找到了心灵迷宫的出路。在中学时期，荣格便开始接触歌德、康德、黑格尔、叔本华、尼采等人的著作，但他的涉猎并不限于德语世界的作品。为了从心灵困境中自救并缓解不安的情绪，他还从古希腊先贤中汲取养分，并在父亲的书房中翻阅了大量宗教图书。他不仅从阅读中找到了父亲这样一个虔诚的基督教信徒不幸生活的根源，同时也将他引向了心理学研究。

荣格的祖父曾是著名的医生，而且有传闻称荣格是歌德的后人。像是接受了冥冥之中的指引，荣格本人最后走上了人类心灵的探索之路。一方面，荣格自小就培养起对历史和哲学的浓厚兴趣；另一方面，随着对问题的逐渐深入研究，自然科学逐渐吸引了年轻的荣格，而学习医学、研究人的心理就像是两条溪流汇聚合一。

1900 年，荣格结束了在巴塞尔大学的学习，也正是在那一年，另一位心理学界的划时代人物弗洛伊德发表了他的扛鼎之作《梦的解析》。荣格将弗洛伊德比喻为"旧约先知"，称他亲手推翻虚假的神明，撕开一大堆不实和伪善的面纱，正是这种惺惺相惜让二人结缘。弗洛伊德的学说在当时曾被认为是异端邪说，荣格冒着有损职业生涯的危险，公开声援这位亦师亦友的前辈。他们曾将自己的梦交给对方进行分析，但最后二人还是分道扬镳。在荣格一方看来，二人关系的破裂是由于弗洛伊德对任何问题所表现出来的不容置疑的权威感。

同为行走在黑暗中的心灵探索者，弗洛伊德创立了潜意识心理学，而荣格作为继承人开拓和发展了该学说，提出了集体无意识并以此为基础建立了分析心理学。潜意识究竟对于我们的影响有多大，荣格曾给出了这样的评价："你的潜意识正在操纵着你，而你却称其为命运。"如果将意识比喻为一座漂浮在水面上的冰山，那么水面之下的便是我们的潜意识，而这部分更大，也更难以察觉。潜意识理论被广泛接纳之前，人们会自然以为自己的内心活动和外在行为是由意识所决定，而自弗洛伊德和荣格创立与发展潜意识学说之后，"水面之下"的潜意识才渐渐走进公众视野，人们才发现原来我们的一些下意识或者看似无来由的言行，其实都出于潜意识。

对于中国读者来说，荣格这个名字或许并不陌生。诚然，这种熟悉是由于荣格的诸多学说已经渗透到了各行各业。例如，我们现在所看到的各种人格类型测试，就是基于荣格的人格原型理论演化发展而来。其实，这种莫名的熟悉感也来自荣格的中国情结。他信奉中国道家学说，曾为德国汉学家卫礼贤所译的《易经》作序，还自诩为中国文化的信徒。在本书中荣格引用《道德经》中的"众人昭昭，我独昏昏"来形容自己晚年时的感悟。有时，甚至能从这个数十年前的欧陆学者的文字中，读出中国传统文人的气质。

荣格曾著有一书《寻找灵魂的现代人》，论述了自己对现代人精神问题的认识。而在追求意义、找寻灵魂成为现代人的天然使命和本能的今天，在历经千百年依然无法走出人类自我认知困境的今天，在心理疾病和心理障碍日益受到重视的今天，我们不妨认识一下这位寻找灵魂的现代人，走进这位带领人们向内审视的先驱的心路历程。

荣格一生笔耕不辍，本书作为他的最后一本著作，是对其传奇一生的回顾和思考，也是后人研究荣格本人及其思想的第一手资料。

译者序

序　言

　　我的生活是一个关于潜意识自我实现的故事。无意识中的种种一切寻求外在表现，个性过于想摆脱其潜意识的状况并渴望自身整体体验。我不能用科学的语言来回溯自己的成长历程，因为我无法把自己的成长当作科学问题来体验。

　　对于我们的内在想象，以及人类似乎属于次要的事物，只能通过神话来表达。神话比科学更具个性，更能表达生活。科学是关于平均概念的学科，过于笼统，无法对个体生活的主观多样性做出公正的评价。

　　所以，我还是要在八十三岁的高龄，讲述自己的神话。我只能直接陈述，只能说"故事"。故事是否"真实"不是什么问题。唯一的问题是我所说的是否是我的寓言、我的真实情况。

　　自传的创作很难，这因为我们没有判断自己的标准、没有客观依据，可供我们对自己做出评价。确实没有什么合适的基础用以比较。我知道在很多事情上我都与众不同，但是我不知道自己到底是什么样。人无法将自己与其他任何生物相提并论。人不是猴子，不是牛，不是树。我是人，但是人又是什么呢？就像其他众生一样，我是无限神灵碎片中的一个，但我无法与任何动物、任何植物或任何石头作比较。只有神话人物的活动能量比人类大。那么，一个人如何对自己形成明确的看法？

　　我们是一个无法控制，仅能部分引导的心理过程。因此，我们无法对自己或我们的生活有任何最终判断。如果有的话，我们将会无所不知——但最多不过是自我吹嘘，假装如此。从根本上说，我们永远都不知道这一切是如何产生的。生命的故事始于某个地方，某个特定的时刻我们碰巧记得；甚至那时它已经非常复杂。我们不知道生活将会如何。因此，这个故事没有开头，而结局只能模模糊糊地暗示。

人的一生是一个可疑的实验。仅从数字上说，这是一个惊人的现象。就个人而言，它是如此短暂，如此不足，以至于任何事物都可以存在和发展，这确实是一个奇迹。很早以前，我还是一个年轻的医学生时就对这一事实印象深刻。而我竟没有过早地消失于世，在我看来是不可思议的。

照我看来，生命始终像是一种依靠根茎而存活的植物。它的真实生活是无形的，藏在根茎中。出现在地面上的部分仅持续一个夏天。然后便消逝了——像一个短暂存留于世的幽灵。当我们想到生命和文明的不断增长与衰落时，我们无法不去想绝对虚无。然而，我从来没有失去过一种感觉，那就是在永恒的变幻之下存在和持久的东西。我们看到的是盛开的花朵，花朵会凋谢，而根茎永存。

最后，我一生中唯一值得一提的事件，就是那些不朽的世界闯入了这个短暂的世界。这就是为什么我主要讲内在经历的原因，其中包括我的梦想和幻象。这些构成了我科学工作的首要本源。它们是炽热的岩浆，待加工的石头从岩浆中诞生。

与这些内在事件相比，其他所有旅行、人与周围环境的记忆都黯然失色。许多人参与了我们这个时代的故事并将其书写出来。如果读者想要时代故事，可以读一读这些人的著作，或听别人讲述即可。对我生命中外在事件的回忆在很大程度上都过于黯然或直接消失了。但是我与"其他"现实的相遇，我与潜意识的较量则刻在我的记忆中。在那个世界，总是有大量的财富，相比之下，其他所有事物都失去了重要性。

同样，只有从一开始就将他们的名字写进我的命运卷轴中，其他人才能在我的记忆中建立牢固的地位，因此与他们相遇即是一种回忆。

内在的经历也为我所经历的外在事件加盖了印记，这些事件在我的青年时代或之后一直具有重要意义。我很早就得出这样的见解，即当生活中的问题和复杂性没有答案时，它们最终将毫无意义。外在经历不能替代内在经验。因此，我的生活在外在事件上简直是贫瘠。关于外在事件，我没有什么可多说的，因为它会让我感到空洞而又虚无缥缈。我只能从内在的事件中了解自己。正是它们造就了我的独特人生，而我的自传也正是在讲述它们。

目 录

一　童　年

我六个月大的时候，我的父母从康斯坦茨湖畔的凯斯维尔（Kesswil）搬到了莱茵河边的洛芬（Laufen），住进了城堡式的牧师住宅。那是在 1875 年。我两三岁开始记事，我还记得牧师、花园、洗衣房、教堂、城堡、瀑布、沃思小城堡和教堂司事的农场。这些记忆就像是孤岛，漂浮在一片模糊的海洋中，显然每个孤岛彼此之间没有任何联系。

一个情景浮现在我眼前，也许是我人生中最早的记忆，而它却只是一个朦胧的印象。我躺在树荫下的婴儿车中。这是一个晴朗温暖的夏日，天空湛蓝，金色的阳光穿过绿色的树叶。婴儿车的车罩开着。我一醒来便发现这瑰丽的美好景象，享有一种难以形容的幸福感。我看到阳光照耀着灌木丛的叶子和花朵。一切都是那样美好，多彩而灿烂。

另一个记忆：我坐在房子西侧的餐厅里，坐在高脚椅上，用勺子舀热牛奶，牛奶里泡着碎面包，味道令人愉悦，气味独特。这是我第一次闻到牛奶的香味。可以说，这是我意识到嗅觉的时刻。这也是一种很久以前的记忆。

还有一个记忆：一个可爱的夏日傍晚。一位姑姑对我说："现在我要给你看一些东西。"她在通往达克森（Dachsen）的路上，将我带到了房子的前面。远望地平线上的阿尔卑斯山山脉，正沐浴在炽热的夕阳红光中。那天晚上可以很清楚地看到阿尔卑斯山。"看那边"——我听见她用瑞士方言对我说——"山都红了。"我第一次有意识地看到了阿尔卑斯山。然后我听说，第二天村里的孩子们将去苏黎世附近的于特里峰（Uetliberg）参加一次学校郊游。我也很想去。但他们说小孩子不能随行，我很难过，对此却无能为力。从那时起，闪闪发光的积雪山脉附近的于特里峰和苏黎世（Zürich），成为我梦寐以求却遥不可及的地方。

过了一段时间，我又有了另一种记忆：我的母亲带我到图尔高（Thurgau）拜访朋友，他们在康斯坦茨湖上有一座城堡。我立刻被湖水吸引，船激起的浪一直冲到岸边，阳光照在水面上闪闪发光，水下的沙子被花浪冲刷出小山脊状。湖一直延伸到远方。如此广阔的水域对我来说是无法想象的喜悦，无与伦比的绚烂。那时，我就在想我一定要住在湖边；我认为没有水，人根本无法生活。

另一个记忆出现了：一群陌生人，熙熙攘攘，显得格外激动。女佣跑过来大喊："渔民找到了一具尸体——瀑布冲下来的——他们想把它放到洗手间！"我父亲说："好的，好的。"我想立刻看到尸体。母亲阻止了我，并严厉禁止我进入花园。等所有人都离开时，我迅速溜进了花园的洗手间。但是门是锁着的，我只好绕着房子走，看见后面有一个排水沟，顺着斜坡往下，排水沟里血和水在滴流。我发现这一切格外有意思。那时我还不到四岁。

另一个形象：我吵闹不安、发着高烧、无法入睡。父亲将我抱在怀里，在屋里踱来踱去，唱着他学生时期的老歌，我印象深刻，那是我特别喜欢的一首，它总能用来抚慰我，开头是这样："一切都安安静静，所有人闭上眼睛Alles schweige, jeder neige……"直到今天，我仍记得父亲的声音，记得他在夜晚的寂静中为我歌唱。

我很痛苦，妈妈后来告诉我，我得了全身湿疹。我心里已隐约有种暗示，我父母的婚姻会出现问题。我在1878年生的那场病一定与我父母的暂时分居有关。我母亲在巴塞尔的一家医院里待了几个月，她的病大概与她的婚姻有关。我的一个姨妈是个老姑娘，比我妈妈大二十岁，便开始照顾我。我母亲的离开令我深感痛苦。从那时起，当我说"爱"一词时，我总有不信任感。很长时间以来，我与"女人"相关的感觉都是固有的、不可靠的。而"父亲"意味着可靠性和无力感。伴随我一生的心理障碍便由此开启。后来，这些早期的印象有所变化：我信任男性朋友，但他们让我感到失望，而我不信任女性朋友，她们却也没有让我失望过。

我母亲不在以后，女仆也来照顾我。我仍然记得她抱我起来，让我把头靠在她的肩膀上。她有一头黑发和橄榄色的肤色，与我母亲大不相同。即使是现在，我仿佛仍然可以看到她的发型轮廓、她的喉咙、她黝黑的皮肤和她的耳朵。在我看来，所有这一切都非常奇怪，但又不陌生。好像她不属于我的家人而是仅属于我，好像她以某种方式与我无法理解的其他神秘事物联系在一起。这种类型的女孩后来成为我生命的一部分。她传达出一种既陌生，却又始终如一的熟悉感。后来成为我心中象征女性本质形象的一类人物特征。

从父母离异那时起，我有了另一个记忆：一个年轻、漂亮迷人的女孩，她有着蓝色的眼睛和金色的头发，在晴朗秋日，带我沿着莱茵河，在瀑布下方的沃思城堡附近，在金色的枫树和栗树下漫步。阳光穿过树叶，黄色的树叶落在地上。这个女孩后来成为我的继母。她崇拜我的父亲。直到我二十一岁，才再见到她。

这些是我的外显记忆。下面我讲述的是更强大的图像，甚至是影响更深远的图像，我记得其中有些印象模糊。例如，有一次我在楼下跌倒了，头磕在炉腿的角上，我还记得疼痛和鲜血，一位医生在我的头上缝了一个伤口，直到我读高中最后一年，伤疤仍然可见。母亲还告诉我，一次我穿过莱茵瀑布通往诺伊豪森的桥梁时。幸亏女仆及时抓住了我——当时我一条腿跌出了栏杆，差点掉下去。这些事情表明了潜意识里的自杀冲动，或者可能是对人生在世的一种极力抵抗。

那段时间，莫名的恐惧会在夜晚涌上心头。我时常听到房子里走动的声音，听到莱茵瀑布低沉的咆哮声，于是觉得周围到处都是危险。总觉得有人淹死了，尸体从岩石上冲过来。附近的墓地里，教堂司事在挖坑——挖出的土形成棕色的土堆。一群神情严肃的男人身着黑色长袍，外加高高的帽子和闪亮的黑色靴子，抬着一个黑色木盒。我父亲会穿着他的牧师长袍，说话声音洪亮。女人们在哭泣。有人告诉我，有人被埋在地下的这个坑里。以前曾在附近的某些人突然不在了。然后我会听到他们被埋葬了，上帝把他们召到自己身边。

母亲教我做祈祷，每天晚上都要做。我很乐意为之，因为面对夜晚模糊的不确定性，祈祷给我带来某种安慰：

> 展开你的双翼，我慈祥的主耶稣，
>
> 把你的小鸡、你的孩子祭出，
>
> 如果撒旦要吞噬它，
>
> 一切只会是徒劳白搭，
>
> 就请让天使放歌！

耶稣能给人安慰，他温和仁慈，像城堡里的维特根斯坦先生那样，集财富和权力于一身，受人敬仰，还会在夜晚关心孩子。为什么他会像鸟一样长着翅膀，这是一个谜题，不过我并没有过多考虑这件事。更耐人寻味的是，小孩儿被比作小鸡，耶稣显然不愿"接受"小鸡，就像苦药一样吞下。这很难理解。但是我立刻明白，撒旦也喜欢小鸡，为了阻止撒旦，耶稣必须这样做。因此，尽管耶稣不喜欢这种味道，但他还是吃了它们，这样撒旦就不会得逞。这样一想我就立马释然了。但是现在我听说主耶稣也"接受"了其他人，而这种"接受"如同将他们埋进地下坑洞。

这种残忍的类比产生了不幸的后果。我不再信任上帝。他失去了他那宽慰人心而又善良的大鸟的样貌，与穿着黑色大衣、高顶礼帽和发亮的黑靴子，抬着黑盒子的阴郁男人联系在了一起。

我的这些思考导致了我的第一次精神创伤。一个炎热的夏日，我像往常一样独自一人坐在房屋前的道路上，在沙滩上玩耍。这条路从山上经过房屋，然后消失在山顶的树林中。因此，从房子里可以看到一段路。我抬头看到一个戴着宽大帽子、身着黑色长袍的人，看起来像一个穿着女士衣服的男人。慢慢地，那个人的身影越来越近了，我现在可以看到那真的是一个穿着黑色拖地长袍的男人。恐惧将我控制，随着恐惧的意识逐渐升级，迅速蔓延全身："那是耶稣会士。"不久之前，我曾听到父亲和来访的同事之间的谈话，讲到关于耶稣会士的邪恶活动。父亲的语气，半是恼怒半是恐惧，让我感到，"耶稣会士"甚至对我父亲来说都是特别危险的。其实我不知道耶稣会士究竟是什么，但是我从小就祈祷，很熟悉"耶稣"这个词。

我想，沿着这条路走来的那个人一定是乔装打扮了的。这就是为什么他穿女士的衣服。可能他心怀恶意。我吓坏了，冲进了房子，跑上楼梯，躲在阁楼最暗的角落里的横梁下。我不知道我在那里待了多久，但我肯定是相当长的时间了，因为当我再次冒险到二楼并小心翼翼地将头伸到窗外时，远处并没有看到有黑衣人的迹象。此后的几天里，地狱般的恐惧让我裹足不前，无法走出屋子。甚至当我再次开始在道路上玩耍时，林木茂密的山顶仍然是令我不安而保持警惕的对象。后来我才知道黑衣人不过是无害的天主教神父。

大约在同一时间——我不能确定，也许是在经历之前——我有我最早梦的记忆，这个梦使我终生难忘。那时我只有三四岁。

我们的住所孤零零地立在洛芬城堡附近，教堂司事农场往后有一块大草地。在梦里我站在这片草地上。突然，我在地面上发现了一个黑色的矩形石砌洞。我以前从未见过。我好奇地跑了过去，凝视着它。然后看到一条向下的石阶。我犹豫而恐惧地走了下去。洞底是一个圆形拱门，挂着沉重而巨大的绿色的幕布遮挡，像织锦之类的东西，看起来非常华贵。我很好奇，想看看后面可能藏着什么，于是把它掀开。在昏暗的灯光下我看到一个长约三十英尺的矩形屋子。屋顶是拱形的，用加工过的石头砌成。地面铺着石板，中间从入口到低矮的平台还铺着红地毯。平台上放着一个金光灿灿、尽显奢华的宝座。座位上似乎放着红色的垫子。那真是一个宏伟的宝座，像是童话中真正的国王宝座。宝座上立着的是什么？我最初以为是一根树干，高12~15英尺，厚约1.5~2英尺，十分高大，几乎高及屋顶。但它的组成很是挺有意思：它是由皮肤和裸露的肉制成的，上面有一个像人圆圆的东西，没有脸也没有头发。顶端有一只眼睛，一动不动地盯着屋顶。

尽管没有窗户，也没有明显的光源，房间里的光线还是很亮。因而，在头顶上方是一片耀眼的光明。宝座上东西没有动，但我有种感觉，它随时可能像蠕虫一样从宝座上向我爬下来。我因恐惧而动弹不得。那一刻，我从外面和上面听到母亲的声音。她喊道："是的，看他。那是食人怪！"我更加恐惧，醒来时发现自己吓出了一身汗。此后的许多个夜晚，我都不敢睡觉，因为我担心自己还会做这样的梦。

一
童
年

荣格自传：记忆、梦、思考

　　这些年来，这个梦一直困扰着我。直到很久以后，我才意识到我所看到的是一个男性生殖器，数十年前，我才意识到那是一个祭祀仪式用的阴茎。我一直无法明白，我母亲的意思是"那个东西是食人怪"还是"那是食人怪"。若是第一种，她的意思是说耶稣或耶稣会士不是吞食小孩的人，而是阴茎；若是第二种情况，食人怪就是阴茎的象征，因此黑暗的耶稣、耶稣会士和男性生殖器是同一种东西。

　　那个男性生殖器的抽象意义由这样的事实表示，即其自立为王，"直立坚挺"（"直立"）。草地上的洞可能代表一个坟墓，本身就是一个地下庙宇，它绿色的帷幕象征着草地，换句话说，那是绿色植被覆盖着大地的奥秘。地毯是血红色的。那圆形拱顶有什么意义？也许我已经去过穆诺（Munôt），到过沙夫豪森城堡了？可是这不可能，因为没有人会把一个三岁的孩子带到那儿去。所以，寻访这段记忆的痕迹也不可能。同样，我不知道从解剖学意义上讲并没有什么问题的生殖器大约来自何方。对尿道口做出的解释是一只眼睛，上方还有光源，指向阴茎（phallus）这个词的词源（闪亮，明亮）。

　　无论如何，这个梦里出现的生殖器就像是一个隐匿于地下的神，"不愿透露姓名"并一直存在于我的整个青年时期，每当有人过分强调耶稣时，它就会重新出现。对我来说耶稣从未变成真实的存在，从未被我接受，我从不觉得他讨人喜欢，因为我一次又一次想到他出现在地下的对应物体，这是我未曾寻求的可怕启示。耶稣会士的"伪装"给基督教教义蒙上了阴影。在我看来，这往往像是一场严肃的假面舞会，葬礼上哀悼者摆出严肃或悲哀的神情，但立马变脸，偷偷地笑起来，看不出一丝伤感。耶稣从某种程度而言是个死亡之神，他驱散了黑夜的恐怖，的确多有益处，但他自己却是一具被钉在十字架上，离奇古怪、鲜血淋淋的尸体。一直以来，我听到人们赞扬他的仁爱和善良，对此我心存疑虑，主要是因为最常谈论"亲爱的耶稣"的人们，穿着黑色礼服和锃亮的黑色靴子，让我想起了葬礼。他们是我父亲的同事和我的八个叔叔（他们也都是牧师）。多年来，他们总使我心生恐惧，更别说偶然遇见的天主教神父总让我想起令人恐惧的耶稣会士，他曾激怒我父亲，引起过他的警惕。在后来的几年，直到我接受坚振礼，我一直都在竭尽全力强迫自己，对基督采取人们认为应当持有的积极态度。但是我永远无法成功克服我内心的不信任感。

每个孩子都会对"黑衣人"心生恐惧，这倒不是我那次经历中最重要的事。最重要的是我童稚的脑袋里植入了这样的意识："那就是耶稣会士。"所以梦中最重要的是它非凡的象征性场景和令人震惊的解释："那就是食人怪。"不是那个孩子的食人魔，而是事实上这就是食人怪，坐在地下的金光灿灿的宝座上。在我稚嫩的想象中，首先是国王坐在一个金色的宝座上；然后，在一个更美、更高、更金光灿灿的宝座上，上帝和耶稣戴着金色皇冠，穿着白袍，坐在遥远的蓝天上。然而，这位"耶稣会士"是从耶稣那里来的，他穿着黑色的女性服装，戴着一顶宽大的黑帽子，从树林里来。我不禁往上看一眼，看看是否有另一个危险降临。在梦中，我进入地下洞里，发现宝座非同寻常之处，我看见一个非人的、阴间的东西，它凝视着上方，以人肉为食。五十年后，一篇关于宗教仪式的研究文章让我眼前一亮，那是关于作为弥撒象征的食人主题。直到那时，我才明白，儿时这两次经历渗透到意识里的思想非但不幼稚，反而很复杂、异常复杂。是谁在我心里说话？是谁设计了那些场景？什么样的高级智力在起作用？我知道傻瓜们都会喋喋不休地谈论"黑衣人""食人怪""机会"和"回顾性解释"，以便消除一些极为不便的思想，这些思想可能会玷污我们所熟悉的童年天真无邪的画面。啊，这些心地善良、讲求实效、身体健康的人，总是让我想起那些乐观的泥鳅，他们沐浴在阳光下的水坑中，在浅浅的水洼中，相互依偎，扭动着尾巴表示友好，完全不知道第二天早晨水洼将要干涸，即将无处栖身。

那么，谁在跟我说话？谁在谈论超出我所知的问题？谁将"上下"融为一体，为我后半生注入的澎湃激情奠定了基础？除了那位来自"上下"的陌生客人之外，又有谁呢？

这个童年的梦让我走进大地的秘密。那时发生的事情是一种入土下葬，过了很多年我才从中走出。今天，我才知道发生那事是为了将尽可能多的光引向黑暗。这是进入黑暗王国的开始。我那时的思想生活是以潜意识为开端的。

1879年我们搬到巴塞尔附近的克莱因·汉宁根（Klein-Hüningen），我几乎已将其遗忘。但是，我确实还记得几年后发生的事情。一天晚上，父亲带我下床，将我抱在怀里，走向我家朝西的门，向我展示了傍晚的天空，天空闪烁着最为耀眼夺目的绿色。那是在 1883 年克拉卡托（Krakatoa）火山爆发之后。

有一次，父亲又带我到户外，向我展示了东方地平线上的一颗大彗星。

曾经有一场大洪水，穿过许多村庄的维斯河（Wiese）冲毁了大坝和上游的一座桥。十四个人被淹死，尸体被浑浊的洪水冲进莱茵河。等洪水退却，一些尸体被卡在了泥沙里。我听说此事，这次再也没有人阻拦我了。我看见一个身着黑色长礼服的中年男人的尸体，此人生前想必一定刚去过教堂。他的身子一半埋在泥沙里，手臂遮挡着双眼。我还饶有兴致地观看了人们宰杀一头猪。整个过程我亲眼见证，这可把我母亲吓坏了。她认为这些都太可怕了，但是我却对宰杀和死人很感兴趣。

我对艺术的最早记忆可以追溯到住在克莱因·汉宁根的那些年。那时我父母住的房子是 18 世纪的牧师住宅，里面有一间暗室。屋里家具陈设考究，墙壁上挂着古画。我对一幅意大利画作仍印象深刻，画的是大卫和巨人歌利亚。这是吉多·雷尼（Guido Reni）画作的复制品，原作现在罗浮宫。我不知道它是怎么来的。那间屋子里还有另外一幅古画，现在挂在我儿子的房子里，那是一幅 19 世纪初期关于巴塞尔的风景画作。我常常会悄悄溜进那间阴暗角落里的房间，在画前坐上好几个小时，目光在画作前驻留，美景应收眼底。那是我当时所知道的唯一美丽的东西。

大约那时——我还是一个不到六岁的小男孩儿的——一位姨妈带我去了巴塞尔，向我展示了博物馆里各种填充物做成的动物。我们在那儿待了很长时间，因为我想非常仔细地研究每件展品。下午四点，铃声响了，博物馆即将关闭。我的姨妈嘟嘟囔囔，但我整个人仿佛贴在陈列柜上一般。此时展示的门已被锁上，我们不得不走另一条路，穿过古画廊到达楼梯口。突然我站在这些非凡的画作面前！完全不知所措，我睁开眼睛，因为我从未见过如此美丽的事物。然而，我的时间不多，我的姨妈将我拉到出口，我极不情愿地跟着她。姨妈边走边喊："你这讨厌鬼，闭上眼睛，讨厌鬼，闭上眼睛！"那时我才意识到这些人物是赤裸的，戴着无花果叶。我以前完全没有注意到。这是我第一次接触美术。我的那位姨妈闷闷不乐，仿佛她被拖到一个色情场所。

我六岁的时候，父母带我去阿尔勒斯海姆旅行。我母亲穿的衣服我一辈子也忘不了，这是她唯一一件我能记得的衣服：那是一件黑色的裙子，上面印着绿色的小月牙。在我记忆里，母亲最初就是这样一个穿着长裙，身材苗条的年轻女士。而在我后来所有的记忆中，她变老发福。

我们来到教堂，母亲说："那是天主教堂。"克服恐惧，我的好奇心促使我从敞开的门进入室内，从母亲身边悄悄溜走，瞥见一个装饰丰富的祭坛上点着大蜡烛（那是在复活节前后）。突然我绊了一跤，下巴磕在铁片上。父母抱起我时，伤口很深，血流不止。我当时的心态却是：一方面，我的尖叫声吸引了来教堂的人们的注意，有些不好意思；另一方面，我感到自己做了不该做的事情。"耶稣会士——绿色帷幕——食人怪的秘密……这就是与耶稣会士有关的天主教堂。我跌倒尖叫都是他们的错。"

多年之后，我一直无法进入天主教堂，隐隐地担心再一次流血跌倒。天主教堂的气场、氛围在我心中就是这样，但与此同时，它总是让我着迷。如果一位天主教神父靠近我，我会更加不安。直到我三十多岁以后，在维也纳的圣史蒂芬大教堂，我才第一次克服这种教堂给我的压迫感。

六岁刚过，父亲便开始给我上拉丁文课，我也上学了。上学不是什么事儿，对我来说很容易，因为我总是名列前茅，上学时就已经学会阅读。但是，我记得有一次我读不下去，缠着母亲给我读《世界图解》，这本儿童读物有些历史，插图丰富，包含了异国宗教的记载，尤其是对印度教徒的叙述。书中的婆罗门教、毗湿奴和湿婆的插图，是我无穷无尽的兴趣来源。母亲后来告诉我，我总是翻看这些插图，每次翻阅，都会有一种模糊的感觉，它们与我的"原始启示"存在着密切关系，我从未对任何人说过。这是我绝对不能出卖的秘密。我的母亲间接地证实了这种感觉，因为我始终注意到她谈及"异教徒"时流露出淡淡的鄙夷。我知道如果我向她说出我的"启示"，她一定不会接受，反而会面露惊恐，我不想让自己遭受任何这样的伤害。

这多少有些成熟的行为，一方面与强烈的敏感和脆弱有关，另一方面与我早年的孤独有关。（我妹妹比我小九岁）我小时候总是一个人玩，没有他人参与。不幸的是，我不记得自己玩的究竟是什么。我只记得自己不想被打扰，沉浸在自己的游戏中，也不愿别人来观看或评论。我对游戏的第一次具体记

一
童
年

忆可以追溯到我七八岁的时候。我非常热衷于玩砖头，用砖头建造了"塔楼"，然后被"地震"摧毁。在我八岁到十一岁，我总是画个不停——战斗场景、围城、炮击、海战。然后，我在整本练习本上涂满了墨迹，我还给自己的涂鸦做了精彩的讲解。我喜欢上学的原因之一是，在那儿我终于找到了我这么长时间缺失的伙伴。

在学校里，我还发现了其他东西。但是在我进行讨论之前，我首先要提一下，夜间气氛已经开始浓厚。各种各样的事情在晚上发生，令人难以理解和震惊。我父母分开睡，我睡在父亲的房间里。从我母亲的房间到门口都笼罩着可怕气氛。到了晚上，母亲就变得陌生而神秘。一天晚上，我看到她的门口传来一个微弱的身影，我也不知道是谁，我看到他的头从脖子分开，漂浮在它的前面，像小月亮一样在空中飘荡。突然，又出现了另一个头，并再次与脖子分离。整个过程重复了六七次。现在我总是做一些焦虑的梦，有些起因很小，有一些很大。例如，我从很远的地方看到一个小球。它逐渐变成了一个巨大骇人、令人窒息的东西。我还看到过电路线上站着鸟，线越来越粗，我越来越害怕，直到恐惧将我惊醒。

尽管这些梦是青春期生理变化的序曲，而象征前奏的变化发生在我大约七岁的时候。我那时患上假性哮喘，伴有阵阵窒息。一个晚上突然发病，我站在床脚上，头靠在床栏上，父亲则将我抱在怀里。我看到了头上有一个满月大小的蓝色光圈，里面有天使一样的金色人物。这一幻觉不断出现，每次都减轻了我对窒息的恐惧。但是窒息又回到了焦虑的梦中。我认为这其中有一个心理因素：房屋的气氛开始变得让人难以呼吸。

我讨厌去教堂，但圣诞节是个例外。圣诞颂歌《上帝创造了这一天日子》使我非常高兴。当然晚上要有圣诞树。圣诞节是我能热烈庆祝的唯一基督教节日，我对其他则表现冷漠。新年前夜对我来说，和圣诞节一样具有吸引力，但绝对比不上圣诞节，在我心中排名第二。基督降临节与即将到来的圣诞节多少有些不符之处。它与夜晚、暴风雨和风以及房子的黑暗有关，总能听到窃窃私语，总有奇怪的事情发生。

现在，我来说说与乡下同学的交往过程中发生的事。我发现他们使我变得不再像我自己。当我和他们在一起时，我变得不同于在家中。我与他们嬉戏打闹，制造了在家中从来没有过的恶作剧。虽然，我深知我一个人就可以想出各种各样自娱自乐的方式。在我看来，自己的变化是受同学的影响，他们在某种程度上误导了我，迫使我与我自己有所不同。这是父母之外的更广阔世界的影响力，对我而言似乎是可疑的，或不是完全可疑的，或是隐约充满敌意，模糊不清。尽管我越来越意识到白日世界的美，那里"金色的阳光透过绿色的树叶"，但与此同时，我却预感到了不可避免的黑暗世界，充满了令人恐惧、无法回答、难以释怀的问题。当然，我的夜间祈祷确实给了我一种仪式上的保护，因为它以一种合适的方式结束了一天，迎来了夜晚和睡眠。但是，新的隐患又随新的一天浮出水面。好像我感觉到自己在分裂，并对此感到恐惧。我的内心安全受到威胁。

我还记得从这一时期（七岁到九岁）开始，我很喜欢玩火。在我们的花园中，有一堵用大块石头砌成的老墙，墙上的缝隙形成了有趣的洞。我曾经在其中一个洞里点火，其他孩子也来帮我，大火要一直燃烧就必须不断添柴，就这样我们一起找木头。只有我能照看这堆火，其他人可以在其他洞中生火，他们生的火是亵渎神灵，与我无关。仅我的火烧得很旺，显现出明显的神圣光芒。

在这堵墙的前面是一个斜坡，上面嵌入了一块突出的石头，那是我的石头。通常，当我一个人时，我坐在石头上，然后开始一场丰富的内心戏：我坐在这块石头的上面，石头在我下面，但石头也能以"我"自居，然后思考："我躺在这条山坡上，他正坐在我上面。"于是出现一个问题："我是坐在石头上的我呢，还是上面坐着我的石头？"这个问题总是困扰我，我会站起来，想知道现在是谁。答案仍然毫无头绪，我的不确定性伴随着好奇和迷人的黑暗感。但是毫无疑问，石头与我存在一种秘密关系。我可以在上面坐上几个小时，这让我着迷。

三十年后，我再次站在那个斜坡上。我已经结了婚，有了孩子，有了房子，拥有一片自己的天地，脑子里满是各种想法和计划。突然之间我又是那个孩子，那个点燃了一个充满秘密意义的火，坐在一块石头上的孩子，不知道石头是我还是我是石头。我突然想起我在苏黎世的生活，对我来说似乎有些陌生，就像来自某个遥远时空的消息一样。这是令人恐惧的，因为那个让我沉浸其中无法自拔的童年世界是永恒的，而我已离它远去，跌入了一个滚滚向前，渐行渐远的时间。那个世界的吸引力如此之大，以至于我不得不猛烈地撕扯自己，以免失去自己对未来的控制。

我从来没有忘记过那一刻，因为它用一闪即逝的光照亮出我童年时代的永恒性。在我十岁那年，其深意被揭晓了。我的自我分裂以及整个世界的不确定性使我采取了当时对我来说非常难以理解的行动。那时，我有一个涂着黄色油漆的铅笔盒，小学生常用的那种，带有一把锁和普通的尺子。在这把尺子的末端，我刻了一个矮小的人体模型，约两英寸高，穿着礼服，佩戴高顶礼帽和闪亮的黑色靴子。我用墨水将他染成黑色，把他从尺子上割了下来，放在铅笔盒里，我给他在文具盒里做了一张小床。我甚至还用羊毛为他做了一件外套。我在莱茵河里找了一块光滑的矩形黑色石头，上面涂了水彩，分成上下两半，并且已经在裤子口袋中随身携带了很久。这是他的石头。这一切都是一个伟大的秘密。我偷偷把盒子带到了房子顶层、闲人勿进的阁楼（因为地板被虫蛀和腐烂了），并把它藏在了屋檐下的一根横梁上，因为没人能看到它，我对此很是满意！我知道没有一个灵魂会在那里找到它。没有人能发现我的秘密并将其销毁。我很放心，与自己矛盾而产生的痛苦感也消失了。无论我遇到什么困难，无论何时我做错了事或感觉受到伤害，或者当我父亲的烦躁或我母亲的无能为力使我经受压抑时，我都会想到我精心包裹着的人像以及光滑的彩色石头。我不时地（通常每隔几周一次）偷偷上阁楼，确定没有人会看到我的时候，就爬上横梁，打开盒子，看着我的人像和彩色石头。每次我都会在盒子中放一点纸卷，我以前在上学时曾用自己发明的秘密语言在上面写过东西。新卷轴的添加始终具有像是在做一个庄重的仪式。不幸的是，我不记得要与人像交流的内容。我只知道我的"信件"为他构成了一种图书馆。我想，尽管我不能确定，但他们的讲话可能让我特别高兴。

这些行为的意义，或者说我如何解释它们，我从未有过担心。我对新获得的安全感到满意，对拥有一种无人知晓，没人能做到的东西感到满足。这是一个不容侵犯的秘密，它不可背叛，因为我生命的安全由它决定。为什么会这样？我没有问过自己。事情确实是这样。

心中藏着秘密这件事对我的性格产生了非常大的影响。我认为这是我童年时代的必要因素。同样，我从没告诉过任何有关男性生殖器的梦的事情。耶稣会士也属于那个我不应该谈论的神秘王国。用木头人像和石头是我的首次尝试，我想要将秘密具象化但仍是潜意识且幼稚的。我总是沉浸其中，有种感觉我应该探究它。但是我不知道我要表达的是什么？我一直希望也许能够找到某种东西，也许来自自然界，可以给我线索，并告诉我秘密在哪里？到底是什么？那时，我对植物、动物和石头的兴趣增加了。我一直在寻找一些神秘的东西。我自觉有了基督教意义上的信仰，尽管总是持保留态度："但是，并不是所有事情都那么确定！"或者，"那地下的东西呢？"当宗教教义灌输给我时，我听到人们说："这很美，这很好。"我会心想："是的，但是还有其他事情，人们不知道的一些非常神秘的事物。"

　　雕刻人像的事构成了我童年的高潮，亦是结局，持续了大约一年。此后，我完全忘了整个事情，直到三十五岁。这种记忆的碎片又从童年的迷雾中再次升起，纯净而清晰。在我为《Wandlungen und Symbole der Libido》一书进行初步研究的过程中，我读到了关于阿尔勒斯海姆附近的灵魂石藏库和澳大利亚的护身符。我突然发现尽管我从未见过任何复制品，我对这种石头有相当清晰的印象。它是长方形的，泛着黑色并被涂成上和下两个部分，此情此景与铅笔盒和人像的画面结合在一起。人像是古代世界披着小斗篷的神，如同是艾斯克勒比阿斯（Asklepios）纪念碑上的泰莱斯福鲁斯，给他读羊皮纸卷轴上的内容。伴随着这种回忆，我第一次相信，有一些古代的心理因素已经进入了个人心理，没有任何直接的传承关系。父亲的图书馆（我是在后来很长时间以后才去查阅），其中没有一本书会涉及此类信息。而且，父亲显然对这些事情一无所知。

　　1920年，我在英格兰时，用木头雕刻了两尊人像，却丝毫没有回忆起童年的经历。其中一个是我在石头上复制了一个大的人像，现在安放在我位于奎斯纳赫特的花园里。我在雕刻时，潜意识已经为我提供了一个名字。它称人像Atmavict为"生命之息"。这是我童年梦想中那棵可怕的树的进一步发展，现在被揭示为"生命的气息"，即创作的冲动。最终，人像成了神物，包裹在他的小斗篷中，藏在盒子里，长方形的黑色石头为他提供生命力。但是这些联系我是在之后才明白。当我还是个孩子的时候，我所进行的仪式就像我看到的非洲土著人进行的仪式一样。他们先有所行动，却不知道自己在做什么；很久之后，他们才反思自己所做的事情。

二 中学时期

　　十一岁那年对我意义重大，那年我被送往巴塞尔的高中。就这样，我不得不与乡下的伙伴分别，真正进入了"大世界"。在那儿，有比我父亲更有权势的大人物，他们住着富丽堂皇的豪宅，乘坐着豪华马车，讲着优雅的德语和法语。他们的儿子衣着精致，风度翩翩，出手阔绰，这些富家子弟现在成为我的同学。每次听到他们讲述在阿尔卑斯山度假的种种经历，我都会心生讶异，满怀嫉妒。他们曾在苏黎世旁白雪皑皑、闪闪发光的山峰上度过假，甚至还曾去过海边，这一点让我大为吃惊。我呆望着他们，好像他们来自另一个世界，来自那无法企及的辉煌灿烂、白雪覆盖的山脉以及那遥远而无法想象的海洋。我第一次意识到自己是多么贫穷！父亲是一个贫穷的乡村牧师，而我是一个比他还穷的贫穷牧师的儿子，他的鞋破了洞，就不得不在学校里穿着湿袜子坐了六个小时。我开始以另一种眼光看待我的父母，并渐渐理解他们的关心和忧虑。对于我的父亲，我尤其同情，奇怪的是，我对母亲的同情就少一些。在我看来，她始终是两者中强势的一方。然而，一旦父亲发泄他喜怒无常的烦躁情绪时，我总是站在母亲身边。这种支持一方的必要性并不完全有利于我性格的形成。为了使自己从这些冲突中解放出来，我不得不担任超级仲裁员的角色，无可奈何地判断父母的是非对错。这种经历使我有些自我膨胀。我的自信并不稳定，现在更是会时涨时落。

　　我九岁那年，母亲又生了一个女孩。父亲既激动又高兴。他对我说："从今往后你就有一个小妹妹了。"我很是惊讶，因为之前并没有察觉到什么迹象，我倒是没怎么注意母亲长时间卧床不起，只当是她那不可原谅的虚弱。父亲把我带到母亲的床边，她抱起一个看起来令人扫兴的小家伙：那张泛红的脸上布满皱纹，活像个老人，她双眼紧闭，也许像小狗一样瞎了。背后长着少许长长的红毛，它会长成猴子吗？我很震惊，心情难以名状。这是新生儿的样子吗？他们喃喃地讨论着送子鹤。但是小狗或小猫呢？送子鹤必须来回飞行几次才会生产？那母牛呢？我无法想象送子鹤如何用嘴叼着一整只小牛。农民也说是母牛产仔，不说是送子鹤把牛犊带来的。这个故事显然又是一个强加给我的谎言。我确信，母亲又一次做了我不应该知道的事。

妹妹的突然出现给我带来了模糊的不信任感，加剧了我的好奇心和观察力。我母亲随后的奇怪反应证实了我的怀疑，即有某种令人遗憾的事与妹妹的出生有关。否则，这个事件不会使我感到非常困扰，虽然它可能对我十二岁时的经历起到了推波助澜的作用。

每当我打算外出赴约，我的母亲总会追着我，冲我千叮咛万嘱咐，这让我很不高兴。在这儿的秘密宝藏，使我重获新生。在我孤独无助的时候，我会想起自己还是"另一个人"，一个拥有不可侵犯的秘密和黑色石头的、身着礼服和礼帽的小人。

我无法回忆小的时候我是否思考过：耶稣——或身着黑色长袍的耶稣会士——那些穿着礼服和戴着高顶礼帽站在坟墓旁的人，草地上的坟墓般的洞穴，男性生殖器的地下神殿，以及铅笔盒里的小人之间存在怎样的联系。那个关于酒神祭典游行时的生殖器勃起的梦是我的第一个大秘密，侏儒是第二个。现如今，我隐约感觉到"灵魂之石"以及"自我之石"之间有着千丝万缕的联系。

直到如今，在我八十三岁写回忆录之际，我也从未完全摆脱对最早回忆的纠结。它们就像地下根茎所长出的一个个独立的嫩芽，也像潜意识发展道路上的一个个站点。尽管彼时我愈加不可能对耶稣抱有积极态度，但我记得从十一岁起，我就开始对上帝的观念产生兴趣。我开始向上帝祈祷，这使我获得满足，因为祈祷时心中不曾有丝毫矛盾。上帝并未因我对他的不信任而复杂难懂。除此之外，他也并非一个穿着黑袍的人，也不是人们熟悉的图画中身着鲜艳的耶稣。相反，上帝是一个独一无二的存在，所以我说，不可能对他形成任何正确的概念。可以肯定，他就像一个非常强大的老人。但是令我极为满意的是，有这样一条戒律："你不可塑造偶像，也不可做任何模仿。"因此，没有人像对待耶稣那样对待他，耶稣也不是"秘密"。我意识到这与我在阁楼里的秘密有某种相似之处。

学校乏味无聊。上学浪费了太多时间，我宁愿花时间画战斗场面或是玩火。神学课的枯燥乏味简直无法形容，而在数学课上我总是战战兢兢。数学老师邀请我参加一些场合，我不仅会穿上好衣服，把皮鞋擦得锃亮，还觉得我的目的和出席公众场合的活动很是长脸。所以在街上听到母亲喊出那些难为情的话，对我来说是一种耻辱："别忘了代爸爸、妈妈问好，擦擦鼻子，带手帕了吗？洗手了吗？"诸如此类。每每赴约做客，我都觉得意义重大，不由得自私自利之心和虚荣心作祟，竭尽全力以无可挑剔的外表示人，此时与自尊相伴而生的自卑感就会显露于世。应邀做客的路上，我自觉也是个人物，很有面子，那感觉就像在平日节假日才会穿的衣服一样。但是，当我如约来到主人家时，情况却大为不同。此时，那些头脸人物的威严和权势压得我喘不过气。我害怕起来，感觉自己很渺小，恨不得马上钻到地下几丈远去。门铃响起时，我的感觉就是如此，而那铃声听起来就像是丧钟。我感到自己像一只胆小畏怯的流浪狗一般。母亲要是事先给我做了准备，那就更糟糕。"我的鞋子脏，手也脏，脖子也脏兮兮，还没带手帕。"这些话如同铃声在我耳边响个不停。出于抗拒，我不会转达父母的问候，或者我会表现出不必要的害羞和固执。如果情况实在不妙，我就会想到我在阁楼上假样地声称代数中的道理不言自明，而我甚至不知道数字究竟为何物。它们不是花朵，不是动物，不是化石，不可想象，而仅仅是用来计数的数量。令我困惑的是，这些数量现在用字母表示，这些字母还表示声音，因此还仿佛可以听到它们。奇怪的是，我的同学们却对这些数字应对自如，觉得其中的道理不辩自明。没有人能告诉我数字到底是什么，我甚至对此提不出一个像样的问题。令我害怕的是，没有人能理解我的困难。我必须承认，老师已竭尽全力向我解释这种将可理解的数量转换成声音的奇怪操作的目的。我最终了解到，目的在于达到一套缩写体系，借助它可以将许多数量简化为一个简短的公式。但我对这一些都不感兴趣，认为整件事的解释非常牵强。为什么数字应该用声音表示？一个人可能会用苹果树指

二　中学时期

代 a，用盒子指代 b，用问号指代 x。a、b、c、x、y、z 不是具体事物，也不可能像苹果树那样向我解释数字的本质。但是令我最为恼火的是这个命题：如果 a=b 且 b=c，那么 a=c，可按照定义 a 即意味着除 b 之外的其他东西，与 b 不同，固然不能等同于 b，更不用说 c。只要是等价问题，就可以说 a=a、b=b，以此类推。我可以接受这一点，而 a=b 在我看来就是彻头彻尾的谎言和骗局。同样让我感到愤怒的是老师说平行线会在无限远处相交，这明显和他本人对平行线的定义相悖。依我来看，这并不比欺骗农民的愚蠢骗术要更高明，而我不能也不会与它有任何关系。我的思想道德与这些异想天开自相矛盾争斗不休，这些矛盾使我永远无法理解数学。从小到大，我一直怀着这样一种感觉：如果我像我的同学一样可以毫不费力就接受 a=b 或太阳 = 月亮、狗 = 猫的主张，那么数学大概会无休止地将我愚弄于股掌之间——只是到了八十四岁我才意识到它将我愚弄到多大程度。穷吾一生都困惑不已，为什么尽管我能毫无疑问地进行正确计算，却从未成功地掌握数学知识。我尤其不能理解，缘何我会对数学产生道义上的怀疑。

只有将特定的数值代替字母，并通过实际计算来验证运算的含义，我才能理解方程式。随着数学学习的深入，通过抄写那些我不甚明了的代数公式、记住黑板上特定的字母组合的方式，我或多或少能跟进学业。再后来，替换数字这个办法也不可取了，因为老师会说："我们在这儿写下某某公式。"然后他会在黑板上潦草地写几个字母。我不知道他从哪儿得到的这些字母，也不知道他为什么要这么做，我唯一能看懂的原因就是，这能让他的运算得到令其满意的结论。由于无法理解这些道理，我整日诚惶诚恐，不敢提出任何问题。

数学课总让我心生恐惧，对我来说是一种纯粹的折磨。我发现，其他科目相对来说要更加容易。凭借良好的视觉记忆，我一直都在数学这门课上蒙混过关，为此绞尽脑汁，通常还获得不错的成绩。但是，我对失败的恐惧和面对周围广阔世界而产生的渺小感，不仅使我心生厌恶，也让我感到一种无法溢于言表的绝望，这完全毁了我的学业。此外，我以力不能及为由免修了绘画课。这在某种程度上正合我意，因为我拥有了更多的空闲时间。但另外，这于我也是一个挫败，因为我确有一些绘画上的天赋，尽管我没有意识到这种想法主要源于我自己的感觉。我只能画出激发了我想象力的事物，但是我被迫临摹希腊神明的图片，临摹不顺利时，老师认为我肯定需要多一些写实，于是把一张山羊头的照片摆在我面前。我绘画课无疾而终的标志性事件，大概就是这次作业的彻底失败。

除数学和绘画外，我还有第三个失败：从一开始我就讨厌体操。我不能忍受别人告诉我该怎么走。我上学是为了学到知识，而不是去练习毫无任何意义的杂技。而且，由于我之前出过事故，身体上会出现本能的怯懦，直到很久以后我才克服了这种怯懦。这种怯懦又与对世界及其潜在力量的不信任联系在一起。可以肯定的是，在我看来，这个世界分外美丽，令人欣然向往，但同时也充满了无可预测的危险。因此，我始终希望从一开始就知道我将自己委托给了什么事、什么人。这是不是可能与曾抛弃我几个月的母亲有关？正如我下面将描述的那样，当我的神经性晕厥开始发作时，医生禁止我进行体操活动，而这正合我意。我摆脱了那种负担——同时吞下了另一场失败。

这样省下来的时间并没有完全花在游戏上。它使我更无所顾虑地沉浸在自己完全热衷的事情里，即阅读任何落入手中的书籍。

十二岁那年对我的一生影响深远。那是 1887 年初夏的一天，我站在大教堂广场上，等候一个和我走同一条路回家的同学。当时已经中午十二点，上午的课都结束了。突然，另一个男孩狠狠地推了我一把，我失去重心，摔倒在地，头重重地撞在路边的石头上，差点失去了知觉。接下来的半个小时左右，我都神志恍惚。撞上石头的那一刻，一个念头从我脑中一闪而过："现在你不用再上学了。"当时我只是处于半昏迷状态，本没必要休息那么久，但我在那儿多躺了会儿，主要是为了报复那个袭击我的男孩。后来周围的人把我扶了起来，送我到附近的一户人家，那里住着两个上了年纪的未婚阿姨。

从那时起，每当我被勒令返校，或者父母让我做作业时，我的昏厥就开始发作。我有六个多月没有上学，对我来说那段日子如同郊游一般。我自由自在，能一连好几个小时都沉浸在幻梦中，我想去哪儿就去哪儿，到树林里或水边，有时我也画画。我重新开启了我的绘画之旅，画的内容有激烈的战争场面，遭受袭击或烧毁的年代久远的城堡，抑或是一页一页的漫画。直至今日，偶尔于入梦之前，我的脑海中还会浮现类似的漫画：龇牙咧嘴的面具持续不停地变幻移动着，其中也掺杂了一些不久之后便故去的熟人的面孔。

最重要的是，我能够一头扎进神秘的世界。那个王国有树木、水塘、沼泽、石头和动物，还有我父亲的书房。但是，我变得越来越远离人世，对此我的良心始终感到丝丝愧疚。我闲逛、收集、阅读和玩耍，虚度光阴，但是我并没有觉得更加愉悦。我模糊地意识到我正逃避自我。

我完全忘记了这一切是如何发生的，但我对父母的担忧感到十分抱歉。他们咨询了各种各样的医生，那些抓破脑袋也无计可施的医生们，最终打发我去温特图尔与亲戚一起度假，城市里的那个铁路车站总能给我带来无尽的愉悦。但当我回到家时，生活一如既往。有位医生认为我患有癫痫病。我知道癫痫发作是什么样的，只当他一派胡言。而我的父母比以往任何时候都更担心我。有一天，一位朋友拜访我父亲，他们坐在花园里，当时我的好奇心爆棚，便悄悄躲在了灌木丛后面。我听见访客对父亲说："你儿子好吗？""啊，糟透了，"我父亲回答，"医生都不知道他出了什么问题，说是有可能是癫痫病。要是他治不好，就太可怕了。我仅有的那点身外之物也搭上了，如果这个男孩不能自力更生，那他可怎么办？"

这些话犹如晴天霹雳击中了我，这是与现实的冲突，一个念头闪过脑海："那，我必须要加把劲了！"

从那一刻起，我决定奋发图强。我溜去了父亲的书房，拿出我的拉丁文语法书，全神贯注地死记硬背。十分钟过去了，我的昏厥隐隐发作起来。我几乎从椅子上跌落，但是几分钟后，我感觉好多了，就继续学习。我对自己说："该死，我才不会晕倒。"大约过了十五分钟，晕厥再一次袭来。第二次情况也像第一次那样过去了。"现在你必须真正开始用功学习了！"我坚持了下去，一个小时后出现了第三次发作。但我仍未放弃，又学了一个小时，我觉得自己已经彻底克服了晕厥。甚至我感觉状况比前几个月都要好。事实上，晕厥也没有再次发作。从那天起，我每天都会认真学习语法和其他教科书。几周后，我回到了学校，晕厥再也没有发作。此时我已渡过种种劫难！我算是见识了什么是神经官能症。

渐渐地，我回想起所有事情的来龙去脉，终于明了，是我自导自演了整个不光彩的事件。这就是为什么我从来没有真正对推倒我的同学生气。我知道是别人教唆他这么做的，可以这么说，整件事就是一个施加于我的恶毒的阴谋。我也知道，这种情况也不会再次在我身上发生。我对自己充满愤怒，同时也为自己感到羞耻。因为我知道我委屈了自己，自个儿愚弄了自个儿。这怪不得别人；我是被诅咒的叛徒！从那时起，我就再也无法忍受父母为我担心，或以怜悯的口吻对我说话。

神经官能症成为我的又一个秘密，但这是一个可耻的秘密，是一场失败。然而，它却启迪了我，我对待学习开始一丝不苟、格外勤奋。那段时间里我良心发现，认真负责，不是为了做做样子，指望有所作为，而是为了对自己负责。通常我会五点起床读书，有时也会从凌晨三点一直学到七点才去上学。

危机中，使我误入歧途的是我对独处的喜爱，在孤独中我总是愉悦满满。在我看来，大自然充满了神奇之事，我想让自己浸入其中。每块石头，每种植物，每件事情似乎都鲜活生动，妙不可言。我沉浸在自然中，就像钻进了自然的本质，远离了整个人类世界。

大约在同一时期，我还有另一个重要的经历。我正沿着一条漫长的道路从我们当时居住的克莱因·汉宁根（Klein-Hüningen）出发，前往巴塞尔，突然有一刻我产生一种强烈的感觉，仿佛自己从浓密的云层中探出头来。那一瞬我意识到：我就是我自己！好像我身后有一堵薄薄的雾墙，而在那堵墙的后面并没有一个"我"。但是此刻，我遇见了我自己。以前我也曾存在过，但只是一切发生在了我身上而已。现在"我"发生在了我自己身上。我顿悟了：这一刻我就是我自己，这一刻我存在着。以前，我按照别人的意愿这样做、那样做；现在在我看来我有自己的意愿了，这样的经历极为重要且新颖：我的身上有了"权威"的存在。说来奇怪，在这一刻以及在我神经衰弱性晕厥发作的几个月中，我已失去了所有阁楼中的宝藏的记忆。否则，即使那时，我也可能会意识到我的权威感与宝藏所激发的价值感之间存在某种类似之处。但是事实并非如此，所有关于铅笔盒的记忆都消失殆尽了。

当时，我被邀请到朋友家中度假，朋友在卢塞恩湖上有栋房子。令我欣喜的是，房子临湖而立，他们还有一所船屋和一艘划艇。主人允许他的儿子和我用船，并严厉警告我们不要鲁莽冒失。不幸的是，我也知道如何驾驶船只——简单来说，站着就行。我们家有一条方头平底船，对此我们也尝试了所有可以想象的玩法。因此，我做的第一件事就是站在船尾，将一只桨划入湖中。主人很担心，对他来说，这太过分了。他向我们吹口哨，示意我们赶快回去，然后给了我好一顿痛骂。我垂头丧气，但也不得不承认确实做了他所说的不该做的事，而且他的训斥很有道理。同时，我又觉得怒不可遏，这个大腹便便、愚昧无知的乡巴佬竟敢侮辱"我"。这个"我"不仅已经长大，而且很重要，是一种权威，一个有身份、有尊严的人，一个老人，一个受尊重和敬畏的对象。然而，想法与现实的反差是如此荒诞，盛怒之下，我突然平静下来，因为有个问题来到唇边："在这个世上，你究竟是谁？你的反应就像鬼才知道你是个什么人物一样！但你知道他是完全正确的。你只有十二岁，只是个学生，可他是一位父亲，一个有钱有势的人，除此之外名下还有两栋房屋和几匹骏马。"

于是我困惑了，我发现自己其实是两个截然不同的人。我既是一个不懂代数、缺乏自信的小男生，又是一个位高权重、不容小觑的人，像这个厂主一样强大并有影响力。这个"又"是位老者，他生活在 18 世纪，穿着搭扣鞋，头戴白色假发，乘坐一辆高轮马车，弹簧和皮带把车厢连接在后轮中间，马车呼啸而过。

这个想法源于我的一段奇特经历。我们住在克莱因·汉宁根时，有一天，一辆来自黑森林的古老绿色马车驶过我们的房子。它是一件真正的古董，看得出是 18 世纪的产物。我看到它时，激动得不能自已："就是它！果然这就是我的那个时代。"好像我已经认出它一样，因为它与我自己驾驶过的那辆是同一种类型。然后我又莫名产生了一阵恶心的感觉，好像被人偷走了什么东西，或者好像被骗走了深爱的过去。马车是那个时代的遗物！我无法描述发生在我身上的事情，也无法描述对我造成如此强烈影响的事情是什么，也许是一种渴望、一种怀旧，或者是一种认可，不断在说："是的，就是这样！是的，就是它！"

我还有另一个穿越回到 18 世纪的经历。在我一位姑姑的家中，我看到了一个 18 世纪的小雕像，这是一个由两幅彩绘人物组成的土陶制品。其中一位是老施蒂克伯格博士，他是 18 世纪末巴塞尔市的一位知名人物。另一个人是他的伸舌闭眼病人。据说一天老施蒂克伯格要越过莱茵河大桥，当时这个烦人的病人突然无所事事地走向他，喋喋不休地抱怨起来。老施蒂克伯格不耐烦地说道："是的，是的，您一定哪儿出了问题。伸出舌头，闭上眼睛。"那个女人这样做了，施蒂克伯格立刻逃跑了，她伸着舌头一直站在那里，而旁人却笑出了声。这位老医生的小雕像穿着搭扣装饰的鞋，我认出那是我自己的鞋子，这很奇怪，但我确信是我穿过的鞋子。这个念头让我激动不已。"天啊，那一定是我的鞋！"我仍然能感觉到那鞋子穿在我脚上，但是我无法解释这种疯狂的感觉是从何而来，无法理解为何我该属于18世纪。那时候我通常把1886年写成1786年，每次发生这种情况，我都会陷入莫名的怀旧情绪中。

在船上做出了出格行为，我也受到了应有的惩罚，之后我便开始思考这些互不相关的场景，将它们整合为连贯的画面：我自己同时生活在两个时代，并且是两个截然不同的人。我对此困惑不解，忧心忡忡，终日沉思。最终，我失望地意识到，不管怎样我现在都不过是那个应受惩罚，并且必须依年龄行事的小学生。另一个上了年纪的人一定是胡说八道。我怀疑他与我的祖父有某种联系，我曾从父母和亲戚那里听闻许多关于他的故事。但这也不完全正确，因为他出生于1795年，也就是生活在19世纪。而且，在我出生之前，他就死了，另一个"我"不可能和他一样大。应该说，当时这些考虑主要来自幽暗的微光和梦境。相传我和歌德沾亲带故，我也不记得那时的自己是否了解这类轶事。我个人认为我不知道这些，因为我是从陌生人那里第一次听到这个故事的。还要补充一点，有一个传言令我十分讨厌，说是我的祖父是歌德的私生子。[1]

---

[1] 关于这本书中两次提到的传说，荣格是歌德的后裔，他谈道："我曾祖父的妻子（弗朗兹·伊格纳兹·荣格，卒于1831年），索菲·齐格勒和她的姐姐与曼海姆剧院有联系，并且是许多作家的朋友。故事说索菲·齐格勒（Sophie Ziegler）怀有一个歌德的私生子，而这个孩子是我的祖父卡尔·古斯塔夫·荣格（Carl Gustav Jung）。这被认为是既定事实。但是，我的祖父在他的日记中只字未提。他只提到自己曾经在魏玛见过歌德，然后从未再见过！索菲·齐格勒·荣格（Sophie Ziegler Jung）后来与歌德的'侄女'洛妮特·凯斯特纳（Lotte Kestner）友好。洛妮特经常来见我的祖父——顺便说一句，弗朗兹·李斯特（Franz Liszt）也是如此。后来，洛妮特·凯斯特纳在巴塞尔定居，这无疑是由于与荣格（Jung）家族的紧密联系。"在现有资料中，即美因河畔法兰克福歌德豪斯的档案和曼海姆的耶稣会教堂的洗礼登记簿中，没有发现这一家族传统的证据。歌德当时不在曼海姆市，也没有关于索菲·齐格勒留在魏玛或歌德附近任何地方的记录。荣格过去常常带着某种满足的乐趣谈论这个顽固的传奇，因为这也许可以解释他对歌德《浮士德》的一种微妙的迷恋。它属于一种内在的现实。另一方面，他也觉得这个故事"烦人"。他认为这种事"没有品位"，并坚持认为世界上已经充满了"太多的傻瓜，他们在讲述这样的'无名父亲'的故事"。最重要的是，他认为，嫡系血统，特别是由那位博学的天主教医生兼法官卡尔·荣格（卒于1945年）传下来的嫡系血统（在第八章末有所论述）同等重要。

同年的一个夏日，中午放学后我去了大教堂广场。这一天，天空碧蓝如洗，阳光灿烂耀眼。大教堂的屋顶光彩夺目，阳光透过崭新明亮的琉璃瓦闪烁光芒。我被眼前的美景所震撼，心想："世界是美丽的，教堂是美丽的，上帝造就了这一切，他坐在的蔚蓝天空中的一个金色的宝座上……"我的思维僵住，无法呼吸，惶惶然不知所措，只知道："现在不要继续思考！可怕的事情就要来了，是那些我不敢做，甚至都不愿想的事情。因为我将犯下最可怕的罪过。最可怕的罪是什么？谋杀？不，不是那样的。最可怕的罪是违背圣灵，这是不可宽恕的。任何犯了此罪的人将被诅咒永下地狱，永不超生。我的父母对我如此珍视，如果他们的独生子注定遭此劫难，那他们该多么难过。我不能对我的父母那样做，我所要做的就是不要继续思考。"

　　说起来容易做起来难。我走回家要花很长时间，我边走边试图思考其他种种事情，但是我发现自己的思绪一次又一次不受控制地回到我深爱的美丽大教堂，回到宝座之上的上帝那儿，然后我好像受到了强烈的电击，思绪又纷乱起来。我一直对自己重复："不要想，不要再想了！"我回到家时状态很差。我的母亲察觉出我有些不对劲，便问："你怎么了？在学校发生了什么事？"我信誓旦旦，向她保证，学校里什么都没发生，句句都是实话。我的确认为，如果我能向母亲坦白自己焦虑的真正缘故，可能会对我的不安有所缓解。但要做到这一点，我就不得不做那件似乎不可能发生的事：将我的所思所想和盘托出。这位可怜的至亲对我毫无疑心，也不知道我正处于犯下不可原谅之罪的危险中，也绝对想不到由此可能会深陷地狱。我最终放弃了坦白的想法，并试图尽可能地隐藏自己的形迹。

　　那天晚上，我难以入眠。那个我仍不明白的禁忌想法一遍又一遍地试图爆发，我拼命挣扎着将其隔离于脑海之外。接下来的两天如同酷刑折磨，我母亲深信我病了。但是我抵制住了坦白的诱惑，认为这会让我父母无限伤感。

　　然而，第三天晚上，折磨变得难以忍受，我再也不知该如何是好。我从不安的睡眠中醒来，重新思考大教堂和上帝。我几乎要继续想下去！我感到自己的抵抗力越来越弱，身上冷汗涔涔，我从床上坐起来以驱走睡意，保持清醒。"就是现在，这事很严重！我一定要好好想想，想出个所以然来。为什么我要思考这些我不了解的东西呢？天哪，我不想这样，这是肯定的。但是谁要我这样做呢？谁想强迫我思考我不知道和不想知道的事呢？这个可怕的意志从哪里来？我为什么要遭受它的辖制呢？我想赞美这个美丽世界的创造者，感恩他赐予我这份无价可比的天赋，那么，为什么我就得思考一些难以想象的邪恶之事呢？我不知道这邪恶之事是什么，我真的不知道，因为我不会，也一定不能再去思考这一点，因为那样可能会使我再次陷入思考的旋涡。我从没做过这事，也不想做，可它就像噩梦一样出现在我身上。这些东西从哪里来？我还什么都没做，这件事就这样发生了。为什么？毕竟，不是我创造了我，上帝创造了我，我按他的方式来到这个世界——也就是说，我以我父母的方式塑造而成。还是说，我的父母想要这样的东西？但是我善良的父母永远不会有这样的想法的。他们绝不会有如此残忍的念头的。"

我发现这个想法极为荒谬。然后，我想到了我的祖父母，我只从他们的画像中见过他们。他们看起来仁慈而庄重，这足以消解掉他人任何要谴责他们的想法。我在心里把所有我不认识的祖先过了一遍，最后想到的是亚当和夏娃。随之而来的是决定性的想法：亚当和夏娃是最早的人类，他们没有父母，由上帝直接创造，上帝有意把他们制造成了那个样子。他们别无选择，只能确切地长成上帝创造出的样子。因此，他们不知道如何变得不同。他们是上帝完美的造物，因为上帝只会创造完美，但他们却触犯了上帝，做了上帝不愿他们做的事情，犯了原罪。这怎么可能呢？如果上帝没有提供可能性，他们也不会做出这样的事。上帝在他们面前创造了蛇，从这里可以明显看出，是它诱使亚当夏娃犯罪。上帝全知全能，安排了一切，使得人类的祖先必将犯罪。因此，他们犯原罪本就是上帝的意图。

这个想法使我立即从糟糕的折磨中解脱出来，因为我现在知道上帝亲自将我置于这种境地。起初我并不知道他是否打算判我有罪或是无罪。我不再为了启示而默默祈祷，因为上帝不顾及我的感受就将我置于此种境地，并且不给予任何帮助就离开了我。我坚定地认为自己必须追求他的意志，并独自探索出路。说到这里，另一个问题出现了。

"上帝要的是什么？行动还是不行动？我必须明白上帝要我做什么，而且得马上找出答案。"我当然知道，按照传统道德，要避免犯下罪行，这一点没有任何疑问。这是我到目前为止一直在做的，但是我知道我无法继续这样做

二 中学时期

了。睡眠不足和精神困扰使我筋疲力尽，不去这样想也会使我陷入难以承受的困境，不能再这样继续下去了。同时，在我了解上帝的旨意和他的意图之前，我是不会屈服的。因为我现在确定是他制造了这个令人绝望的问题。奇怪的是，我暂时没有想到魔鬼可能在捉弄我。那个时候，魔鬼在我的思想世界中并不起眼，无论如何，我都认为他与上帝相比毫无影响力。但是我从迷雾中醒来并唤起自我意识的那一刻起，上帝那和谐一体、伟大超群的威严就开始在我的脑海中游荡。因此，我的心中再无其他问题，只需面对上帝亲自为我安排的具有决定意义的考验，而一切都取决于我对他的理解是否正确。毫无疑问，我知道我终将崩溃，并且无可奈何地屈从于它，但就算会发生这种情况，我也希望自己能早就理解它，因为我那永恒灵魂的救赎正处于生死关头。

"上帝知道，尽管我正被迫要犯下不可原谅的罪，也无法抵抗下去，但他并没有帮助我。全知全能的上帝本可以轻易地使我解脱于强加给自己的冲动，但是显然他并不打算这样做。难道他要通过这些强加给我的不寻常的事，比如违背自己的道德判断、宗教信仰乃至他自己所设下的戒律，这些我会出于对永世不得超生的恐惧而尽全力抵抗的事，来考验我是否顺从？上帝可能是想观察，如果我的信仰和理智会引出死亡和地狱幽灵，我还能否服从他的旨意？那可能真的就是答案！但是这些只是我自己的想法，我也可能理解错了。我不敢相信自己关于此事的推理，必须从头到尾再把它好好想一想。"

我再三思虑，得出了相同的结论。我想："显然，上帝也希望我勇敢一些。""如果是这样，我愿意接受，那么他会赐予我他的启迪和恩典。"

我鼓足全身勇气，好似要跃入地狱之火一般让思绪喷薄而出。我眼前是大教堂，是蓝天。上帝坐在他的金色宝座上，高高在上——一块巨大的粪团从宝座下面坠落，击中闪闪发光的新屋顶，将其粉碎，大教堂的墙壁也被砸了个粉碎。

原来是这样！我如释重负，这种感觉难以描述。我并没有遭受原本以为会发生的天谴，而是要承蒙恩泽，随之而来的是未曾体会、难以言喻的幸福。我因这份幸福和感激而落泪。现在，我既已顺服了他不可违抗的命令，上帝也向我显示出了他的智慧和仁慈。好像我经历了一次精神启迪。以前许多不理解的事情变得清晰明了起来。我想那是我父亲所不能领悟的，他没有经历过上帝的旨意，还出于他自认为的最佳的理由和最深的信念反对过它。这就是为什么他从未被赐予天恩奇迹，这种奇迹能治愈一切并使一切都有理可循。他以《圣经》的戒律为指导，按照《圣经》的规定和他祖先的教导信奉上帝。但他并不知道在《圣经》和他的教会之上，立于现世的上帝是全知全能和不受约束的，上帝呼召人类分享他的自由，并能迫使人类放弃自己的观点和信念，毫无保留地执行他的命令。在对人类勇气的试炼中，无论何等神圣，上帝都拒绝墨守成规。他既然全知全能，所以定会确保这种对于勇气的考验不会带来真正的邪恶。如果一个人执行了上帝的意志，就可以确定他走的是正途。

上帝创造了亚当和夏娃，还让二人不得不思考他们根本不想思考的事，他这样做是为了看一看他们是否听话。他还可以要求我做一些传统的宗教规则并不容许的事。正是对上帝的服从给我带来了恩典，有过上述经历之后，我知道上帝的恩典是什么。一个人必须完全献身于上帝，除了履行他的旨意，再没有其他重要的事。除此之外，一切都是愚蠢而毫无意义的。从我体验过上帝恩典的那一刻起，我真正的职责就开始了。上帝为什么要亵渎他的大教堂？对我来说，这是一个可怕的想法。但随即我便朦朦胧胧地认识到，上帝可能会变得可怕。我亲历了一个黑暗而可怕的秘密。这个秘密给我的一生蒙上了阴云，让我变得忧郁而极易陷入沉思。

这次经历也让我的自卑感更加强烈。我觉得我是魔鬼，或是像猪一样卑贱，极其堕落。但是后来我开始阅读《新约》，读到法利赛人和收税官，还有堕落之人是上帝的选民时，我得到了某种满足。书的内容给我留下了难以忘怀的印象，不公正的管家收获了赞扬，而信念屡次动摇的圣徒彼得，则被称作教会的三大柱石之一。

我的自卑感越强，上帝的恩典对我而言越难以理解。毕竟，我从来没有自信过。当我母亲对我说"你向来是个好孩子"时，我就是弄不明白是什么意思。我是好孩子吗？这种说法倒是没有听说。我经常认为自己是一个堕落顽劣之人。

有了上帝和大教堂的体验之后，我终于有了切实的经历，这是那个巨大秘密的一部分，就像我一直在谈论从天上而来的石头，现在就在口袋里已经放着一样。但实际上，这是一次令人羞耻的经历。我陷入了某种糟糕、邪恶和不祥的境地，尽管与此同时这是一种荣耀。有时候，我有一种想要表达的强烈冲动，却不知该讲什么，只是暗示着我身上有着一些奇怪的、无人知晓的事情。我想知道是否有其他人和我一样经历过类似的事件。可我从未成功地在别人身上发现过类似的经历。结果，我感到自己既是罪犯亦是上帝的选民，是被诅咒之人，同时也是受祝福的人。

我从来没有想过公开谈论自己的经历，也没有想过谈论梦见地下神庙中的阳具或雕刻的小人的事。事实上，一直到我六十五岁，我都对自己关于男性阳具的梦守口如瓶。可能只在晚年的时候，我曾和我的妻子提起过其他的经历。我从小就把这些事情当作绝对的禁忌，我可能永远无法和朋友谈论那些经历。

从这个秘密出发，可以理解我的整个青春期。它使我产生了几乎无法忍受的孤独感。那几年我的一项伟大成就是，我抵抗住了与任何人谈论此事的冲动。因此，我与世界的关系模式已早有预示：今如往昔，我是一个孤独的人，因为我洞晓世事，并且必须暗示别人不知道的事，通常他们也不想知道这种事。

母亲家里出了六个牧师，而我父亲那边，他自己是一个牧师不说，我的两个叔叔也是。因此，我经常能听到宗教对话、神学讨论和布道。每当我听他们讲话时，我都会有一种感觉："是的，是的，这一切都很好。但是秘密呢？秘密也是恩赐的。你们谁都不知道，不知道上帝要强迫我做错事，要强迫我思考可憎之事，以获得他的恩典。"其他人说的一切都离题万里、不在重点。我想："看在上帝的分上，一定有人对此有所了解。某个地方一定有真相。"我翻遍了父亲的书房，读了一切我能读的关于上帝、三位一体、灵魂和意识的读物。我如饥似渴地读完了这些书，没有发现一个明智的人。我总是在想："他们也不知道。"我甚至在父亲的《路德派圣经》中苦苦寻找，不幸的是，对约伯的传统的"教化式"解释使我无法对这本书产生更深的兴趣。但我在其中还是找到些许安慰，特别是在第九章第三十页及以后的章节中："我虽用雪水洗身……可您却将我弃掷泥潭。"

后来母亲告诉我，那段日子里，我时常愁眉不展，阴云满面。可事实并非如此；相反，我正深陷对这个秘密的沉思中。这个时候，若是坐在石头上，我就会感到安心和平静。不知何故，它能将我从疑虑中释放出来。每当我以为自己是石头时，内心的冲突就会平息下来。"石头没有任何不确定性，没有沟通的渴望，亘古不变，"我想，"但我只是一种转瞬即逝的现象，会突然迸发出各种情感，就像一团烈火骤然爆发，然后迅速熄灭。"我只是我情感的总和，而我身上还有"另一个我"，就是那块永恒不朽的石头。

那时，我也对父亲说的一切产生了深深的怀疑。当我听到他关于上帝恩典的布道时，我总是联想到自己的经历。他说的话听起来陈旧而空洞，就像经由他人之口、讲述自己也不太相信的故事。我想要帮助他，却不知该怎么做。而且，我羞于告诉他我的经历，也不会干涉他所关注的事。我一方面觉得自己年纪太小，另一方面又害怕运用我的"第二人格"所激发的那种权威。

后来，在我十八岁那年，我和父亲进行了许多讨论，总是暗自希望能够让他知道那些天恩奇迹，从而帮助减轻他良心上的种种痛苦。我坚信，如果他执行了上帝的意志，一切都会往最好的方向发展。但是我们讨论的结局总是不令人满意。父亲被激怒，感到伤心。"废话，"他总爱说，"你总是爱思考。一个人不应该思考，而应该相信。"我想的是，"不，一个人必须经历才会懂得，"但我却说，"那请把这种信念给我吧，"于是他耸了耸肩，无可奈何地转身离开了。

我开始交朋友了，我的朋友主要是出身淳朴、羞涩腼腆的男孩。我在学校的成绩也有所进步。在接下来的几年中，我甚至一跃成为全班成绩最好的学生。但是我发现，成绩不如我的同学嫉妒我并竭尽全力赶超我。这破坏了我的快乐。我讨厌所有比赛，若是一场比赛过于激烈，我会拒绝参加。此后，我仍然保持班上的第二名，并且觉得这远比第一名更让我快乐。无论如何，学习已是一件令人讨厌的事，我不想因为竞争而让它变得更加难以为之。我非常感激少有的几位老师，我记得他们对我表现出特别的信心。每每回忆起拉丁文老师，我总是很开心。他是大学教授，也是一个非常聪明的人。碰巧的是，我从六岁起就认识拉丁语，因为我父亲曾给我上过拉丁语课。因此，这位老师不是让我坐在教室里，而是经常让我到大学图书馆为他取书，而我则满心愉悦地徜徉书海，同时尽可能拖延回程时间。

大多数老师认为我愚蠢又狡猾。每当学校出了任何问题，我都是第一个受到怀疑的人。如果某个地方发生了打闹，我一定会被认为是先挑起事端的那个。实际上，这样的斗殴我只参与了一次，后来发现我的许多同学都对我充满敌意。有一次，七个同学暗中埋伏好，然后突然袭击了我。那时我才十五岁，身高力壮，暴躁易怒。我突然怒火中烧，双臂用力抓住其中一个男孩，将他甩在一旁，他的腿把另外几个男孩撞倒在地。老师知道了这件事，但我只隐约记得自己似乎受到了不公正的惩罚。从那时起，我就成了孤家寡人，也没有人再有胆量来攻击我了。

给自己树敌并被不公正地指责，不是我所期望的，但我并没有觉得这难以理解。对我的一切指责都使我愤怒不已，但我不能否认这些指责。我对自己知之甚少，而且这甚少所知是如此矛盾，以至于我无法凭良心辩驳任何指责。事实上，我始终心怀愧疚，意识到实际和潜在的错误。因此，我对责备特别敏感，因为它们或多或少一语中的。尽管事实上有些指责毫无依据，但我觉得自己可能已经犯了错。我甚至会草拟一张清单，清单里写的都是托词，以防万一我被指控做了什么事。当我确实做了错事时，我感到如释重负。至少我知道我是因为什么才会问心有愧。

自然，我通过表现得稳重可靠来弥补我内心的不安全感，或者（更确切地说就是）缺陷在没有我的意愿干预的情况下进行了自我弥补。也就是说，我发现自己有罪，同时又希望自己是无辜的。在内心深处，某个隐蔽的地方，我总是知道我是两个人。一个是我父母的儿子，他上学的时候不像其他许多男孩那样聪明机智、专心勤奋、体面干净。另一个是长大了的我——实际上是一位老者——禀性多疑，不相信他人、远离人世，却亲近大自然、地球、太阳、月亮、天气和所有生灵，尤其亲近黑夜，亲近梦境，以及亲近"上帝"直接作用于其的任何事情。我在这里提及上帝时用了引号。因为大自然似乎像我本人一样，由于非神性，而被上帝丢弃在一旁，尽管上帝按自己的意愿创造了大自然。没有什么能说服得了我，"依照上帝的形象"的创造仅适用于人类。实际上，在我看来，高山湖河、树木花草及飞禽走兽比人能更好地揭示上帝的本质，而人总是穿着荒谬滑稽的衣服，他们卑鄙虚伪、爱慕虚荣、自私自利、妄自尊大到令人作呕，所有这些特征我都十分熟悉，因为我从自己身上就能看到这些，准确来说，是我的第一人格，即1890年的那个学生。除了他的世界之外，还有另一个境地，这个境地就像一座神殿，任何进入其中的人都会被改造，并会突然被整个宇宙的幻象所淹没，以至于他只能惊叹不已，连连称赞，忘却自己。这里生活着"另一个人"，他知道上帝是一个隐蔽的、私人的，同时也是超出个人的秘密。这里没有什么能将人与上帝分开。确实，好像人类的思想与上帝同时向下俯视造物。

我在这里逐句展现的，是我当时不甚明了、无法诉之于口的东西，尽管我深刻地预感到了它。在这种时候，我知道我配得上我自己，我就是本质的我。只要我一人独处时，就可以转入这种状态。因此，我追求这属于"另一个我"的，即第二人格的平和与孤独。

贯穿我一生中的第一人格和第二人格之间的竞争和反击，与普通医学意义上的"分裂人格"或精神分裂症毫无关联。相反，它在每个个体身上都发挥了作用。在我的人生中，第二人格一直是最重要的，我一直尽力为想要从内心向我走来的一切腾出空间。第二种人格是很典型的，但只有极少数人能感知到。大多数人缺乏足够的理解力，已意识到这种人格也是他们的一部分。

渐渐地，教堂令我深受折磨。因为那里的人敢于大声地——我不禁要说，是不觉羞耻地——进行关于上帝的意图和行为的布道。人们被劝诫要有某种情感，并相信这样的秘密：据我所知是最深刻、最内在的必然之事，它并不因只言片语就显山露水。我只能得出结论，显然没有人知道这个秘密，甚至连牧师都不知道，因为，没人敢在公开场合揭露上帝的秘密，以过去那套的多愁善感之言来亵渎那些不可言传的感受。而且，我确信这是接触上帝的错误途径，因为根据我的经验，这种恩典只赐予那些毫无保留地履行上帝旨意的人。这也是在讲台上布道过的，但始终基于这样的假设——启示会使上帝的旨意变得通俗易懂。另一方面，我认为这似乎是最晦涩难懂的。在我看来，人的职责似乎是终日探索上帝的旨意。我没有这样做，但我确信一旦情况紧急，我会立刻这样做。第一人格占据了我太多时间。它似乎常常以宗教戒律代替上帝的旨意，这真是出人意料、令人震惊，其唯一目的是使人们无须理解上帝旨意。我的怀疑日益强烈，父亲和其他牧师的布道显得极其不真诚。我周围的人似乎都把布道术语视为理所当然的，而这些术语产生的晦涩难懂的话似乎也是合乎情理的。他们不假思索地将互为矛盾之事信以为真，例如上帝是无所不知的，因此预见了人类的全部历史，还有上帝确实创造了人类，使他们不得不犯罪，但仍然禁止他们犯罪，甚至通过地狱之火的永恒诅咒来惩罚他们。

很长一段时间，魔鬼没有在我的思考中起到什么作用，这很奇怪。在我看来，魔鬼不过是被一个强大男人上了锁链的看门恶犬。除了上帝，没有人对这个世界负有任何责任，而且我深知，他可能会很可怕。每当我听到父亲在他激动人心的布道中谈到"仁慈的"上帝，称赞对人的爱并劝诫人要爱上帝作为回报时，我的疑虑和不安就会增加。"他真的知道他在说什么吗？"我不解地想，"他会像以撒一样，把我——他的儿子，作为人类的牺牲品杀掉，还是把他送交不公正的法庭，使他像耶稣一样被钉在十字架上？不，他不能那样做。所以在某些情况下，他无法遵从上帝的旨意，正如《圣经》本身所示，这种旨意是极为可怕的。"对我来说愈加清楚的是，劝诫人们服从上帝而不是人，不过只是随随便便和漫不经心地说出来的话罢了。显然，我们根本不了解上帝的旨意，因为如果我们这样做的话，我们将会以敬畏的态度对待这个中心问题，会出于对强大上帝的恐惧而这样做了，上帝会在无依无靠的人身上执行他的恐怖旨意，就像他早在我身上施加意志一样。假装知道上帝的旨意的人中，是否有人能预见到他使我做的事？无论如何，在《新约》中没有类似的事。在这方面，《旧约》，尤其是《约伯记》本可使我大开眼界，但那时我对它还不够熟悉。接受坚振礼时，我也没有听到任何类似指示。当然也提到过对上帝的敬畏，但被认为是过时的，是"犹太教"的事情，并且早已被关于上帝的爱与仁善的基督教福音所取代。

我童年经历的象征意义和意象之激烈使我非常不安。我问自己："谁这样说话？谁敢于在神殿里裸露阴茎？谁让我认为上帝以这种可恶的方式摧毁了他的教堂？"最后我质问自己这一切是否是魔鬼所为。因为，我从未怀疑过，一定是上帝或魔鬼才会有此言行。令我深信不疑的是，这些想法和景象并非我自己创造的。

这些都是我一生中至关重要的经历。彼时我恍然大悟：我必须承担起责任，命运由我自己决定。我遇到了一个必须找到答案的问题。却没有人告诉我，是谁提出了问题。我知道我必须从内心最深处寻找问题的答案，我知道我要孤身一人面对上帝，而上帝也会单独问我这些可怕的事情。

从一开始，我就有种命中注定的感觉，好像我的生活是命运赐予的，而我必须顺从。这给了我安全感，尽管我无法证实，但它向我证明了自己。我并不拥有这种确定性，而是确定性拥有我。没有人会剥夺我的这样一种信念：上帝命令我做他想要的，而不是我想要的。这给了我踏上自己的道路的力量。我常常感到在所有决定性事件上，我不再是芸芸众生中的一员，而是与上帝同在。当我在"别处"时，我不再孤单，我置身于时间之外。我处在好几个世纪里。能够回答问题的"他"，是一直存在的"他"，在我出生前就存在过的那位。"他"永远存在于那里。这些与"另外一个我"的谈话是我最意味深长的体验：既是一场血腥斗争，又是至高无上的极乐忘形。

自然，我无法与任何人谈论这些事情。除了我母亲以外，我没有其他可以交流的人。她的思维方式似乎与我相似，但是我很快注意到，谈话中，她并不能与我旗鼓相当。她对我的态度首先是钦佩，这对我并不是好事。所以我总是独自一人思考。总的来说，我喜欢这样，我会独自玩耍，做白日梦或一个人在树林里漫步，拥有属于自己的秘密世界。

在我看来，我母亲绝对称得上是一个好母亲。她情感充沛、热情有温度，善于烹饪，并且非常友好，总能令人愉悦。她长得非常壮实，还是一个随和的听众。她喜欢和人聊天，闲聊时就像是喷泉旁溅出的欢快的水花一样。她的文学才能、品位和深度都很显著，但是这种品质从来没有以适当方式出现过，仍然隐藏在一个老妇那善良、肥胖的外表之下，她非常好客，幽默感十足。她具备一个人必须拥有的所有传统认识，但她的个性会在无意之中突然展露出来。这种个性形象出乎意料得强大，是一个庄严的、令人过目难忘的人物，拥有无懈可击的权威——而且做事直截了当。我确定她拥有两种人格，一种是无害的、富有人性的，另一种是神秘莫测的。这另一种只是偶尔出现，但每次都出乎意料且令人恐惧。她会自言自语，但是只要她说的话是针对我的，往往能直中要害，我随即被震惊到无以言表。

我第一次记得这种情况是在我大约六岁的时候。那时我们的邻居比较富裕。他们有三个孩子，最大的一个是和我年龄相仿的男孩，他还有两个妹妹。

他们是城里人，即使在工作日，也要对孩子精心打扮，周日尤为如此。他们会给孩子们穿上有白色褶边的衣服，手上戴着小白手套，这在我看来可笑之至。他们举止高雅得体，并且远远避开那个衣衫褴褛、鞋子上破了几个洞、双手肮脏、粗鲁强硬的小男孩。母亲没完没了地与他们比较和训斥："现在看着那些好孩子，他们教养有方，举止得体，但是你看起来就有点笨。"这使得我十分恼怒，觉得受到了羞辱，于是我决定报复，并以我的暴力行为大吵大闹。我的母亲吓坏了，眼含泪水地教育了我一番，比我以前听过的任何一次教训都更长，情感更充沛。我没有意识到任何错误；相反，我对自己感到很满意，因为在我看来这个陌生人与我们村子格格不入，而我的行为对此做出了弥补。由于母亲格外激动，我感到事情有些严重，并且有些后悔，便藏到了旧小提琴背后的桌子后面，开始玩积木。一段时间里，房间里一片寂静。我母亲坐在窗边织毛线。然后我听到她在喃喃自语，从我偶尔听到的几句话中，我得知她正在思考这件事，但现在又有了另一种看法。她突然大声说："当然，永远不要生那样的狗崽子！"我立刻意识到她在谈论那些"盛装打扮的猴子"。她最喜欢的兄弟是一个猎人，养了许多狗，经常谈论狗的繁殖、杂种、纯种和产崽这类话题。令我松了一口气的是，我意识到她也把那些可恶的孩子当成是下等小狗，因此她的责骂没有表面上那么严重。但是我也知道，即使在那个时候，我也必须保持完全冷静，而不是得意扬扬："你看，你要像我一样思考！"她一定会满腔愤慨，反驳我："你这个可怕的孩子，你怎么敢对妈妈做这样的事！"由此我得出结论，我之前一定有过类似的经历，只是我早已忘记了。

我讲述这个故事是因为，正当我对宗教的怀疑越来越强烈的时候，另一个事例揭示了我母亲的双重性格。一天我们正在吃饭，谈到某些赞美诗的曲调越来越沉闷无聊，其间提到了修订赞美诗的可能性。当时我的母亲低声说："噢，你是我的爱中至爱，你是那该死的福佑。"[1]和过去一样，我装作什么都没听见，但内心暗自窃喜，同时也小心翼翼地克制自己不大声呼叫起来。

我母亲的两种人格差异很大。这就是为什么我小时候梦见她时总是感到焦虑。白天，她是一个充满爱心的母亲，但是到了晚上，她变得神秘古怪。

---

[1] 口误（渴望的）。

她像是有时会变成奇怪动物的先知，又像是熊穴中的女祭司。她古老原始而冷酷无情，像真理与大自然那样冷漠。那时，她就是我口中的"自然精神"的化身。[1]

我也具有这种原始的天性，在我看来，它与看待人和事物的天赋（并非总是令人愉悦）联系在一起。当我不想意识到某件事时，我可以把自己骗到爱尔兰的蒂珀雷里去，但总的来说，我很清楚事情的真相。在这方面，我就像一条狗，可以被骗，但最终总是能闻到事实的气味。这种"洞察力"是基于本能，或者是基于与他人的"神秘分享"，就像"背后的眼睛"以客观的感知行为进行观察一样。

直到很久以后，发生了一些非常奇怪的事情，我才意识到这一点。比如，有段时间我总是给人说起一个并不认识的人的故事。那是在我妻子朋友的婚礼上；我完全不认识新娘和她的家人。用餐时，我坐在一位中年绅士的对面，这位绅士蓄着漂亮的胡须，人们说他是律师。我们对犯罪心理学进行了热烈的讨论。为了回答他的特定问题，我编了一个故事来说明，并运用各种细节加以修饰。我讲故事时，注意到那个男人的脸上出现了与我想象中完全不同的表情，周围陷入一片寂静。我感到局促不安，便停止讲话了。谢天谢地，要吃饭后甜点了，我赶紧起身，走进酒店的休息室。我缩在一个角落里，点了一支雪茄，试图仔细思考这种情况。这时，坐在我那桌的其他客人中的一位向我走了过来，责备地问："你怎么能做出如此可怕的轻率行径的？""轻率？""是啊，你刚讲的那个故事。""但那个故事是我编的！"

令我惊讶和恐惧的是，那个故事正是我对面那个男人的故事，所有细节都一模一样。当时，这个故事我连一个词都记不清了——直到今天，我仍无法回忆起这个故事。佐克[2]在他的《自我启示》中描述了类似的事件：在旅馆

---

[1] "自然精神"是"说绝对直率而无情之事的精神"。《视觉解释》研讨会（苏黎世，私人印制，1940年，第五版，第IV页。）"这种精神源于自然，而不是来自书本上的观点。它像天然的泉水一样从地下涌起，并带来了自然奇特的智慧。"（同上，VI，第34页。）

[2] 约翰·海因里希·丹尼尔·佐克（Johann Heinrich Daniel Zschokke，1771—1848年），瑞士历史小说和瑞士与巴伐利亚历史研究的作家。参考《转型中的文明》（CW 10，第850段）。

里，他曾有一次揭发了一个素不相识的年轻人的偷窃行为，因为他用内心的眼睛看到了盗窃案的发生。

在我的一生中，我会突然知道一些我本不该知道的东西，这种事经常出现。这些知识就好像是我自己的想法一样浮现在我的脑海。我母亲也一样。她不知道自己在说些什么，它就像掌握绝对权威的声音一样，这恰恰说明了上述情况。

我的母亲通常认为我的思维能力已经远远超过了我的年龄，她会像同大人那样跟我交流。很明显，她告诉我的话全部都是她无法对父亲说的，因为她早就把我当作知己一般的人物，向我袒露她的那些麻烦事儿。大约在我十一岁那年，她告诉了我有关父亲的一件事，这事使我震惊极了。我绞尽脑汁，最后想到，我必须向父亲的那个很有权势的朋友一问究竟。我一个字都没向母亲透露，某天下午放学后进了城，给这位朋友的家里打了电话。打开门，他的女仆告诉我他外出办事了，我只好扫兴而归。许是天意如此，他幸好不在家。不久之后，我的母亲又提及此事，这次给了我一个截然不同且温和得多的说法，我的忧思便烟消云散。这让我大吃一惊，想着："你真是一个笨蛋，竟相信这种事，而你的愚蠢较真差点酿成灾祸。"从那时起，我决定将母亲所说的一切一分为二来看。我不再对她全然信任，我也无法告诉她我内心更深处的那些秘密。

但是后来，母亲的第二人格突然爆发，她在那些场合所说的话如此真实，真实到我在面对它时不禁颤抖。如果我母亲的性情始终一致，我也许会有一个很棒的交流对象。

这和我父亲的情况完全不同。我本来想向他说出我在宗教上所遇到的困难，并向他征求意见，但我没有这样做，因为在我看来，我已料想到他会出于对本职的尊重而不得不作出应答。此后不久，我证明了这种假设是正确的。父亲亲自给我的坚振礼做了教导，那真是无聊至极。有一天，我翻遍了教理，希望除了无病呻吟、乏味费解的阐述之外，找到一些其他对主耶稣的理解。我碰到了有关三位一体的段落。这激发了我的兴趣：一体三分，三合为一，它的内在矛盾让我着迷。我热切地等待着父亲与我讨论这个问题的时刻，但是，当我们真的讨论这个问题时，我父亲却说："我们现在来到三位一体，但我们略过它吧，我自己对此也一窍不通。"我钦佩父亲的诚实，但另一方面，我深感失望，对自己说："问题都在这儿了，他对它们一窍不通，还不去研究，那我该怎么和他谈论我的秘密呢？"

我试探性地问了一些我认为善于思考的同学，但一无所获。他们没有任何反应，相反地，他们的麻木让我打起了退堂鼓。

尽管早就厌倦了，我还是尽一切努力在尚未理解的情况下就去相信——一种似乎为了迎合我父亲的态度——并为圣餐做好准备，这是我最后的希望了。我认为，这仅仅是纪念性的用餐，是一种对 1890-30=1860 年前去世的耶稣的周年纪念活动。但是，他仍然留下了一些确切的暗示，例如"拿起来吃吧，这就是我的身体"，这隐喻着食用圣餐面包，就像食用他的肉体。同样，我们饮下葡萄酒，就像饮下他的鲜血。这种解释是，我们将以这种方式将他纳入自身，使他成为我们身体里的一部分。在我看来，这简直荒谬可笑，毫无可能，我确信背后一定隐藏着伟大的奥秘，而在整个圣餐过程中，我将体会这个奥秘，我父亲似乎对它评价很高。

按照惯例，教会委员会的一位成员将成为我的教父。他是一个沉默寡言的慈祥老者，一名轮车修造工，我经常站在他的车间里，看着他施展使用车床和扁斧的技巧。现在他换了一身行头，穿着长礼服，头戴高顶礼帽，庄重地领我去教堂，父亲身着他常穿的长袍站在祭坛后面，念诵着礼拜仪式的祈祷。覆盖祭坛的白布上摆着大托盘，里面装满了小面包。看得出来，面包是从我们的面包师傅那里弄来的，他做的烘焙食品通常劣质普通且口味平淡。父亲吃了一块面包，将酒从锡壶中倒入杯中，咽下一口酒——我知道酒是从哪家酒馆搞来的——然后把杯子递给了一位老者。所有人都显得拘谨而庄重，这一切在我看来都乏味无聊。我好奇地看着，但看不出也猜不到老者有什么地方起了变化。周遭的气氛与教堂中其他活动没什么不同，包括洗礼和葬礼等。我感觉到，这里正进行着某种合乎传统的仪式。我的父亲首要关心的似乎也是按规矩进行这一切，他加强语气读念那些恰如其分的话，这也是该规矩的一部分。他没有提到耶稣离世距现在已 1860 年了，而他在其他追悼仪式中都会强调这一日期。这场仪式庆祝纪念的是伟大非凡、举足轻重之人，然而我并没有从人们的面容上看出悲伤或是喜悦，也觉得宴会在各个方面都略显简朴。这与世俗的节日宴会没什么不同。

突然，轮到我了。我吃了面包，和我想的一样，尝起来很平淡。酒我只抿了极小一口，又淡又酸，显然不是上等好酒。随后进行了最后的祈祷，人们走了出去，脸上既没有沮丧也没有喜悦，仿佛在说："哦，就是这样。"

我和父亲一起步行回家，突然意识到，我头上的黑毡帽和身上的黑西装都是崭新的，而这件西装已经成了我的礼服。它是一种加长的夹克，裆部分成两翼，两翼之间是一个狭缝，上面有一个口袋，我可以在里面塞一条手帕，在我看来，这姿态是一个成年男性气概的体现。我感到自己在社会地位上得到了提升，也被接受进入成年男性的社交圈了。那天也是星期天，晚餐格外丰盛。我可以整日穿着新衣服闲逛。但另一方面我又觉得空虚，不知道自己的真正感受。

接下来的几天里，我渐渐意识到什么事都没有发生。我到达了宗教意义上顿悟的极致，期待会发生什么——我也不知道发生的会是什么——但根本什么都没有发生。我知道上帝会给我启示，比如说，火和超自然的光。但是无论如何，对我来说，他没有在这个仪式上留下踪迹。可以肯定的是，曾经有过关于他的谈论，但这仅仅是言语而已。于其他人中，我也没有注意到滔天的绝望、满溢的欢乐和源源不断的恩典，而这些在我看来构成了上帝的本质。我没有察觉到"领受圣体""相融，与……合而为一"的迹象。和谁相融？和耶稣吗？然而，他只是一个死于1860年前的人。一个人为什么要与他合而为一？因此，他被称为"圣子"，像希腊英雄一样半神半人：那么一个普通人怎么能和他合而为一呢？人们称之为"基督教"，但依我经验，这与上帝毫无关联。另一方面，很明显，是耶稣这个人与上帝有关。在教导人们上帝是一位善良而慈爱的父亲之后，他在客西马尼和十字架上万念俱灰，他也见识到了上帝的可怕。这我能理解，但为什么要用索然无味的面包和酸葡萄酒进行这凄凉的纪念活动呢？慢慢地，我明白了这场仪式对我来说是灾难性的体验。它空洞虚无，不仅如此，还是一场彻底的损失。我知道我不会再参加这个仪式了。"啊，那根本不是宗教，"我想，"这里没有上帝，教堂不是我应该去的地方。那里没有生命，只有死亡。"

对于父亲，我怀抱着深深的同情，这种感觉无法退去。我一下子就明白了他的职业和生命的悲剧。他正为死亡而苦苦挣扎，在与死神较量，他无法承认死神的存在。我和他之间形成了一个巨大的鸿沟，我看不到有任何弥合的可能性，因为它无限宽广。我的父亲可亲可敬，慷慨大方，他在很多事情上都任我自为，从未对我行专横之事，我不能让他陷入这种绝望和亵渎神明的境地之中，虽然这是体验圣恩所必要的东西。只有上帝才能做这件事，而我没有权利，这是不人道的。我想上帝不是人类。那正是他的伟大之处，人类的所作所为不会给他带来任何影响。他既善良又可怕——因此十分危险，遇到他时每个人都本能地试图自救。人们一厢情愿地依恋着他的仁爱和善良，因为害怕自己会成为诱惑者和破坏者的牺牲品。耶稣也注意到了这一点，因此教导人们说："主啊，请指引我们，使我们不受诱惑。"

据我所知，我与教会以及人类世界合为一体的感觉破碎了。在我看来，我遭受了一生中最大的挫败。我想象的宗教观构建了我和宇宙的唯一且有意义的联系，而它已经碎裂瓦解。我再也不能参与普通大众的信仰了，却发现自己参与了一个难以形容的秘密活动，这秘密我无法与他人分享，只能独自拥有。这很可怕——最糟糕的是——它粗鄙荒谬，简直是恶毒的嘲讽。

我开始思考：一个人该怎么认识上帝？关于上帝和大教堂的想法不是我创造的，更别说三岁时降临的梦了。我自己的意志，和一种更强大的意志同时作用在我身上，应该由大自然负这个责任吗？但是自然无非是造物主的意志。指责魔鬼也无济于事，因为他也是上帝的产物。唯有上帝是真实的，是毁灭之火，是难以名状的恩典。

圣餐仪式的失败给我造成了什么影响？那是我自己的失败吗？我满腔热忱，早做准备，希望能经历恩典和启示，但是什么也没有发生，上帝未曾出席。此时，由于上帝的缘故，我发现自己脱离了教会，脱离了父亲和众人的信仰。只要他们仍拥护基督教，我就是一个局外人。这个认知使我悲伤不已，这些年一直如阴云般笼罩着我，直到我上大学才有所缓解。

我开始在父亲的书房中翻阅，书房很简陋——那时却给我留下了深刻的印象——我想找些书，希望可以从中了解到，关于上帝，人们都知道些什么？最初，我找到的书只和传统观念有关，却没找到想要的——出自独立思考者的书。最后，我发现了比德曼于1869年出版的《基督教教义》。显然，这就是我要寻找的为自己思考的人，他提出了自己的看法。我由他得知，宗教是："一种存在于人与上帝建立的私有关系中的精神行为。"我不同意这一点，因为我将宗教理解为上帝对我所做之事。这是上帝的行为，我只得任由其摆布，因为他是更强大的一方。我的"宗教"不承认人类与上帝的关系，因为有谁能与如此鲜为人知的事物发生联系？为了与他建立关系，我必须更多地了解上帝。在比德曼关于"上帝的本质"的章节中，我发现上帝向人们展示的自己是："一种根据人类自我意识的类推而设想出来的人格：独一无二、完全超脱世俗、胸怀宇宙的自我。"

据我对《圣经》的了解，这一定义似乎很贴切。上帝的人格与神性同在，是宇宙的自我，好比我自己同为心理和肉体的存在一样。但是在这里我遇到了巨大的障碍，毕竟，人格无疑意味着特性。特性往往非此即彼，也就是说涉及某些确定的特殊属性。但是，如果上帝即是一切，他又怎么能拥有鲜明的特性？另一方面，如果他确实有其特性，那么他只能是一个主观且有限世界的自我。此外，上帝拥有什么样的人格或特性？一切都取决于这个问题，除非知道答案，否则无人能与他建立关系。

我依照本人的自我来想象上帝，内心产生了强烈的抗拒感。在我看来，这种做法即使不是彻头彻尾的亵渎，也是狂妄至极的。无论如何，我的自我复杂难懂，我自己也很难理解。首先，我意识到它由两个相互矛盾的方面组成：第一人格和第二人格。其次，这两个方面的自我均极其受限，囿于所有可能的自我欺骗、过失、情绪、情感、激情和罪恶。它经历的失败远多于胜利，它幼稚、虚荣、自私自利、目中无人、缺爱、贪婪、不公、敏感、懒惰、不负责任等。令我感到悲伤的是，它缺乏许多我羡慕并嫉妒他人所拥有的美德和才能。这怎么可能用来类比我们想象中的上帝本质呢？

我迫不及待地寻找上帝的其他特征，将它们列了出来，发现它们和我从坚振礼所受到的指示相差无几。我发现，根据第172条，"上帝那超然物外的本质的最直接表达，消极的一面是：没有人真正见过他……""以及积极的一面：他居住在天堂……"这是灾难性的，因为我立刻想到了亵渎神明的幻象，那是上帝直接或间接（即通过魔鬼）强加于我的意志的。

第183条指引我说："相对道德世界而言，上帝至高无上的本质"在于他的"公平正义"，这不仅仅是"审判"意义上的，而且是"神圣本质的一种表露"。上帝的阴暗面曾给我带来很多困扰，我本希望这一段落能给我做出解释，他睚眦必报，会在盛怒之下殃及周遭，还会对以之全能而造的生物做出不可理喻的行为。因其全知全能，他必定对所造之物的缺点了如指掌，也会为了取乐把他们引入歧途，或者最起码去考验他们，尽管他事先就知道试验的结果。什么才是上帝的真正特性呢？倘若一个人类有如此举动，我们会怎样评价？我不敢继续思考，以求结论。后来我读到，上帝"虽自给自足，于外界一无所求"，却"出于满意"而创造这个世界，并意图"让自然世界充满他的善，让道德世界充满他的爱"。

起初，"满意"一词令我困惑，我苦苦思索，对什么或对谁满意？显然是对于世界，因为上帝曾为自己的杰作称赞叫好，但正是这一点，我从未理解。当然，世界之美无与伦比，同样，它的恐怖也无法衡量。乡间村落，人烟稀少，世事寥寥，所以与其他地方相比，那里的人对"生老病死"的体验更加深刻、详细，也更加露骨。尽管我还不到十六岁，我却见过种种关于人类和动物的生存现状，在教堂和学校里，我已听闻足够多的有关世界的苦难和堕落。上帝至多对天堂感到"满意"，但后来他苦心经营，放了那条毒蛇进入天堂，以免天堂的荣耀持续太久。对此他感到满意吗？我确信比德曼意非如此，他只是为了凸显宗教教义，在那儿随口乱诌，他甚至未意识到自己在胡说八道。倘若，上帝并未从人类和动物遭受的无端苦难中获得残酷无情的满足感，而他意图建立一个矛盾的世界，在这个世界中，生物互相吞噬，存在则意味着向死而生，在我看来，这样的假设并非全无道理。而自然法则的"奇妙的和谐"像是由可怕的力量所制伏的混乱，沿着预定轨道运行的"永恒的"星空则像是混乱且无意义的随机物体的聚积。没有人能真正看到所谓的星座，它们仅仅是随意排列的图形而已。

对于上帝将他的良善洒满自然界这一点，我要么尚未发现，要么对此保持怀疑态度。显然，这又是一个不能被推理但必须相信的观点。实际上，如果上帝即为"至善"，那么为什么他所创造的世界是如此残缺、堕落且让人怜悯？我想："显然，它已经被魔鬼感染并迷惑了。"但是魔鬼也是上帝的产物。我于是搜集并研读关于魔鬼的资料，毕竟魔鬼应该还是非常重要的。我再次

二 中学时期

打开比德曼那本有关基督教教义的书，急切寻找这个问题的答案，经历苦难、缺陷和邪恶的原因是什么？然而我什么也找不到。

这简直糟糕至极。这本沉沉的大部头著作不过是夸夸其谈，甚至可以说，这本书就是一个骗局，是展示愚蠢的样本，其唯一目的是掩盖真相。我感到幻想破灭，甚至心生愤慨，对父亲的同情心再次袭来，他就是这些繁文缛节的受害者。

但是在某时某地，一定有人像我一样追求真理，他们思维理性，不愿欺骗自己和他人，否认世间疾苦。当时我的母亲，或者更确切地说是她的第二人格，突然无故地说道："你该读一读歌德的《浮士德》了。"我们家有一版非常精美的歌德所著系列书书籍，我挑出《浮士德》，它似神奇的膏脂一样润泽我的灵魂。"这儿，"我想，"终于有人正视魔鬼，甚至与他缔结了生死契约，而魔鬼恰恰具有粉碎上帝的计谋、创造完美世界的能力。"我为浮士德的举动感到惋惜，因为在我看来，他不应该这样片面，如此容易被欺骗。他应该更加聪明，更加正派。他这么轻率地赌上自己的灵魂，真是幼稚！浮士德显然是个夸夸其谈的人。我的印象是，这部戏剧的分量及其意义主要在于魔鬼靡菲斯特。如果浮士德的灵魂下地狱，倒不会让我伤心，这是他应得的结局。我不喜欢结尾"受骗的魔鬼"的想法，因为毕竟靡菲斯特根本就不是愚蠢的恶魔，绝不可能任由傻乎乎的小天使欺骗。在我看来，靡菲斯特受骗这一情节有着非同寻常的意义：他没有获得应有的权利，因为平庸的浮士德把自己的骗局又带进了来世。诚然，在那儿他的天真幼稚暴露无遗，但是，正如我所看到的那样，他不配获悉伟大秘密的指引。我打算让他尝尝炼狱之火的滋味。在我看来，真正的问题在于靡菲斯特，他的整个形象在我脑海中挥之不去，而且我隐隐感觉到，他与各种本源的神秘息息相关。[1]无论如何，对我而言，魔鬼靡菲斯特和结尾处伟大的指引，给我意识世界的边际留下了神奇而玄妙的体验。

我终于发现，还是有人或曾经有人见过魔鬼及其无边的法力——更重要的是——见过它拯救人类于黑暗和痛苦时所发挥的神秘作用。就此说来，歌

---

[1] 《浮士德》第二部分，菲利普·韦恩（Philip Wayne）翻译（企鹅出版社，1959年，第76页）。

德在我眼里是一位先知。但是我不能原谅他用一点点小花招就轻而易举地让靡菲斯特消失了。对我来说，这过于玄妙，过于轻率，也太不负责任了，遗憾的是，那些狡猾的手段让邪恶变得无伤大雅，就连歌德也为之沉沦。

阅读这部戏剧时，我发现浮士德或多或少可以算是位哲学家，尽管他厌恶哲学，但显然他从哲学中获悉到某种对真理的感受力。那个时候，我几乎没有听说过哲学，如今我又萌生了新的希望。我认为，也许已有哲学家研究过这些问题，或许我可以得到一些点拨。

由于我父亲的书房中没有哲学书籍（哲学家会因自己的想法而受到怀疑），我不得不勉强看看克鲁格所著、1832年第二版的《哲学科学通用词典》，我立即翻到了有关上帝的内容。令我不满的是，它起篇于对"上帝"一词的词源作解释，说"毫无争议"源自"善"这个词，意指"至高无上的存在"或"完美"。它还说，人类无法证明上帝的存在，也无法证明上帝观念的固有性。但是，后者却先天地存在于人类之中，就算不显露痕迹，也是潜藏着的。无论如何，我们的"心理能力"必须"发展到一定程度，才能够产生如此崇高的观念"。

这种解释使我震惊。这些"哲学家们"怎么了？显然，他们仅通过道听途说来了解上帝。神学家在这方面就不同了，至少他们确定上帝存在，即使他们对上帝做出矛盾的陈述。这位词典编纂者克鲁格用一种如此复杂的方式表达了自己，很容易看出他想断言自己已经充分相信了上帝的存在。那他为什么不直截了当地这么说呢？他为什么要假装——好像他真的以为我们"生发"了上帝的观念，而这样做之前人类必须达到一定的发展水平？据我所知，即使是在丛林中裸奔的野蛮人也会有这样的想法。他们当然不是"哲学家"，坐着就能"生发上帝的观念"。我也从来没有生发过任何关于上帝的观念。当然，上帝是无法证明的，例如，吃澳大利亚羊毛的衣蛾怎么能向其他衣蛾证明澳大利亚的存在呢？上帝的存在并不取决于我们能否证明。我如何确定上帝确实存在？有人告诉我关于上帝的各种各样的事情，但我什么都不相信，没有能使我信服的，我的想法也并不源于这些传说。实际上，这根本不是一个想法，根本不曾经过深思熟虑，不像是先有人想象，然后去思考，最后有人相信它。例如，关于主耶稣的一切一直让我感到怀疑，尽管它给我留下的印象远远超过上帝，通常只是隐约暗示我，但我从未真正相信过。我为什么要把上帝视为理所当然的？当上帝的存在就如同落在头上的砖块一样显而易见时，为什么这些哲学家还会假装上帝是一种观念，一种可或不可生发的任意设想呢？

突然我明白了，至少对我来说，上帝是一种最确定和最直接的经验。毕竟，我并没有杜撰关于大教堂的可怕故事。相反，它被强加于我，我被迫带着极为残酷的感情去思考它，之后我体会到一种难以描述的承蒙恩泽的感受。我得出的结论是，这些哲学家一定有问题，因为他们竟认为上帝是可以讨论的一种假设。哲学家们对上帝的黑暗行为没有提出任何意见或解释，这一点我甚为不满。在我看来，这些问题值得哲学家的特别关注和思考，因为它们构成了一个问题，甚至对神学家来说是一个艰巨的任务。更让我失望的是，我发现哲学家们显然从未听说过它。

因此，我继续讨论下一个令我感兴趣的话题，一个关于魔鬼的话题。书里写道，如果我们认为魔鬼原本是邪恶的，那么我们将陷入显而易见的矛盾之中，也就是说，我们将陷入二元论。因此，我们最好假设魔鬼最初是被创造出来的，是由于他的骄傲而堕落了。但是，正如文章的作者指出的那样——我很高兴看到这一点——这个假说预设了它试图解释的邪恶，即骄傲。他继续写道，对于其余的人，邪恶的起源是"无法解释的和无法理解的"，这就意味着：和神学家们一样，他不想思考此事。事实证明，关于邪恶及其起源的文章也毫无任何启发性。

上述所言总结了思想的变化和发展，这些思路和发展历经久远的断层，持续了数年。他们仅以我的第二人格继续呈现，并且严格保密。还未经许可，我就秘密地将父亲的书房用于这些研究。在这段时间里，第一人格阅读了格斯塔克的所有小说，以及经典英语小说的德语译本。我也开始阅读德国文学，着重研究那些经典名著，学校费力解释那些浅显易懂的知识，还好没有败坏我的兴致。我漫无目的地博览群书，阅读戏剧、诗歌、历史以及后来的自然科学方面的书籍。阅读不仅有趣，而且分散了我对第二人格的关注，这种分散是有益的，因为第二人格的活动让人愈加闷闷不乐。对于宗教问题，我就是不得门道，而且就算有机会打开一扇门，我也会对它背后的内容感到失望，而其他人的担忧似乎完全不同，我的孤独真真切切。我比以往任何时候都希望有人与我交谈，但是我在哪里都找不到切入点。相反，我在其他人身上看到的是疏离、怀疑和恐惧，而我只能缄默不语。这让我沮丧，我不知道该怎么做。为什么没有人和我有相似的经历？我想知道答案。为什么学术著作中对此什么相关的内容都没有？我是唯一有过这类经历的人吗？为什么我就是唯一的那个？我从来没有想过我会精神错乱，因为上帝的光明与黑暗在我看来是可以理解的，它们是不可变更的事实，虽然压抑，但仍可理解。

　　我感到自己不得已而为之的特立独行造成了对自己的威胁，因为它意味着孤立和排挤，这对我来说似乎更难过了，因为我相较以往更频繁地被污蔑为替罪羊。而且，学校里发生的一些事情使我更加不愿与人来往了。在德语课上，我成绩平平，对于科目内容，尤其是德语语法和句法，我一点都不感兴趣。我懒得学习、觉得烦闷无聊。在我看来，作文的主题通常看起来肤浅或愚蠢，于是我的作文也相应地东拉西扯或是无病呻吟。我的成绩勉勉强强能蒙混过关，这非常适合我，因为它符合我的总体印象，即行事低调，不惹人注意。总的来说，我同情来自贫穷家庭的男孩，这些男孩和我一样，都是无名小辈，背后没有靠山。我喜欢那些并不那么聪明的人，尽管我往往因他们的愚蠢和无知而怒不可遏。事实是，他们给我提供了我所深切渴望的：正因为他们天真简单，所以没有发现我的异常。我的"与众不同"逐渐使我产生一种不友善的且相当怪异的感觉，即我一定具有令人反感的特性，这点我并没有察觉，却导致我的老师和同学们对我唯恐避之不及。

　　在这些忧心忡忡里，接下来的事好似晴天霹雳一样发生了。老师布置了一个我之前感兴趣的作文题目。因此，我开始下定决心努力学习，还写了一篇看上去精心构思、相当不错的作文。我希望至少能位居高分行列，当然不是摘得最高分，因为那会让我引人注目，我想要的是接近最高分。

　　我们的老师习惯按成绩顺序讲评作文。第一名就是班上成绩最好的那个男生，这并没有什么。后面，老师又讲评了其他人的作文，我等啊等，还是没有等到我的名字。最后仍然没有等到老师念我的名字。我想："这不可能，我的作文这么差吗，甚至比刚提到的那几篇不好的作文还低。怎么回事？"我的文章"不宜参评"吗？这意味着我将被孤立并要以最糟糕的方式获得关注吗？

读完所有作文后，老师停了几分钟，接着他说："现在我还有一篇作文，荣格的作文。到目前为止，他的文章写得最好，我本想把它放在第一名。但不幸的是，荣格的作文完全是一种抄袭。你从哪里抄的？说实话！"

我怒气冲冲地站起来，哭着说："我没有抄！为了写好那篇文章，我可是下了很多功夫的。"但是老师冲我咆哮："你在说谎！你不可能写出这样的作文，没有人会相信。快说实话，你到底从哪儿抄的？"

我发誓我没有抄，但也无济于事。老师认定我就是抄袭，并开始威胁我。"我可以告诉你：如果我知道你从哪儿抄的，你就会被学校开除。"然后他转身离开。同学们都古怪地瞥着我，我惊恐地意识到，他们或许在想："哈哈，原来是这样。"他们像聋了一样，对我的抗议充耳不闻。

我觉得从那时开始我就被刻上了烙印，所有可能使我摆脱指责的道路都被截断了。我深感沮丧，羞辱万分，发誓要找老师报仇，如果有机会，我一定会反击回去。究竟怎样才能证明，这篇作文没有抄袭，是我亲手所为？

一连几天，我都想着这件事，每次都得出一样的结论，就是我对此无能为力，盲目愚蠢的命运使我被认作撒谎者和剽窃者。现在，我明白了许多以前不理解的事情，例如，父亲询问我的在校表现时，一位老师是如何向他描述的："哦，他只是中等水平，倒是很努力。"人们认为，我和其他人比起来显得愚笨又肤浅，这真没有让我烦恼，但是让我生气的是，他们认为我会抄袭，这等于是在道德上否定了我。

悲伤和愤怒使我几近失控。随后我产生了一种心境上的变化——内心突然出现的平静，我之前在自己身上已经观察到这一点，仿佛在嘈杂的房间里关上了一扇隔音门，我一面冷静，一面又很好奇，我问自己："这到底是怎么回事？好吧，你情绪是激动，当然，老师是个白痴，他不了解你的本性，准确地说，没你了解它。因此，他和你一样疑神疑鬼。你对自己和他人不信任，这就是为什么你愿意与那些天真、简单且容易被别人看透的人在一起。一个人如果不那么明白事理，就容易为世事所感。"

顺着这些客观理性、不问恩仇的想法思索下去，另一串想法又浮现在我的脑海，我不想去思考那些禁忌的念头，它们却留下了深刻的印象。尽管那

荣格自传：记忆、梦、思考

时候我确实没有看到第一人格和第二人格之间的区别，并且仍然声称第二人格的世界是我自己的个人世界，但总会在内心深处，感觉到除了我自己之外，还有其他什么参与其中。仿佛一望无垠的星空和无尽的空间向我靠近，或者好像一个灵魂悄悄地进入了我的心房——那个灵魂早已死去，却永恒存在，不受时间的影响，而最终他们会笼罩在精神的光环下。

当然，那时我无法以这种方式表达自己，现在也无法归咎当时不存在的意识状态。我只是想表达昔日的感受，并借助我现在所知道的来阐明那个朦胧模糊的世界。

上述事件仅仅过去几个月，我的同学就给我起了"亚伯拉罕老爹"的绰号。我的第一人格不明白这是为什么，并认为这愚蠢可笑。但是在内心深处，我却觉得这个名字已经戳到我的痛处。所有对我拐弯抹角的讽刺都让我痛苦，因为我读得越多，对城市生活越熟悉，这种印象就越强烈：我渐渐知道，那些所谓的现实往往有其另外一面，它不同于我长大的这个村庄，不同于河流和树林，不同于村子里的人和动物，那里总是阳光普照，风吹云动。夜幕降临时，它便被笼罩在黑暗里，我们往往也不知道其中会发生什么。它不仅是地图上的一处地点，还是"上帝的世界"，由上帝指挥一切，并充满了秘密的含义。但是显然人类并不知道这一点，甚至动物都以某种方式失去了感知的意识。这点可见于母牛哀伤的神情，骏马顺从的眼神，忠犬对主人百依百顺，甚至可见于猫咪自信的脚步中，猫选择房屋和谷仓作为住所和猎场。人们就像动物，他们也一样意识不清，低头俯看地面，或抬头仰望树木，去寻找可用之物。他们像动物一样群居、配对和战斗，但没有看到他们生活在一个统一的宇宙中，在上帝的、永恒不朽的世界里，万物已经诞生，万物正走向死亡。

因为它们非常接近我们并且和我们一样无知，所以我爱所有的恒温动物，他们像我们一样拥有灵魂，因此我们对它们有一种出于本能的理解。我们共同经历着欢乐与悲伤、爱与恨、饥饿与渴求、恐惧与信任——除了言语、敏锐的意识和科学之外，这些都是基本的生存要素。尽管我崇尚传统科学，但我也看到它引起了上帝世界的疏离和畸变，导致了动物无法承受的退化。动物是亲切而忠实的、不变和值得信赖的。我现在比以往任何时候都不信任

二 中学时期

人类。

我认为，从严格意义上说昆虫不能算是动物，我把冷血脊椎动物看作其进化到昆虫的过程中相对低级的过渡阶段。这类生物是供观察和收集的物体，是奇珍，是异形，是非人的。它们表现得没有感情，相较于人类，它们更接近植物。

"上帝的世界"的尘世表现始于植物王国，以此与植物之间进行直接的交流。仿佛有人从造物者的肩膀上偷窥，造物者以为自己无人注意，正自得其乐地制作玩具和装饰品。另一方面，人和真正意义上的动物只是上帝创造的一部分，只不过有了自己的意识。这就是为什么他们可以随意走动，并自主选择住所。植物注定只能生长于原地，它们不仅表达了神的美，还表达了上帝的思想，它们没有自己的意图，也没有偏离神的旨意。特别是那些神秘的树木，体现了生命无法理解的意义。因此，森林最接近神那最为深刻的含义，以及它的运作方式也令人望而生畏。

当我对哥特式大教堂有所了解后，这种印象得到了加强。但是在这里，宇宙的无限，有意义和无意义的混乱，没有人情味的和机械定律的混乱，均被隐藏在石头之下。这包含着灵魂的深不可测的奥秘，是精神的体现。我模糊地感觉到我与石头之间存在的亲密关系，无论是在往生者还是在现存生命中，都是神圣的本性。

就像我说过的那样，那时我无法以任何图形的方式表达自己的感觉和直觉，因为它们全都在第二人格出现，而我积极主动、具有领悟力的自我仍然表现得被动，并融入饱经岁月的"老人"世界。我还未经思考，就感受到他以及他对我的影响。当他在场时，我的第一人格逐渐淡出，当自我与第一人格趋于一致时，这个老人（就我记忆所至）就会变得像一个遥远而虚幻的梦。

在我十六岁到十九岁这几年，困境的迷雾渐渐消散，我的抑郁情绪得到改善。第一人格越来越明显。学校和城市生活占据了我的时间，而我不断增加的知识逐渐渗透或压抑了直觉的预感的世界。我开始系统性地研究我有意识提出的问题。我阅读了哲学史简论，从而对该领域中的思想全貌有所了解。令我欣慰的是，我的许多直觉都具有历史相似性。最重要的是，我对毕达哥拉斯、赫拉克利特、恩佩多克斯和柏拉图的思想深深着迷，尽管他们和苏格拉底一样长篇大论。他们的思想优美而带有学术气息，就像画廊里的画作，但是距今有些遥远。只有在艾克哈特（Meister Eckhart）身上，我才感到生命的气息，并不是说我有多了解他。经院哲学家让我感到冷漠，圣托马斯的亚里士多德式的唯理智论对我来说比沙漠更了无生气。我想："他们都想通过逻辑技巧强迫出现些什么，而这些他们无权获得并且也不甚了解。他们想证明这是信念，而实际上这是经验问题。"在我看来，它们就像是那些通过传闻知道大象的存在但从未见过大象的人，现在试图通过论证来证明这种动物一定存在，并且其外形也一定如实际那样。由于明显的原因，18世纪的批判哲学最初根本没有吸引我。在18世纪的哲学家中，黑格尔的语言使我望而却步，他的文字傲慢无礼，难以卒读。我完全不信任他，在我看来，他就像一个因禁在自己言语大厦中的囚徒，画地为牢，自以为是。

但是我研究探索的一个伟大发现便是叔本华。他是第一个就世间痛苦做文章的人，痛苦围绕着我们，无处不在。他还探讨困惑、激情和邪恶——其他人几乎没有注意到的事物，并且总是试图化解为无所不包的和谐与可理解性。最后，这位哲学家鼓起勇气，指出宇宙的基本原理并非一切向善。他既没有谈到造物主那全智全仁的天意，也没有谈到宇宙的和谐，却直言不讳地说，在人类历史的悲惨历程和自然的冷漠无情中，有一个根本缺陷，即创造世界这一意志的盲目性。这一点不仅从我早期的观察中得以证实：病死的鱼、满身疥癣的狐狸、冻死或饿死的鸟、花团锦簇的草地掩盖了残酷的悲剧——蚯蚓被蚂蚁折磨致死，昆虫彼此将对方撕成碎片，等等。我与人类的交往也教导我，绝不要相信人性本善和正派有礼。对自身的认知足以让我对自己非常了解，可以说我只是逐渐地将自己与动物区分开来。

我完全认同叔本华对世界的阴暗描绘，但并不认可他的解决方案。我确信，他所谓的"意志"实际是指造物主上帝，他认为，上帝是盲目的。根据我的经验，上帝并不因不敬的行为而感到冒犯，相反，他甚至可能还鼓励这么做，因为除了光明和积极，他还意图唤起人的黑暗和邪恶，所以叔本华的观点并没有困扰我。我认为这是经过事实证明的定论。但是使我更加失望的是他的理论：理智只需要使盲目的意志与这盲目意志的形象当面对质，就能使它改正过来。既然意志是盲目的，它又怎么会看到这一形象？既然它能看到这一形象，而形象展示的正是它的意志，为什么它还要被说服去改正自己？理智是什么？它是人类灵魂的一种功能，不是镜子，只是镜子的一块极小的碎片，就像小孩儿拿来对着太阳的那种，小孩却期望太阳由此照花了眼。我感到困惑的是，叔本华对这样一个不充分的答案感到满意。

因此，我不得不对他做更加深入的研究，他与康德的关系也给我留下了深刻的印象。于是我便开始阅读这位哲学家的著作，尤其是他的《纯粹理性批判》，这引发了我深切的思考。我的努力得到了回报，因为我发现了叔本华理论体系的根本缺陷。他犯了致命的错误，即把形而上学视作现实，并赋予了纯粹本体（事物本身）以特殊的品质。我从康德的知识理论中总结出这一点，如果可能的话，这比叔本华对世界的"悲观"观点对我的启发更大。

这种哲学教育从我十七岁开始一直延伸到我的医学研究时期，它彻底改变了我对世界和生活的态度。以前的我腼腆胆怯，疑神疑鬼，脸色苍白，身形消瘦，而且健康状况明显不稳定，现在我开始在各个方面表现出极大的渴求。我知道我想要的，并将继续追求，也变得更加平易近人和乐于交际。我发现贫穷绝不是障碍，而且远非苦难的主要原因。富家子弟与穷人家破衣烂衫的孩子相比，不见得有什么优势。幸福与否有更深层次的原因，远远不是一个人口袋里有多少钱就能决定的。我结交的朋友比以前更多，也更好。我感到自己脚底下的土地更加坚实，甚至敢于公开谈论自己的想法。但是，我很快发现，这是一种误解，我也因此后悔。因为我不仅遭遇尴尬和嘲笑，而且还受到他人充满敌意的排挤。令我震惊和沮丧的是，我发现一些人认为我是在夸夸其谈，认为我是装腔作势、谎话连篇的人。曾经也有人指控我作弊，只不过现在的方式较温和罢了。这一次又是和引起我兴趣的作文主题有关。我特别认真地写了一篇文章，绞尽脑汁对其润色修改，结果却让我欲哭无泪。老师说："来说说荣格的这篇作文。""这绝对是一篇极富文采的文章，但透露出漫不经心、敷衍了事的态度，能看得出来他没怎么用心。我可以告诉你，荣格，生活可不能这样毛躁马虎，生活需要认真尽责、尽心尽力。看看 D 同学的文章。他没有你的文采，但他诚恳、认真、勤勉。这就是人生的成功之路。"

这一次我没有像第一次那么痛苦，因为不管怎么说老师对我的作文印象深刻，并且至少没有指责我抄袭。我对他的种种指责做出抗议，但被以下评论驳回："亚里士多德在《诗学》中坚持认为，优秀的诗歌能隐藏创作的艰辛。但是我在你文章中看不到这一点，因为你一挥而就，只想草草了事，我看不见任何努力。"我觉得其实有些地方写得不错，但老师甚至觉得不值一提。

我对这件事感到有些苦恼，但同学的怀疑是更加严重的事，因为他们像是要挟，要把我带回到以前的孤立和沮丧中。我绞尽脑汁，试图了解我做了什么才招致他们的诽谤？通过仔细打听，得知他们对我不屑一顾，是因为我经常对我可能不知道的事情发表评论或做出暗示。例如，我假装对康德和叔本华或古生物学有一些了解，而我们甚至还没有在学校里学过这些。这惊人的发现向我表明，几乎所有亟待解决的问题都与日常生活无关，就像我的终极秘密一样，它属于"上帝的世界"，对此最好闭口不谈。

从那时起，不论是在同学、熟人间，还是在我所认识的成年人中，我都不提深奥的事。这些人可能会将我认作是夸夸其谈、欺世盗名之人。我将自我分裂成两个世界，而我沮丧地克服着这种分裂，这是最痛苦的事情。一次又一次的事件迫使我从平常的琐碎生活中脱离出来，进入无边无涯的"上帝的世界"。

"上帝的世界"这种表述可能在某些人听来有些伤感，我却丝毫没有这样的感觉。一切超人的事物都属于"上帝的世界"，包括耀眼的光芒、黑暗的深渊、冷漠与泰然的无限时空、无理与奇诡的际遇世界。对我来说，"上帝"就是一切，除了"教化"之外。

年龄越大，父母和其他人就越频繁地问我想成为什么样的人？在这个问题上，我没有明确的概念。我的兴趣使我朝着完全不同的两条路前进。一方面，我被以事实为基础的科学深深地吸引；另一方面，我对比较宗教学的一切着迷。在科学领域，我主要被动物学、古生物学和地质学吸引。而在人文科学领域，则被古罗马、埃及和史前考古学所吸引。当然，那时我还没有意识到，如此多样的科目选择与我内在一分为二的本性有很大的对应。在科学上吸引我的是具体事实及其历史背景，在比较宗教学中，则是包含哲学意味的精神性问题。在科学里，我忽略了意义的因素；在宗教学里则忽略了经验主义的因素。科学在很大程度上满足了我的第一人格，而人文或历史研究为第二人格提供了有益的指导。

　　我被这两个极端撕扯着，很长一段时间都无法对任何事做决定。我注意到我的舅舅，也就是我母亲娘家的一家之主，曾是位于巴塞尔的圣奥尔本教堂的牧师，他渐渐将我推向神学。当他与他的一个儿子（二人都是神学家）一起讨论宗教问题时，他注意到了我在饭桌上谈话时表现出的那种不同寻常的专注。我想知道是否可能有神学家，与大学里那令人头晕目眩的学问有密切联系，会比我父亲了解得更多。这样的交谈给我留下的印象是，他们并不是很在乎真实经验，也不在乎我所受的那些体验。他们只关注《圣经》的故事中有关教义的观点，而这些使我明显感到不适，因为故事中的奇迹太多太多，能让人相信的却寥寥无几。

　　上中学的时候，每周四我都能到这个舅舅家吃午饭。我对他心怀感激，不仅感谢他的午餐，还感谢他让我在吃饭时，偶尔有机会听到成年人之间理性睿智的谈话。我发觉，诸如此类的事情很是奇妙。因为在家里，我从来没有听任何人讨论过学术话题。我有时确实想和父亲严肃地谈一谈，但他显得不耐烦，因焦虑不安而心生抵触，这使我困惑不解。直到几年后，我才明白，我可怜的父亲惧怕思考，因为他被内心的怀疑所吞噬。他在自我逃避，所以才坚持盲目的信仰。他不能把它作为一种恩典欣然接受，因为他想"通过斗争赢得它"，迫使它在做出一番努力之后到来。

　　我的舅舅和表兄弟们可以平静地讨论神父的教规、教义以及现代神学家们的观点。他们似乎安身立命于一个不证自明的世界秩序中，那里没有出现过尼采的名字，雅各布·伯克哈特（Jakob Burckhardt）得到的只是勉强的恭维。伯克哈特是"自由派"，"一个冒进的自由思想者"；我想，在事物永恒的秩序中，他有点离经叛道。我知道，我离神学很遥远，而舅舅从来没有怀疑过我，我很抱歉让他失望。我从来不敢在他面前袒露我的问题，因为我非常清楚，这对他来说会是多么大的灾难。我没有什么要为自己辩护的，恰恰相反，第一人格很快就占据了主导，我的科学知识虽然还很贫乏，却完全浸润了当时的科学唯物主义。它只是痛苦地被历史的证据和康德的《纯粹理性批判》所羁绊，显然，周围没有人能理解我。因为，尽管我的神学家舅舅和表兄弟们以赞美的语气提及康德，但康德的理论只被用来诋毁相反的观点，从未用在他们自己的观点上。关于这件事，我也无话可说。

因此，当和舅舅及其家人坐在餐桌旁时，我感到越来越不舒服。鉴于我屡屡生出内疚感，对我来说，每周四都成了阴暗的日子。在这个社会安定、精神安逸的世界中，我对家的感觉却越来越淡薄，我期待偶尔出现的智慧甘霖，尽管只有寥寥几滴，我却如饥似渴。我感到虚伪和羞愧，不得不承认："是的，你是个骗子。你撒谎并欺骗那些对你抱有善意的人。他们生活在一个社会和理智都确定无疑的世界中，他们对贫穷一无所知，他们的宗教信仰也是他们可获得报酬的职业，完全没有意识到，上帝可以亲自将一个人从有序的精神世界中拉拽出来，并谴责他亵渎神灵，但这都不是他们的错。我没有办法向他们解释，我必须学会承受他人对我的憎恶。"不幸的是，到目前为止，我的努力无济于事。

随着这种道德冲突的日益紧张，第二人格越来越令我怀疑、反感，我再也无法对自己隐瞒这一事实。我试图消灭心中的第二人格，但也未能如愿。在学校、在朋友们的陪伴下，我会忘记他，在我学习科学时，他也不会出现。但是，只要我是一人独处，无论是在家还是在乡下，叔本华和康德便会全力回到我的头脑中，并带着"上帝的世界"的庄严伟大。我的科学知识也构成了其中的一部分，并用鲜艳的色彩和图形填充了整个画布。然后，第一人格和他对职业选择的担忧便消失不见，这是我在 19 世纪最后十年间的一个小插曲。但是，当我远征几个世纪返回现实时，总有种宿醉的懵然。我，或者说是我的第一人格，生活在此时此地，迟早要想清楚他到底要从事什么职业。

父亲几次与我认真交谈。他说，我可以自由选择，喜欢什么就学什么，但是，如果我想征求他的意见，那么他建议我远离神学。"除了神学家，你想做什么都可以，"他强调说。此时，我们之间已经达成了一种默契，即某些事情可以说或做而无须评论。但他从来没有因为我经常缺席教堂，或是不再参加圣餐仪式而责备我。我离教堂越远，就感觉越来越好。我唯一想念的是教堂的管风琴和合唱音乐，但肯定不是"宗教团体"。这个词对我根本没有任何意义，因为我觉得那些经常去教堂的人远不如那些"世俗"的人更称得上是一个团体。后者也许没有那么高尚，但另一方面，他们却是好得多的人，有着天然的情感，更开朗热诚、真挚友善。

我向父亲保证，我丝毫没有成为神学家的渴望。但是我继续在科学和人文学之间摇摆不定。两者都强烈地吸引着我。我开始意识到，第二人格没有立足之地，他把我带离了现世——他使我感到自己是千眼宇宙中的一只眼，但是无法像地上的卵石一样移动。第一人格反抗这种被动，他想要有所行动，却陷入了无法解决的冲突。显然，我不得不等待，看看会发生什么。如果有人问我想成为什么样的人，我的回答始终如一：一位语言学家，其实我指的是亚述人和埃及考古学家。但实际上，我继续在业余时间学习科学和哲学，尤其是在假期中，和母亲、妹妹一起在家的日子里。几天过去了，我跑到妈妈身边，感叹道："我很无聊，我不知道该怎么办？"假期正是一年中最美好的时光，我可以不受约束、自得其乐。另外，至少在暑假期间，父亲不在，因为他经常去萨克森（Sachseln）度假。

　　我的度假旅行也就只有一次。十四岁时，遵照医生的嘱咐，我被送到恩特勒布赫（Entlebuch）进行治疗，希望能改善我食欲和健康状况的不稳定。第一次，我独自一人身处陌生的成年人之间。我住在天主教神父的房子里，对我来说，这是一次令人毛骨悚然的冒险。我很少碰见神父本人，他的管家虽然容易发脾气，但也不至于让人害怕，这里没什么会威胁到我。我受一位老乡村医生的照看，他经营一家针对各类康复病患的住宿型疗养院，里面的人三教九流：农场工作人员、小官员、商人和一些从巴塞尔来的文化人，其中包括一位获得学术荣誉顶峰（博士学位）的化学家。我父亲也有博士学位，但他只是文献学家和语言学家。我对这个化学家感到新奇：一位科学家，也许是一位理解石头秘密的人。他还很年轻，教我打槌球，想必他知识渊博，但他什么都没透露给我。我过于害羞，还很笨拙，又太无知，没能问他什么问题。我尊敬他，这个人至少被自然（多少如此）的奥秘所启发，而我以前从未认识过这样的人。他和我坐在同一张桌子上，吃着和我一样的食物，有时甚至和我交流几句。我感到自己升华到了令人心生敬仰的成年人的世界。而我又获准参加为寄宿者安排的郊游，这更加说明了我身份的提升。其中一次，我们参观了一家酿酒厂，还受邀试喝了样品酒。酒具上诗文的字面意义是：

而今杯中之物消万愁

您瞧，这正是佳酿美酒[1]

　　这一杯杯各式各样的酒着实令人振奋，我飘飘欲仙，进入全新的意识状态。内在或外在消失了，"我"和"另一个我"消失了，"第一人格"和"第二人格"也消失了，谨慎和怯懦消失了，天地宇宙以及其中地上爬、天上飞的一切，上上下下，翻滚旋转，融为一体。我醉得羞愧难当而又扬扬自得。我仿佛浸没在冥想的极乐海洋，但由于波浪太过汹涌，我不得不瞪大双眼，手脚并用，紧紧抓住身边所有牢固的东西，以期在晃荡的街道上和摇摆的木屋之间保持稳当。我想，"真是太棒了，只可惜喝得有点多。"这场经历的结局相当惨烈，但它仍然是一个发现，一个美丽和价值的预兆，只是我的愚蠢破坏了这一切。

　　疗养结束后，父亲来接我，我们一起去了卢塞恩，在那儿我们坐了轮船，真是太幸福了！这样的东西我从未见过。我还没看够蒸汽机的运转，突然有人告诉我们维茨瑙（Vitznau）到了。村庄上方耸立着一座高山，父亲跟我说这是瑞吉峰，一条齿轮状的铁轨沿着山向上延伸。我们来到一个小火车站，那里停靠着世界上最奇怪的火车头，锅炉是直立的，却以奇怪的角度倾斜着。甚至连车厢上的座位都是倾斜的。父亲把一张票塞到我手里说："你可以自己坐上山顶。我待在这儿，我们两个人都坐就太贵了。千万小心别摔下去。"

　　我高兴得说不出话。此刻我站在这座大山的脚下，它比我见过的任何山都要高，而且离我遥远的童年时代所见的火红的山峰很近。到目前为止，我俨然是一个成人。在这次旅行中，我给自己买了一根竹手杖和一个英式骑师帽——这是全球旅行者的标配。现在我要登上这座高山！我不知道哪个更大，是我还是那座山。随着喷薄着巨大的蒸汽，这台奇妙的火车摇摇晃晃地将我驶向眩晕的更高处，一路上，未曾见过的深渊和全貌展现在我眼前，直到最后，我站在那空气异常稀薄的山顶，遥遥望去，无边无际。"是的，"我想，"就是它，是我的世界，真实的世界，是那个秘密，那里没有老师，没有学校，没有无法回答的问题，一个人无须求问即可存在。"我小心翼翼地走在路

---

[1]　威廉·布希，德国画家、诗人、雕塑家。

上，因为周围都是巨大的悬崖。一切都显得庄严肃穆，我觉得一个人在这儿必须礼貌而安静，因为这是在上帝的世界。在这里，他实际存在。这是我父亲曾经给我的最好，也是最宝贵的礼物。

这段经历给我留下了深刻的印象，以至于我对"上帝的世界"之后发生的一切记忆被彻底抹去了。但是第一人格也是在这次旅行中具体显现出来的，他的形象让我终生难忘。我仍然可以回忆起自己，看上去成熟而独立，戴着一顶坚硬的黑色帽子，挂着一根价格不菲的拐杖，坐在卢塞恩湖旁边一处极为典雅、好似宫殿一般的酒店的露台上，或在维茨瑙美丽的花园里，坐在一张白色的小桌子旁的遮阳篷下，桌布带着条纹状花纹，在阳光的照耀下闪闪发光，而我喝着早餐咖啡，吃着带金色黄油的面包和各种水果，两旁是塔楼，木桥直通一座周围环山的中世纪小城。岩石上有一座坚固的城堡，主城堡和瞭望塔很是高大。这就是我的住所，里面没有精美的大厅，一点也不宏伟。城堡内的房间装饰简单，而且很小。书房格外吸引我，可以在其中找到所有值得拜读的书籍。那里也藏有武器，并且堡垒都装有重型大炮。此外，城堡里还驻有五十名全副武装的士兵。这个小镇居住着数百居民，由一个镇长和一个老人组成的镇议会管理。我本人是和平的审判官，也是仲裁人和顾问，只是偶尔出现主持法庭。陆上的小镇有一个港口，停靠着我的两桅纵帆船，装有几门小炮。

整个布局的关键和存在目的是主城堡的秘密，只我一个人知道。这个念头震惊了我。因为在堡内，从城堡延伸到拱形的地窖，是一根铜柱或粗于人的手臂的粗电缆，在顶部分支成最细的树枝，就像树冠或者说就像一个主根，其所有细小的根部都颠倒过来，伸向空中。它们从空气中汲取酱色的羊角面包，正考虑着整个夏季的郊游计划。喝完咖啡，我平静镇定、不慌不忙地漫步到轮船上，它将把我带到圣哥达（Gotthard）和那些闪闪发光的冰川所覆盖的山脉脚下。

几十年来，每当我因劳累过度而疲惫不堪想要休息的时候，这种形象就会浮现。在现实生活中，我一次又一次地向自己承诺要实现这种辉煌，但我从未兑现诺言。

我从偏僻的寺院里缓步上了山，沉浸在自己的思绪中，当从左边出现一个年轻女孩的苗条身影时，我正转身向下。她穿着当地的服装，长得很漂亮，蓝色眼睛透露出友好的神情并向我打招呼。我们一起走进了山谷，好像这是世界上最自然的事一样。她大约和我同龄。由于除了表亲以外，我不认识其他女孩，所以我感到很尴尬，不知道该如何跟她说话。因此，我犹犹豫豫地和她聊起来，说这几天我在这里度假，在巴塞尔上中学，还想上大学。在我说话的时候，一种奇怪的宿命感笼罩着我。我对自己说："她就在这一刻出现了，她和我走得很自然，就好像我们属于彼此。"我侧身瞥了她一眼，看到她脸上羞怯而钦佩的表情，使我感到尴尬，像以某种方式刺穿了我。我想知道，这是否有可能是命运？我与她见面只是巧合吗？一个乡下姑娘——可能是她吗？她是一名天主教徒，但也许她的神父就是我父亲新交的朋友？她不知道我是谁。我当然不能和她谈论叔本华和对意志的否定，难道不是吗？她纯真无邪。也许她的牧师不是穿着黑色长袍的耶稣会士。但是我也不能告诉她，我父亲是新教牧师。这可能会吓坏或冒犯她。再说说哲学，或者说魔鬼，都是完全不可能的——尽管歌德把魔鬼刻画得如此简单，但他比浮士德更为重要。她仍然住在遥远的天真之境，但我已陷入现实，陷入了光辉与残酷的创造中。她怎么能受得了听我说这些呢？我们之间隔着一面无法穿透的墙。我们之间没有，也不可能有任何关系。

我很是伤心，退缩不前地将谈话转移到了无伤大雅的话题上，像是她要去萨克瑟恩吗，天气怎么样，风景如何等诸如此类问题。

从表面上看，这种相遇是完全没有意义的。但是，从内在看，它是如此沉重，不仅占据了我数日的思想，而且像在路边的神殿一样，永远留在我的记忆中。那时我还处于那种童年状态中，生活中只有一个个毫无关系的经历。谁能发现从克劳斯兄弟到漂亮姑娘之间的命运之线呢？

我这个时期的生活充满了矛盾的思想。一方面，叔本华和基督教不会和谐共存；另一方面，第一人格想要从第二人格的压力或忧愁中摆脱出来。不是第二人格感到沮丧，而是想起第二人格时的第一人格。从对立的冲突中，我人生中第一个系统性的幻想诞生了。据我回忆，它的出现是一件一件的，它的起源深刻地刺激到了我。

一天，一股强劲的西北风拍打在莱茵河上，溅起浓密的浪花。我去上学的路正好沿着河。突然我看到从北方驶来一艘有大主帆的船，赶在暴风雨来临前驶向莱茵河。这是一件我从未见到过的新鲜事——莱茵河上竟有一艘帆船！我的想象力像是长了翅膀，肆意发挥。若不是这条湍急的河流，若阿尔萨斯全都是湖泊，我们将拥有帆船和大型轮船，巴塞尔也会成为港口，这几乎和在海边生活一样好。那样一切便都会不同，我们生活的时空将完全不同。没有学校，不用长途步行去学校，我会长大成人并按照自己的意愿安排生活。会有一片岩石山从湖中升起，通过狭窄的地峡与大陆相连，贯穿其间的会是一条宽阔的运河，上面有一座木桥，穿过了某种难以想象的东西，这些东西沿着铜柱进入地下室。在这里，我有一个同样不可思议的装置，在实验室中我用铜柱从空中吸出的神秘物质制成了黄金。这确实是一个奥秘，我现在没有也不希望形成任何概念。我的想象力也不关心转变过程的性质。它巧妙地，带着某种紧张，绕过了实验室里的实际情况。实验室内有一个禁忌：人们最好不要仔细研究，也不要问从空气中提取了什么物质。正如歌德谈到身为母亲的人时所说的那样："人们光说起她们，就会感到胆怯。"[1]

当然，"精神"对我来说难以形容，但实际上，我认为它与稀薄的空气没有本质区别。根系吸收并传播到树干的是一种精神上的精华，在地下室中它就变成了金币。这当然不仅仅是魔术，而是一个值得尊敬而且极为重要的自然秘密，我不知道我是怎么领悟到的，我不仅要对长老会保密，而且从某种意义上说，还要对我自己有所隐瞒。

之前上学放学的路途漫长而无聊，缩短以后我很是高兴。一出校门就已到了城堡，城堡正在改建，市议会举行了一系列会议，作恶者受到了惩罚，争端得到了仲裁，战斗也开始了。帆船的甲板被打扫得干干净净，帆船扬帆起航，迎着微风小心地驶出海港，过了一会儿便出现在了岩石之后，顶着猛烈的西北风前行。突然间，我发现自己已步入家门，仿佛只过去了几分钟。我从自己的幻想中走出，像是从一辆毫不费力地将我带回家的马车中走下一样。这种令人极为愉快的消遣持续了好几个月，直到我对此感到厌倦，发现这个幻想愚蠢而荒谬。我不再做白日梦，而是开始用小石头、用泥土作为灰浆建造城堡和防御森严的炮楼，把当时保存完好的胡宁根要塞作为了我的样

---

[1] 《浮士德》第二部分，第 76 页。

本。我研究了沃帮所有我能拿到手的防御工事图，并很快熟悉了所有技术。通过研究沃邦，我转向了现代的设防方法，并以有限的手段尝试建立所有不同的防御模型。这些占据了我两年多来的所有闲暇时间，其间我对自然学习和具体事物的偏爱日益增加，这些是以牺牲第二人格为代价的。

只要我对真实事物知之甚微，上述想法就没有意义。任何人都可以幻想，但是真正的知识却是另一回事。我的父母允许我订阅一份科学期刊，我读这类书总是津津有味。我采集并收藏了在侏罗山上发现的所有化石，所有可获取的矿物，还有昆虫、猛犸象和人类的骨头——猛犸象骨头来自莱茵平原的砾石坑，人类骨头来自可以追溯到1811年胡宁根附近的万人冢。我对植物也很感兴趣，但不是科学意义上的。我被它们吸引的原因我自己也讲不明白，只是强烈地觉得它们不应该被拔掉然后晾晒风干。它们是有生命的存在，只有生长开花才有意义，这是一种隐秘的意义，是一种上帝的思想。人们应当心怀敬畏地对待它们，并带着哲学上的惊奇来观察它们。生物学家关于植物所发表的见解很有趣，但不是必需的。至于基本要素究竟是什么，我也无法明白。例如，植物与基督教信仰或对意志的否定有何种关系？我无法探究清楚。它们显然具有神圣的纯真状态，最好不要扰乱。相比之下，昆虫是变性的植物，是另一种花朵和水果，它们有腿有脚，长着像绽放花朵的花瓣一样的翅膀，忙于捕食植物。由于这种行为无法无天，它们被大规模处决，尤其是甲虫和毛毛虫成为这种惩罚的特殊目标。"同情一切生灵"对我来说仅限于恒温动物。在冷血脊椎动物中，唯一的例外是青蛙和蟾蜍，因为它们与人类有某些相似之处。

三　大学时期

　　尽管我对自然科学的兴趣日益浓厚，但还是会时不时地翻阅哲学书籍。择业问题迫在眉睫，我热切期盼中学生活快点结束，这样我便可以去上大学了。我当然会选择自然科学，这样我才能够掌握一些实际的知识，但我刚给自己立下这个承诺，就产生了一些疑虑。我不是更偏向历史和哲学吗？再者，我对埃及和巴比伦的一切都非常感兴趣，最想成为一名考古学家。除了巴塞尔，我没钱去其他地方读书，但巴塞尔又没有这个专业的老师。因此，这个计划很快就不了了之。很长一段时间里，我都下定不了决心，一拖再拖地不做决定。我父亲很焦急。他曾说过："这孩子对一切可以想象的东西都感兴趣，但不知道自己想要什么。"我只能说他是对的。眼看临近入学日期，我们不得不决定要报什么系，我突然决定要学习自然科学，但是我的同学们并不知道我到底会选择科学专业还是人文专业。

　　这个貌似有些突然的决定有其背后的道理。几周前，就在第一人格和第二人格角力做决定的时候，我做了两个梦。第一个梦中，我置身于莱茵河边的黑树林，来到一座小丘上的坟堆前开始挖起来。过了一会儿，我惊讶地发现了一些史前动物的骨头。这让我立即变得兴奋，于是我意识到：我必须了解自然，了解我们生活的世界以及周围的事物。

　　第二个梦是这样的：同样是在树林里，林中有水道。在最黑暗的地方，我看到了一个圆形的水池，周围是茂密的灌木丛。我还看到一种半身浸入水中，看上去极为奇妙的生物。这是一种浑圆的动物，有着猫眼石般变幻的颜色，由无数的小细胞或形状像触手的器官组成。那是一个巨大的放射虫类生物，长约三英尺。在我看来，这种大型的生物能不受干扰地躺在隐蔽的地方，在清澈的深水里，这真是一件不可思议的事。它激发了我对知识的强烈渴望，梦醒来时还能感到自己的心跳。这两个梦使我消除了我的所有疑虑，下定决心选择自然科学。

我很清楚，在我所生活的时代和世界中，人必须自己谋生，必须成为这样或那样的人。我所有的同学都被灌输了这种认识从而别无他求，我对此印象深刻。我觉得自己在某些方面有些奇怪。为什么我不能下定决心走一条既定之路？甚至那个德语老师为我树立的勤奋和尽责的榜样——刻苦学习的 D 同学，也确定他会学神学。我明白自己必须要静下心来仔细考虑这个问题。比如说，我若从事动物学研究，那我将来最多也只能是个校长，或者充其量是动物园员工。即使在事业上没什么雄心壮志，我也看不到任何前途。但是话说回来，比起当老师，我更喜欢在动物园工作。

正当我的思考陷入僵局时，我突然灵机一动，我还可以学医呀！奇怪的是，虽然以前总听人说我的祖父是个医生，但我从未想到过这一点。的确，由于这个原因，我对这个职业有一定的抵触。我的座右铭是："绝不要模仿"，但是现在我告诉自己，医学研究至少是从科学学科开始的。就这方面而言，我会做我喜欢的事。而且，医学领域是如此广泛，以后总有可能进行专门研究。我对科学的选择坚定不移，唯一的问题是：以何种方式？我得要谋生，由于没有钱，所以我无法去外地上大学，无法参加有助于我科学事业发展的培训，充其量我只能成为科学界的二流学者。同样，由于我的性格问题，使得许多同学和说话有分量的人（即老师）都不喜欢我，所以也就没有希望找到一个能帮助我实现愿望的资助人。因此，当我最终决定学医时，我感到以这种折中的方式开始人生并非好事，想到这里我并不怎么开心。尽管如此，在做出了这一不可改变的决定后，我感到如释重负。

令人痛苦的问题随之出现：上学的钱从哪儿来？我父亲只能筹到一部分。他向巴塞尔大学为我申请了助学金，但令我感到羞耻的是，申请竟被批准了。我感到羞愧难当，与其说是因为我们的贫穷就此暴露在世人面前，倒不

三
大
学
时
期

荣格自传：记忆、梦、思考

如说是因为我暗自相信，所有"最上层"的人，那些"有分量"的人，都对我怀恨在心，我从没料到过他们会有这种善意。显然是我父亲的好名声让我从中获益，父亲是个对人友好、心思简单的人，但是我觉得自己和他完全不同。实际上，我对自己有两种不同的理解。通过第一人格的视角，我看到自己是一个郁郁寡欢、天赋平庸的年轻人；我志向宏大、野心勃勃，却又缺乏纪律、疑心过重，在天真、热情和突然孩子气的失望之间患得患失；从本质上讲，我是一个隐士和反启蒙主义者。而另一方面，第二人格认为第一人格是一项艰巨和不值得感谢的道德任务，是必须通过某种方式汲取的教训，还会因各种缺陷而变得复杂，例如无精打采、意志消沉、郁郁寡欢，对无人重视的事物和想法热情不足、自认为人缘不错，认识狭隘、心存偏见、（在数学上！）愚蠢至极，缺乏对他人的理解，在世界观上含糊不清，既非虔诚的基督徒也非其他什么教的信徒。第二人格根本没有可定义的性格，他是一个完整的生命过程，出生、活着、死亡，一切化形于一体之中。虽然他冷酷而清醒，但他无法通过第一人格那密集、黑暗的媒介来表达自己，尽管他渴望这样做。相反，当第一人格被第二人格占据时，第一人格被抑制并消灭了，就像第一人格将第二人格视为内心黑暗的部分一样。第二人格认为，任何可以想象的自我表达都将像一块石头抛在世界的边缘，落入无穷的黑夜，悄无声息。但是在这个第二人格中，到处都是光明，就像在皇宫宽敞的大厅中一样，高高的窗户外是美丽的风景和一拥而入的阳光。这是一种意义和历史的延续性，与第一人格不连贯的偶然性形成了鲜明的对比，后者与周围环境没有真正的联系。另一方面，第二人格感觉自己与浮士德所代表的中世纪密不可分，其过去的遗迹显然使其深深触动了歌德。因此，对于歌德来说——这也是我最大的安慰——第二人格是现实。我现在震惊地意识到浮士德对我而言，比圣约翰所说的心爱的福音更重要。《浮士德》中所讲的有些事直接影响了我的感受。约翰的基督对我来说很陌生，但是其他福音里的救世主更加陌生。而浮士德相当于实际存在的第二人格，我坚信他是歌德对他所处时代给出的回答。这种见解不仅使我感到安慰，也使我对内心的安全感和对人类社群的归属感增强。我不再孤立无缘、不再充满纯粹的好奇，亦不再是残酷大自然的一个消遣对象。我的神父和权威是伟大的歌德本人。

大约在这个时候，我做了一个梦，这个梦既使我恐惧又让我受到鼓舞。那晚我在一个陌生的地方，在逆风中缓慢而痛苦地前行。浓雾四起，我用手护着微弱的烛光，烛火随时可能熄灭。一切都靠我手捧的这盏小灯才得以看见。突然我感觉到有什么东西从身后向我靠近。我回头，看见一个巨大的黑色人影跟着我。与此同时，尽管我有些害怕，但我还是意识到无论发生任何危险，我都必须保护这夜幕中微弱的光。我醒来的时候，立刻想到那个人影是一个"破碎的幽灵"，是我手中的那一点光所形成的缭绕薄雾中自己的影子。我也知道，这一点点光是我的意识，是我唯一的光。按我自己的理解，它是我拥有的唯一珍宝，也是最大的财富。与黑暗的力量相比，它虽然渺小而脆弱，但它仍然是光，我唯一的光。

　　这个梦对我来说是一个伟大的启迪。我终于知道是第一人格手持着光，第二人格就像影子一样跟随着他。我的任务是保护光，而不要回头看背后的身影——这显然是另一种光的禁地。风暴试图将我带回到一个无法估量的黑暗世界，而我必须迎风前行。在这个黑暗的世界中，除了背景中物体的表面之外，人们什么都不知道。作为第一人格，我必须向前——去面对上学、赚钱、负责、纠缠、困惑、错误、屈服、失败等种种困难。时间如风暴般冲击着我，它一刻不停地流逝，也一刻不停地紧跟着我们。它施加着强大的吸力，贪婪地吸住一切，我们只能奋力向前，才能摆脱它。过去如同此刻一般真实，它抓住了所有无法以令人满意的答案安然逃脱。

　　我对世界的看法又发生了180°转弯。我清楚地意识到，我的道路无可挽回地通向了三维立体的局限和黑暗。在我看来，亚当曾经以这种方式离开过天堂。伊甸园已成为他的幽灵，他在一片满是石头的土地上辛勤耕耘，额头上的汗水即是光亮。

　　我问自己："梦从何而来？"彼时，我还理所当然地认为这样的梦是直接出自上帝，但是我已汲取了太多的认识论，由此产生的怀疑困扰着我。例如，也许有人会说我的见解已经在漫长的时间里逐渐成熟，随后在梦中骤然有所突破。确实，这就是实情。但是，这种解释仅仅是描述。真正的问题是，为什么会发生这个过程？为什么会闯入意识？我特意没有采取任何措施去推进这种发展。相反，我对另一方产生了同情。这些景象背后一定有某种东西在起作用，是某种超越我的意志在起作用。在意识之光中，光的内在世界看起来像一个巨大的影子，这样一个非同寻常的想法倒不是我自己主动想到的。现在，我一下子明白了很多我以前无法解释的事情——尤其是过去，每当我提到任何让人联想到内心世界的东西时，那种尴尬和疏远的冷淡阴影就会掠过人们的脸庞。

很明显，我必须把第二人格抛在脑后。但是在任何情况下我都不应拒绝他，或不承认他的存在。那本是自残行为，而且也将使我无任何可能来解释梦的起源。因为毫无疑问，第二人格与梦的产生有关，我毫不怀疑他拥有超凡的智慧，但是我觉得自己越来越与第一人格保持一致，而反过来又证明，这种状态只是更全面的第二人格的一部分，由于这个原因，我再也无法与第二人格保持一致。他确实是一个幽灵，一种可以抵御黑暗世界的精神。这是我在做这个梦之前不知道的事情，即使当时（回想起来我肯定）我只是模糊地意识到了这一点，尽管毫无疑问我从情感上知道了这一点。

无论如何，我和第二人格之间发生了分裂，结果是"我"由第一人格支配，第一人格和第二人格获得同等支配权，后者也因此获得了人格自治。我并没有将这种现象与某个特定个体联系起来，比如说一个归来的亡魂，虽说考虑到我的乡村出身，这种可能性并不奇怪，在乡下，人们根据情况相信这些若有若无的事物。关于这种精神的唯一鲜明特征是其历史性、时间的延续性或者说永恒。当然，我没有对此与自己做太多的交流，也没有形成关于他的空间存在的任何构想。他在我第一人格存在的背景中扮演了一个要素的作用，从未明确界定却明确存在。

孩子们对大人所说的话的反应远不如对周围环境中难以估量的事物的反应。一个孩子不知不觉地适应了它们，这在他体内产生了补偿性的相关性。我很小的时候萌生的独特"宗教"观念是自发的产物，只能被理解为对我父母的养育和时代精神的反应。我父亲后来被宗教上的种种疑虑所压垮，自然也经历了漫长的潜伏期。这种个人世界乃至整个世界的巨大变革，会将其阴影伸向前方，阴影越来越长，我父亲的意识心智则要更加绝望地抵抗阴影的力量。父亲的不祥预感使他陷入不安，他又将之传染于我，这也没什么奇怪的。

我从未有过这样一种印象，即这些影响是我母亲造成的，因为她以某种方式深植于看不见的土壤之中。尽管在我看来，这绝不是出于她对基督教信仰的坚定。对我而言，它与动物、树木、山脉、草地和流水有某种联系，所有这些与她作为基督教徒的事实和她传统的信仰主张形成了鲜明的对比。这种背景与我自己的态度非常吻合，所以我没有感到不安。恰恰相反，它给了我一种安全感和一种信念，即这是人们可以信任的坚实基础。在我看来，这个基础绝对是"异教徒"的。我母亲的"第二人格"在这场冲突中为我提供了最强有力的支持，而冲突的双方是父亲的传统与我的潜意识被激发而产生的奇怪补偿性产物。

　　回首往事，我发现小时候的成长过程已然预见了很多未来事件，为适应父亲的信仰崩塌以及我们今天所看到的世界毁灭性的启示铺平了道路——这一启示并不是一天形成的，而是在很久之前就埋下了种子。尽管我们人类都有自己的个人生活，但在很大程度上，我们仍然是集体精神的代表、是其受害者和推动者，而集体精神存在了数百年。我们很容易以为自己终其一生都只会径直向前，可能永远也不会发现在世界舞台上的我们是如此多余。有些因素虽然我们不知道，但影响了我们的生活，如果它们是无意识的，情况则更是如此。因此，我们自身至少有一部分是生活在几个世纪里，我个人将其指定为"第二人格"。西方的宗教证明了这不是个人的好奇心，这种宗教明确地将其施加于内在的人身上，两千年来，它一直真诚地试图把它带到我们的表面意识的知识中：*Non foras ire, in interiore homine habitat veritas*"（不要只顾向外追寻，真理住在内心）。

　　1892 年到 1894 年间，我与父亲进行了多次激烈的讨论。他曾在哥廷根学习东方语言，并完成了阿拉伯文版《雅歌》的论文。他的高光时刻随着期末考试的结束而结束。随后他便将自己的语言才能忘得一干二净。作为一个乡村牧师，他经常陷入一种伤感的理想主义以及对学生时期这段黄金时代的追忆，他会继续抽着学生时期用过的长烟斗，发现他的婚姻并非想象中的那样。他做了很多事情（太多了），结果通常很让人生气。父母二人都为过上一种虔诚的生活付出了巨大的努力，结果他们之间的冲突却过于频繁。这些艰难困苦，虽说可以理解，却在后来粉碎了我父亲的信仰。

三
大
学
时
期

那时，他的烦躁和不满情绪日益强烈，我对此感到担忧。我的母亲避开一切可能刺激到他的事，并拒绝与他争吵。尽管我意识到这是最明智的选择，但我经常无法控制自己的脾气。在他怒气冲冲的时候，我会保持沉默，但是当他看上去心情没那么糟的时候，我有时会尝试与他进行对话，希望了解他的内心和对自己的想法。对我来说很明显，有很具体的事情在折磨着他，我怀疑这与他的信仰有关。从他所流露出的种种暗示，我确信他饱受对于宗教怀疑的折磨。在我看来，如果他缺少一些必要的经历，那么这种结果是迟早会发生的。我尝试和他讨论，却发现有些地方不对劲，因为我所有的问题每每得到的都是迂腐守旧、毫无生气的神学答案，或者无奈地耸肩，而这激起了我矛盾的情绪。我不明白他为什么不勇敢地抓住这些机会并接纳他的处境。我看到我的关键问题使他感到难过，但我还是希望进行一次建设性的谈话，因为对我来说，他似乎应该没有有关上帝的体验，这在所有体验中是最明显的，对我来说没有对上帝的体验几乎是不可想象的。我对认识论非常熟悉，所以就无法证明这类知识，但是对我而言，同样清楚的是，这就像日落的美或夜晚的恐怖一样不需要证明。我无疑是在笨拙地试图将这些显而易见的事实传达给他，希望能帮助他承担难免会降临于他的命运。他无法控制自己不与他人争吵，所以他与家人或是和自己也会吵起来。他为什么不和上帝吵架呢？——上帝是万物的黑暗创造者，为世界的苦难负责。上帝一定会给他一个答案，一个神奇的、无限深邃的梦，我甚至无须发问上帝就把梦给了我，而我的梦决定了我的命运。我不知道为什么，但事实就是这样，是的，上帝甚至允许我瞥见他的存在。这是一个很大的秘密，我不敢也不能透露给父亲。如果他能够理解与上帝接触的直接体验，我也许能够跟他讲。但是，在与他的谈话中，我从来没有说这么多，甚至从来没有发现过这个问题，因为我总是以一种非心灵的和理智的方式来处理，并尽一切可能避免涉及情感的讨论。这种方法每次都像是对着公牛甩斗牛红布，引起了我难以理解的愤怒反应。我无法理解一个完全理性的争论，为何会引起这种情感抵制。

这些毫无结果的讨论激怒了我和我的父亲，最终我们不再做任何讨论，双方都背负着自己的自卑感。神学使我和父亲彼此疏远。我感到自己再次遭受了致命的挫败，尽管我感到自己并不孤单。我有种隐隐的预感，他会不可避免地屈从于他的命运。他很孤独，没有聊天的朋友。至少在我们的熟人中，没有一个他信任到可以作为救兵的人。有一次我听到他在祈祷，他为保持自己的信仰拼命挣扎。我一下子就被震撼了，因为我看到他被教会及其神学思想所禁锢了，真是绝望。它们封锁了所有可能直接接触上帝的途径，然后背信弃义地抛弃了他。现在，我理解了我早前经历的最深层的含义：上帝亲自否认了神学，而教会则建立在神学之上。另一方面，上帝宽恕了这种神学，正如他宽容了其他许多东西一样。我认为人类需要为这种发展负责的想法是荒谬的，人到底是什么呢？我想："他们就像小狗，一出生就又聋又瞎，就像所有上帝创造的生命一样，所拥有的是最暗的光，永远不足以照亮在其中摸索的黑暗。"我同样确定，我认识的神学家都没有亲眼见过"黑暗中的光"，因为如果他们有见过，将无法教授"神学宗教"，这对我似乎是远远不够的，因为一切与此无关，只能毫无希望地相信它。这是我父亲英勇尝试过的，他却碰了壁，他甚至不能为自己辩护，驳斥精神病学家荒谬的唯物主义。这也是我们必须要相信的东西，就像相信神学一样，只是从相反的意义上讲。我比以往任何时候都更加确定，这二者都缺乏认识论上的批评和体验。

我父亲显然认为，精神科医生发现了大脑中的某些东西，证明在应该有思想的地方却只有物质，而没有任何"精神"。他的告诫证实了这一点，即如果我学习医学，我就应该以上帝的名义绝不要成为唯物主义者。对我来说，这个警告意味着我什么都不应该相信，因为我知道唯物主义者像神学家一样相信他们的定义，而我可怜的父亲简直是从油锅里跳进了火坑。我认识到他的这种崇高信念不仅对于他，而且对我认识的大多数有修养且严肃认真的人都做过要命的捉弄。在我看来，信仰的主要罪过是阻止了体验，神学家如何得知神故意安排了某些事物并"允许"了其他事物，精神病学家如何得知该事物具有人类心灵的特质？我没有屈从于唯物主义的危险，但父亲肯定是有的。显然有人偷偷告诉他一些"暗示"，因为我发现他正在阅读西格蒙德·弗洛伊德翻译的伯恩海姆（Bernheim）关于暗示的书。[1] 这一意义重大的背离前所未有，因为我从未见父亲读过除小说之外的书，虽然他偶尔也会看几本旅行方面的书。所有"聪明"和有趣的书都是禁书，但是他的精神病学

---

[1] 《联想与其治疗效果》（莱比锡和维也纳，1888 年版）。

阅读使他笑容不再。他的抑郁情绪和疑心病更加频繁地发作，也更加严重了。多年来，尽管他的医生没有发现任何明显的不适，但他一直抱怨各种各样的腹部症状。如今他又怨声连连，感觉自己长了"腹部结石"。很长一段时间我们都没有认真对待这个问题，但是最后医生也开始怀疑了。那是在1895年的夏末。

那年春天，我开始在巴塞尔大学学习。这是我一生中唯一一次无聊的经历。我的中学岁月终于结束了，通往大学和学术自由的金色大门向我敞开。我将听到有关自然的真相，至少是最基础的。我将学习所有有关人类解剖结构和生理方面的知识，并获得有关疾病的知识。除此之外，我还获准加入我父亲曾经参加的一个着装鲜艳的兄弟会。在我大一的时候，他和兄弟会一起郊游，来到了马克格拉芬（Markgrafen）乡村的一个葡萄种植庄园，在那里发表了异想天开的演讲，令我高兴的是，他自己学生时代的那股劲头又回来了。我瞬间就意识到他的生活在毕业时陷入了停顿，一首学生歌曲的诗句在我耳边回响：

> 他们前行，垂头丧气
> 进入那庸人的边际。
> 噢，我的上帝，
> 那里是否还如往昔？

歌词使我深深陷入了沉思。曾几何时，父亲还是一个满腔热忱的大一新生，就像我现在一样：世界向他敞开大门，就像为我所做的一样；知识的无限宝藏在他面前打开，也像对我打开一样。而现在，一切都已枯萎，只剩酸苦任他体味，怎么会这样呢？我没有找到答案，或者没有太多答案。在那个夏天的夜晚，他在酒后发表的演讲里最后一次重拾记忆，让他想起他本该成为什么样的人。此后不久，他的病情恶化了。1895年深秋开始，他便卧床不起，最终于1896年初逝世。

演讲后我回到家，问他的情况怎么样。"哦，还是一样。他非常虚弱，"母亲说。他在她耳边轻声说了什么，她对我重复了一遍，并用眼神警告我：

"他想知道你是否通过了国家考试。"我知道我必须撒谎了。"过了,非常顺利。"他松了一口气,闭上了眼睛。过了一会儿,我又去见了他。他独自一人,我母亲在隔壁房间忙自己的事。他的喉咙里嘎嘎作响,我可以看到他正处于濒临死亡的痛苦中。我站在他的床边,出了神,我从未见过人死是什么样。突然,他停止了呼吸。我等待着,等他再一次喘气,然而并未等来。我想起了母亲,于是走进隔壁的房间,她坐在窗边做编织的活儿。"他快死了。"我说。她和我一起来到床边,看到父亲已经离世。她仿佛很是惊奇地说道:"一切就这么快地过去了。"

接下来的日子令人沮丧和痛苦,几乎没有什么现在还留在我的记忆中。有一次母亲以"第二人格"的声音对我或周围的空气说话,她说:"对你来说他死得很是时候。"这似乎意味着:"你们之间彼此不了解,他可能已经成为你的障碍。"在我看来,这种观点恰好符合我母亲的第二人格。

"对你来说"这个说法使我深受打击,而且我感到有些过去已经不可挽回地结束了,同时,勇敢刚毅和自由在我心中苏醒。父亲去世后,我搬进了他的房间,并在家庭中取代了他的位置。例如,我每周必须把用于日常开销的钱交给我母亲,因为她无法节俭度日,也无法管理资金。

他去世六周后,我在梦中见到父亲。他站在我面前,说他假期已结束,恢复得很好,现在就要回家。我以为我搬进他的房间会惹恼他。但一点也没有!然而我感到羞愧,因为我以为他已经死了。两天后,我又做了同样的梦,父亲已经康复,即将回家,我再次自责,因为我以为他已经死了。后来我不断问自己:"父亲在梦中归来,他看起来如此真实,这意味着什么?"那是一次难忘的经历,它迫使我第一次思考死后的生活。

随着我父亲的去世,关于我是否继续学业的问题出现了。我母亲的一些亲戚认为,我应该在一家商铺里找份文员的工作以便尽快赚钱。我母亲最小的弟弟愿意帮助她,因为母亲赚的钱现在几乎不足以维持生活。我父亲那边的一个叔叔资助了我,完成学业后我要还他三千法郎。其余的钱我是通过担任初级助理和帮助一位年迈的阿姨处理掉她的少量古董而获得的报酬。我以不错的价格将它们逐件出售,并获得了非常可观的分成。

我永远不会忘记那段贫困的日子,它让人因此学会了珍惜简单的事物。

我还记得有人给了我一盒雪茄烟作为礼物，在我看来这很奢侈。这盒雪茄我抽了整整一年，因为我只允许自己在星期日抽上一支。

我的学生时代是一段大好时光。在知识上一切都显得鲜活而具有生命力，这同时也是充满友谊的时代。在兄弟会上，我做了一些关于神学和心理学主题的演讲，我们进行了许多生动的讨论，而并非总是仅涉及医学问题。我们对叔本华和康德进行了争论，我们对西塞罗的文体风格了如指掌，并对神学和哲学颇感兴趣。

在上学期间，我在宗教问题上受到了很多启发。在家里，我有幸与一位曾是我父亲的牧师的神学家交谈。他不仅因其惊人的好胃口而为人所知（这使我汗颜），还因其卓越的学识而声名远扬。从他那里我学到了很多有关教父和教条的历史，他还向我介绍了新教神学的新发展。里施尔的神学在当时很流行，其历史决定论使我感到很不满，特别是与火车做的比较。[1] 我在兄弟会上与之讨论过的神学学生似乎都对基督耶稣一生产生的历史影响理论感到十分满意，在我看来，这种观点不仅缺乏机智，而且完全没有生气。我也不能接受这样一种倾向：把基督带到前台，使他成为上帝和人生戏剧中唯一的决定性人物。在我看来，这完全是基督自己的观点，即生出了他的圣灵将在他死后取代他在人世间的位置。

对我而言，圣灵是不可想象的上帝的化身。圣灵的工作不仅是崇高的，而且还体现了耶和华行为的奇特甚至可疑的品质，我天真地将其视为基督教的上帝形象，正如我在坚振礼中所接受的教导那样。（这时我还不知道魔鬼是从基督教诞生的。）对我来说，耶稣毫无疑问是一个人，因此他也会犯错，或者说他仅仅是圣灵的喉舌。这种极其非正统的观点与神学观点相去甚远，自然完全不被理解。我对此感到失望，并逐渐陷入一种无可奈何的冷漠中，这证实了我的信念，即在宗教事务中只有经验才有价值。

在大学的第一年，我发现科学为大量知识打开了大门，但它却很少提供真正的见解，而这些见解总的来说才是独一无二的。从我的哲学读物中，我

---

[1] 阿尔布雷希特·里施尔（Albrecht Ritschl, 1822—1829 年）将基督降临比作火车的调车。发动机从后面推动，整个列车都在运动，最前面的车厢开始移动。因此，基督所给予的冲动传递了几个世纪。

知道这种情况是心理的存在造成的。没有心理，就不会有知识或洞察力。然而，从未有人提及过这种心理。它在每个地方都被人们心照不宣地认为是理所应当的，甚至有人提到它时（例如C.G.卡鲁斯）也没有真正的相关知识做支撑，而只有哲学上的猜测，这可能很容易就从一种猜测转到另一种。我无法理解这种奇怪的现象。

然而，第二学期末，我又有了一个发现，这势必带来巨大的影响。在同班同学父亲的书房里，我读了一本出版于70年代的关于精神性现象的小书。它描述了唯心主义的开端，由神学家撰写。我最初的疑虑很快消失了，因为我不禁看到书中描述的现象在原则上与我从小就在乡下一次又一次听到的故事相同。毫无疑问，这些材料是真实的。但关于这些故事是否真实存在，我并没有得到令人满意的答复。然而可以确定的是，在任何时代，这些同样的故事都在全世界各个地方一次又一次地报道出来。这其中一定有某种原因，而且不可能世界各地都使用相同的宗教观念，这是显而易见的。相反，它必须与人类心理的客观行为有关。但是关于这个基本问题——心灵的客观本质——除了哲学家所说的之外，我什么也找不到。

在我看来，唯心论者的观察奇怪而可疑，但却是我最初看到的客观心理现象。佐尔纳（Zoellner）和克鲁克斯（Crookes）这类名字给我留下了深刻的印象，我当时阅读了几乎所有可以找到的文献。当然，我也向我的伙伴们谈到了这些事情，令我惊讶的是，他们的回应却是嘲笑和怀疑或焦虑并抵触。我感到奇怪的是，他们能肯定地断言，像鬼魂和亡者显灵法这样的事情是不可能的，所以都是骗人的；另一方面，我惊讶于他们的抵触同时又是焦虑不安的。我也不能确定这些报道绝对真实可靠，但为什么就不应该有鬼影呢？我们怎么能得知什么是"不可能的"？最重要的是，他们的焦虑意味着什么？对于我自己，我发现这样的可能性非常有趣而且有吸引力。他们给我的生活增添了多种维度，世界则多了深度和底色。例如，梦与鬼有关吗？康德的《视灵者的梦》恰逢其时地来到我的世界，不久后我还发现了卡尔·迪普雷尔（Karl Duprel），他从哲学和心理的角度对这些想法进行了分析。我还发掘了埃申迈尔（Eschenmayer）、帕萨旺特（Passavant）、尤斯蒂努斯·科尔纳（Justinus Kerner）和格雷斯（Görres），并读了斯维登伯格的七卷本。

母亲的第二人格对我的热情深表认同，但我认识的其他每个人都很沮丧。之前，我只遇到过传统观点的壁垒，但现在我遇到了人们的偏见，以及他们完全不会承认的不符合逻辑规则的可能性。这些都是和我最亲密的朋友一起发现的。对他们而言，我对这一切的专注都比我对神学的兴趣要糟得多。我有种被推向世界边缘的感觉，最令我着迷的东西对其他人来说毫无价值，甚至会引起他们的恐惧。

他们究竟惧怕何事？我对此找不到任何解释。毕竟，有些发生的事件超出了时空和因果关系的有限范畴，但这也不是什么荒谬或震惊世界的想法。众所周知，动物会预先感觉到暴风雨和地震，有的梦预见了某些人的死亡，钟表停在他死去的那刻，玻璃在关键时刻破碎，所有这些事情在我的童年世界中并没有人觉得异常，而现在，我显然是唯一听说过它们的人。我认真地问自己，我到底跌入了一个什么样的世界？简言之，城市世界对乡村世界一无所知，对现实世界的山脉、树林河流、动物和"上帝的思想"（植物和晶体）一无所知，我从这个解释中得到安慰。不管怎样，它都增强了我的自尊心，因为我意识到，尽管城市世界拥有丰富的知识，但在精神上却相当有限。这种见解被证明是危险的，因为它容易使人产生优越感、妄自尊大或菲薄，以及争强好胜的心理，所以我不受人喜欢也无可厚非。最终，他人的反感又带回了所有旧有的怀疑、自卑感和沮丧——我决心不惜一切代价打破这个恶性循环。我再也不要站在世界的外缘，让所有人都觉得我是一个可疑的怪胎。

结束了最初的入门课程之后，我成为解剖学的初级助教，随后的一个学期，示范老师让我负责组织学习课程，这自然使我非常满意。我主要对进化论和比较解剖学感兴趣，我也熟悉新生命主义学说。最让我着迷的是广义上的形态学观点。但从生理层面上看情况却恰恰相反，我非常厌恶这门课的活体切除部分，因为他们仅出于演示的目的去进行活体切除。我永远无法摆脱这种感觉，恒温生物与我们相似，并且不仅仅是在大脑机制层面。因此，我会尽可能减少动物演示课。我意识到动物实验是必需的，但是对我来说，这种实验的展示似乎恐怖而野蛮，最重要的是没有必要。我有足够的想象力，仅通过对它们的描述就可以想象到演示的过程。我对动物的同情不是源自叔本华哲学的佛教修辞，而是建立在原始心态的更深基础上，即对动物的潜意识里的认同。当然，当时我完全不知道这个重要的心理事实。我对生理学这门课的厌恶程度如此之高，以至于我在该学科上的考试成绩也很差。尽管如此，我还是坚持了下来。

随后的学期是临床实习，这使我格外忙碌，几乎没有任何时间可以涉足其他相关领域。我只能在周日阅读康德的书，我还认真研读过爱德华·冯·哈特曼。我一直都将尼采的书列入阅读书目中，但是我犹豫是否要开始读他，因为我觉得自己准备不足。当时，所谓的实力不凡的哲学系学生对他进行了很多讨论，大多是负面评价，从中我可以推断出他在高级知识阶层中引起的敌意。当然，最高权威是雅各布·伯克哈特（Jakob Burckhardt），他对尼采的各种批评被广泛散播。而且，大学里有些人认识尼采，并且散布各种关于他的不讨人喜欢的小道消息。他们中的大多数人连尼采书里的一个字都没读过，因此只会讨论他外在的一些小怪癖，例如，他给人以绅士风度的印象，他弹奏钢琴的方式，他风格上的夸张——这种特质吸引了巴塞尔人的神经。这样的事情肯定不会使我推迟阅读尼采，相反，它们是最有力的动因。但是我对"我可能是像他这样的人"这个不为人知的恐惧感到沮丧，至少在使他与他的环境隔离的"秘密"方面。也许（谁又会知道？）他有过内心的经历，不幸的是，他曾试图谈论他的见解，却发现没有人理解他。显然，他曾经是，或者至少被认为是一个古怪之人，是自然嘲弄的对象，在任何情况下我都不想成为像他这样的人。我担心自己可能也是另一只如此奇怪的鸟。当然，他是一名教授，著述颇丰，因此达到了不可想象的高度，但是像我一样，他也是牧师的儿子。只是，他出生在德国那片广袤土地上，那片土地一直延伸到大海里，而我是瑞士人，出生于一个边境上的小村庄，来自一个卑微的牧师家庭。他讲的是标准德语，也懂拉丁语和希腊语，可能还懂法语、意大利语和西班牙语，而我唯一可以使用自如的语言是瓦格斯－巴塞尔方言。他所有的这些出色表现，让他足以成为一个古怪的人，但我绝不能让自己发觉我和他有多么相像。

尽管有种种恐惧和担心，我还是感到好奇，最后决定读他的书。《不合时宜的思想》是我手头的第一本，读完我激动得忘乎所以，不久之后读了《查拉图斯特拉如是说》，就像歌德的《浮士德》一样，这种阅读体验对我来说是一次很棒的经历。"查拉图斯特拉"是尼采的"浮士德"，他的第二人格，而我的第二人格现在对应的是"查拉图斯特拉"，尽管这就像在将鼹鼠丘类比白勃朗峰。"查拉图斯特拉"（毫无疑问）是病态的。难道说，我的第二人格也病了吗？这种可能性使我充满了恐惧，很长一段时间我都拒绝接受这种恐惧，但是这个想法一次又一次不合时宜地出现了，使我浑身冒着冷汗，最终我被迫反思自己。尼采只是在他中年以后才发现他的第二人格，而我从小就发现了自己的第二人格。尼采天真而又草率地称他的第二人格为"阿尔希顿"，本来不会有人为其命名，但听起来好像又很有道理。但是我及时注意到这样只会带来麻烦。他是如此的聪明，在他还年轻的时候就可以去巴塞尔当教授，而不用担心未来会发生什么。由于他的机智过人，他应该及时注意到事情有些不对劲。我以为，这是他病态的误解：他无畏而且毫不怀疑地让他的第二人格流落在了一个对此类事情一无所知的世界上。幼稚的希望让他感到震惊，因为他希望找到能够分享他的喜悦并能理解他的"对所有价值观念的重新评价"的人。但是他发现的却只有受过教育的平庸之辈——如同悲喜剧一般，他就是这样一个人。像其他人一样，他并不理解自己。当他第一次埋头于无法言喻的神秘之中，并向愚钝的、被神抛弃的群众赞美他时，他就是这样不了解自己。这就是他夸张的语言、堆积的比喻、赞美诗般的狂喜形成的原因，所有这些尝试都是徒劳，试图抓住一个因大量无关事实而出卖灵魂的世界。于是他跌入了自己也无法预测的深渊——他总宣称自己是走钢丝的人。他不知道自己在这个世界上身处何处，他表现得就像是着魔了一样，其他人面对他时只能极其谨小慎微。在我的朋友和熟人中，我只知道有两个人公开宣布自己是尼采的信徒。他们都是同性恋。其中一个以自杀告终，另一位是一个被误解的天才，后来逐渐凋零。我的其他朋友对查拉图斯特拉的现象并不感到震惊，而只是对它的吸引力有所免疫。

正如《浮士德》为我打开了一扇门一样，《查拉图斯特拉如是说》则猛然关上了一扇门，而且关了很长时间。我感觉就像是一位老农，发现他的两头牛像是中了邪，他们的头套在了同一个笼头上。"那是怎么发生的？"他的小儿子问。"孩子，人们是不会谈论这种事情的。"父亲回答。

我意识到，一个人要想有所成就，他就必须与人们谈论他们所知道的事情。和朋友谈论他们不了解的事情是一种多大的羞辱，这一点一个天真的人是无法理解的。这种无情的事只有作家、记者或是诗人才有资格做。我发现，一个新想法，甚至只是旧想法的不寻常方面，只能通过事实来传达。事实就是事实，我们无法置之不理，迟早会有人发现这些事实，然后也明白这种发现的重大意义何在。我意识到由于缺少更好的事物，我的谈论本应该提供事实，而我却完全无法提供，我手里没有具体的东西。我发现自己比以往任何时候都更倾向于经验主义。我开始指责哲学家在缺乏经验时只会喋喋不休，而在他们本来应该以事实回答时却闭口不谈。在此方面，他们似乎都像半瓶晃荡的神学家。我觉得在某个时候自己已经穿过了一个钻石之谷，我无法说服任何人——当我更仔细地观察那些钻石时甚至连我自己也无法说服——我带回的标本不仅仅是一些碎石。

那是在 1898 年，那时我开始认真地思考关于我从事医生这一职业的事。我很快得出结论，我必须有所专攻，似乎就是在外科和内科之间做出选择。我之所以倾向于前者，是因为我在解剖学方面接受了特殊的培训，并且偏爱病理学。如果我拥有必要的财务支持，很可能会将手术当作我的专业。一直以来，为了学习而不得不背负债务让我非常痛苦。我知道在完成期末考试后，我必须尽快自力更生。我想过在某些县立医院担任助理医师，那里比在诊所里获得带薪职位的希望更大。此外，诊所的职位在很大程度上取决于主管领导的支持或个人利益。由于我的人缘问题和与他人之间的隔阂（经历了很多次），我不敢设想有任何这样的运气，因此我对在当地一家医院任职的前景已经感到满意了。其余的就取决于辛勤工作以及我的能力和申请情况。

但是，暑假期间发生的一些事命中注定会深深影响到我。有一天，我坐在房间里学习，透过那扇门可以看到我母亲在隔壁房间正在做针线，我们的饭厅放着圆形胡桃木餐桌。桌子是我祖母的嫁妆，那个桌子起码有七十年历史了。我母亲坐在窗边，离桌子大约一码远。我妹妹在学校，女仆在厨房。突然传来像手枪射击一样"砰"的一声。我跳了起来，冲进传出爆炸声的房间。我的母亲坐在扶手椅上吓得目瞪口呆，手中的针线掉了下来。她一面结结巴巴地说："怎么了？就发生在我旁边！"一面盯着桌子。顺着她的目光，我看到发生了什么事：桌面从边缘开始有一多半都裂开了，并且没有沿任何接缝裂开，裂痕直接穿过实木。我像是被雷击了一般震惊，怎么会发生这样的事？一张风干了七十年的胡桃木桌子——为什么会在夏季相对湿度较高的情况下裂开？如果在寒冷干燥的冬日将其放在加热炉旁，倒是可以想象。到底是什么引起了爆炸呢？我想："自然是有奇怪的事故发生。"我母亲暗暗地点了点头。"是的，是的，"她以第二人格的声音说，"这意味着有什么要发生了。"虽然不愿意承认，但是我当时由于不知道该说什么而对自己感到震惊和恼火。

大约两周后，有一天晚上我六点回到家，发现我的母亲，我十四岁的妹妹和女仆都处于一种非常激动的状态。大约一个小时前，又有一个震耳欲聋的声音传来。这次不是那个已经损坏了的桌子。噪声来自餐具柜的方向，餐具柜是19世纪早期的沉重家具。他们已经看遍了整个地方，但没有发现分裂的痕迹。我立即开始检查餐具柜和周边整个区域，但同样无济于事，然后我开始在餐具柜的内部搜寻。在装有面包篮的橱柜里，我发现了一条面包，旁边还有面包刀。刀片的大部分已经碎裂成了几片。手柄位于矩形篮的一角中，而刀的碎片散落在每个角落中。这把刀刚刚在四点钟喝下午茶的时候用过，之后就被收起来了。从那以后，没有人去过餐具柜旁。

第二天，我把碎裂的刀带到了镇上的刀匠处，据说他是最好的刀匠之一。他用放大镜检查了碎裂处，然后摇了摇头说："这把刀本身是完好无损的。""钢材没有缺陷。一定有人故意将它弄碎了。可能是把刀片插入抽屉的缝隙中，然后一次次地折断就成了现在这样。要不然，它还有可能是从很高的高处砸在了石头上，但是好的钢铁不会爆炸。有人在跟你开玩笑吧？"我一直小心翼翼地把刀子保留到今天。

我的母亲和妹妹一直在房间里，突然的一阵响声让她们跳了起来。我母亲的第二人格意味深长地看着我，但我无话可说。我完全不知所措，无法解释发生了什么，我对此大为震惊，也因为不得不承认这一点而愈加恼火。桌子为何裂开？刀子为何破碎了？只是巧合的话也说不过去。在我看来，莱茵河仅是偶然倒流一次是不可能的，所有其他可能的解释都被自动排除在外。但那是什么？

几周后，我听说某些亲戚已经在施亡者显灵法，并且有一个十五岁半的年轻女孩作为灵媒。这群人一直想让我见见灵媒，后者可以创造梦游状态和精神主义的现象。当我听到这个消息时，我立即想到了我们屋子里的奇怪现象，我猜想它们可能与这种灵媒有某种联系。因此，我开始参加我的亲戚每周六晚上举行的定期聚会。我们总是能从交流中以及从墙上和桌子上传来的拍打声中得出一些结论。我很怀疑桌子不靠外力就能自己移动，我很快发现施加在实验上的限制条件通常会起到反作用。因此，我同意桌子自动发出声音，并将注意力转向了信息传递的内容。我在博士学位论文中提出了这些观察结果。经过大约两年的实验，我们都对它感到厌倦。我发现灵媒试图通过欺骗来产生现象，这让我中断了实验——也令我极为遗憾，因为我从这个例子中学到了第二人格是如何形成的，它是如何进入孩子的意识并最终将其整合到自身中。她是这些早熟人士之一，在二十六岁时死于肺结核。她二十四岁的时候，我又一次见到她，对她个性的独立和成熟印象深刻。在她去世后，我从她的家人那里得知，在她生命的最后几个月中，她的性格逐渐瓦解，最终她回到了一个两岁大的孩子的状态，在这种情况下，她离开了人世。

总而言之，这是一次重要的体验，推翻了我之前的所有哲学，并使我有可能获得一种心理学上的观点，并且我还发现了一些有关人类心理的客观事实。但是这种体验的本质又是我再也无法谈及的。我不知道该向谁讲述整个故事。于是又一次，我不得不把一个未解决的问题搁置一旁。直到两年后，我的学位论文才得以完成。[1]

在医疗诊所，弗里德里希·冯·穆勒（Friedrich vonMüller）取代了老伊默曼（Immermann）。在穆勒身上，我发现了他吸引我的地方。我看到了敏锐的智力如何解决问题并提出问题，而发现问题本身就是成功解决问题的一半。他似乎在我身上也看到了一些东西，因为在我学业快要结束时，他提议我应该作为他的助手和他一起去慕尼黑，他在那儿得到了一个职位。这个邀请几乎说服了我投身内科工作。要不是同时发生的一些事情消除了我对未来职业的所有疑虑，我可能真会这样做。

---

[1] 其标题为《关于所谓神秘现象的心理学和病理学——一种精神病学研究》（1902 年），收录在《精神病学研究》。

尽管我参加过精神病学讲座和临床实习，但当时的那位精神病学教师并没有完全引发我的兴趣，我回想起精神病院的经历对我父亲的影响，这使我对精神病学毫无好感。因此，在准备参加考试期间，精神病学教科书是我所攻读的最后一本。我毫无期待，仍然记得当我打开克拉夫特·埃宾（Krafft-Ebing）[1] 的书时，我是这么想的："好吧，现在让我们看看心理医生要为自己说些什么。"讲座和临床示范没有给我留下丝毫印象。我不记得我在诊所看到的任何一份病例，只记得我的无聊和厌恶。

我从序言读起，想要了解精神科医生是如何引出其课题的，或者说是如何证明他存在的理由的。作为这种崇高和高尚态度的借口，我必须明确指出，在当时的医学界，精神病学普遍处于被轻视的状态。没有人真正对它有所了解，也没有一种心理学将人视为一个整体，并用整体思维把握病理变化。精神病院主任与病人被关在同一个地方，像一个与世隔绝、年代久远的传染病院一样，被隔离在城市的郊区，没有人愿意朝那个方向看一眼。医生和外行一样，几乎什么都不知道，因此只是在分享他的感受。精神疾病是令人绝望而致命的，也给精神病学蒙上了阴影。那个时候，精神病医生被当作奇怪的人物，就像我很快将从个人经验中学到的东西那样。

从序言开始，我读道："精神科教科书或多或少地具有主观性，这可能是由于该学科的特殊性及其尚未发展成熟所导致的。"又读了几行，看到作者称"精神病"是"人格疾病"。我的心突然开始跳动，不得不站起来深吸一口气。我兴奋异常，因为在一瞬间我突然明白，对我来说唯一可能的目标就是精神病学。它是我感兴趣的两种潮流的汇聚，并合二为一创造出自己的道路。这是生物学和精神事实共有的经验领域，我四处都在寻找也找不到，终于，自然与精神的碰撞在这里成为现实。

读到克拉夫特·埃宾讲述精神病学教科书的"主观特性"时，我产生了剧烈的反应。我心想，这本教科书部分是作者的主观坦言，以其特殊偏见和全部的生存状态，站在自身经验的背后，并以自身的全部个性来回应"人格疾病"。我从来没有从诊所的老师那里听到过类似的事。尽管克拉夫特·埃宾的教科书与其他同类教科书并无本质区别，但这些为数不多的暗示却给精神

---

[1] 《精神病学教科书》，1890年第四版。

病学蒙上了光芒四射的外衣，让我无可救药地为之着魔。

我决心已定，当我告诉内科老师时，他的脸上显露出惊讶和失望。我的旧伤复发，那是成为局外人和被疏远的感觉，但我现在明白了是为什么。包括我本人在内，没有一个人想到我会对这种隐蔽的小道产生兴趣。我的朋友们大为震惊，认为我是个傻瓜，觉得我为了毫无意义的精神病学丢掉了一个明智的职业机会——成为内科医生，毕竟它近在咫尺，如此诱人。

我知道自己显然又进入了一条偏巷，没人会或愿意跟随我。但是我知道（任何事或任何人都无法使我偏离目标）自己心意已决，这是命中注定，仿佛两条河交汇而成的湍流，正势不可当地载着我驶向遥远的目标。正是我"双重天性和谐统一"的自信，使我在考试中犹如神浪相助，拔得头筹。极具代表性的是，潜伏在所有奇迹路径上的绊脚石，果不其然使我在病理解剖学这个我真正擅长的科目中栽了跟头。我犯了一个可笑的错误，在一个玻璃片样本中忽略了一些隐藏在角落的霉菌，觉得除了各种碎片似乎只包含上皮细胞。而在其他科目中，我甚至猜到了会问我什么问题。幸亏如此，我才避免了几处容易栽跟头的地方。但我在自己最自信的地方以最怪诞的方式上当受骗了，一来一回，如果不是这个原因，我在考试中会获得最高分。

实际上，另一位候选人的分数与我相同。他独来独往，性情难以捉摸，乏味得令人生疑，讲话"三句话不离本行"。他对一切的反应都是神秘莫测的微笑，让我想起了埃伊纳岛上的希腊雕像。他表面上充满优越感，但内心却尴尬不自在。或者说这是一种愚蠢？我永远弄不明白这个人。关于他唯一确定的是他偏执狂般的野心，这使他对除了纯粹事实以外的任何事物都没有兴趣。几年后，他得了精神分裂症。我提到这件事，是作为事件并行性的典型示例。我的第一本书是关于早发性痴呆症（精神分裂症）的心理学的，其中我的性格带有偏见或"个人等式"，以回应这种"人格疾病"。我坚持认为，精神病学，从广义上讲，是一种病态心理与被认为"正常的"医生心理之间的对话。这是一种在病态人格和治疗师人格之间的妥协，两者在原则上都是同样主观的。我的目的是证明妄想和幻觉不仅是精神疾病的特定症状，而且具有人类普世意义。

最后一次考试结束的那个晚上，我平生第一次去了剧院，这是一种渴望已久的奢侈。在那之前，我的经济状况不允许我有这种奢侈享受。但我卖古董还剩下一些钱，我不仅拿这些钱看了歌剧，甚至还去了趟慕尼黑和斯图加特。

比才的歌剧令我心醉神迷，像无限的海浪震撼着我。第二天，当火车离开边界进入一个更广阔的世界时，是《卡门》的旋律陪伴着我。在慕尼黑，我第一次看到了真正的古典艺术，加之比才那绚烂的音乐，让我处于一种如沐春风般的喜庆氛围中，而我只能粗略掌握其深度和意义。然而，表面上看起来这只是 1900 年 12 月 2 日到 8 日平淡阴沉的一周罢了。在斯图加特，我告别了我的姑姑弗劳·雷默·容（Frau Reimer-Jung），她是我祖父与弗吉尼亚·拉萨克斯（Virginia de Lassaulx）头婚生的女儿。我的姑父是一名精神病医生。姑姑是位迷人的老太太，蓝色的眼睛闪闪发亮，热情活泼。在我看来，她似乎沉浸在一个充满了无法触摸的幻想和让人乐不思蜀的回忆的世界中，是正在消亡、无法挽回的过去的最后一息。这次拜访是对我童年时代的怀旧之情做的最后告别。

1900 年 12 月 10 日，我在苏黎世伯尔柯尔茨利精神病医院担任助理。我很高兴来到苏黎世，因为这么多年的巴塞尔生活对我来说已经变得无比沉闷。对于巴塞尔当地人来说，不存在其他城市，只有他们自己的城市才是城市：只有巴塞尔是"文明"的开化世界，比尔斯河以北，便是野蛮人的土地。我的朋友们无法理解我的离开，认为我很快就会回来。但这是不可能的，因为在巴塞尔我身上的烙印一直是保罗·荣格牧师的儿子和卡尔·古斯塔夫·荣格教授的孙子。我是一个知识分子，有特定的社会圈层。我对此感到反感，因为我不能也不愿将自己"归类"。在我看来，巴塞尔的学术氛围具有国际化气息，这点的确让人羡慕，但传统的压力对我来说实在太大了。来到苏黎世时，我立刻感到了不同。苏黎世与世界的关系不是智力上的，而是商业方面的，而这里的空气是自由的，我一直很重视这一点。在这里，即使一个人没有丰富的文化背景，也不会为几个世纪的浓雾所困扰。我至今仍对巴塞尔有怀旧情结这个弱点，尽管我知道今日已不同往日。我还记得巴乔芬和伯克哈特走在街上的那些岁月，大教堂后面是那栋古老的分院和那座莱茵河上半是木头做的旧桥。

尽管我母亲很难接受我离开巴塞尔这个事实，但是我知道我无法让她免遭此痛，她也勇敢地接受了。她与我的妹妹生活在一起，我妹妹体弱多病，在各方面都与我不同。她仿佛天生就过着老姑娘般的生活，的确她也从未结婚。但是她的性格不凡，我很欣赏她的态度。一次她必须进行手术，本来这个手术是没有危险的，但她却没有挺过去。令我印象深刻的是，她事先把所有事情都安排得井井有条、细致入微。其实，她对我一直像个陌生人，但我非常尊重她。我是相当情绪化的人，而她却总是镇定自若，尽管她内心深处也很敏感。我可以想象她在女子修道院度过的时光，就像我祖父唯一的妹妹经历的那样。

　　在伯尔柯尔茨利的工作让我看到生活中完整的现实——所有的意图、意识、职责和责任。这是进入世间修道院的入口，服从誓言中所说的相信可能的、普通的、平凡的、意义贫乏的事物，放弃一切奇怪而有意义的事物，选择平庸而减少一切卓越非凡的事物。从今以后，只有未隐藏任何东西的表面，以及非延续的开始，而无连贯性的事件；知识缩水到越来越小的圈子，失败只被称为暂时遇到的问题，过分狭窄的视野以及如沙漠般无尽头的例行公事。为了让自己习惯生命和精神的庇护，六个月来我仿佛一直将自己锁在修道院里，从头到尾通读了五十卷本的《精神病学概论》，以使自己熟悉精神病学心理。我想知道人类的思想在面临自身毁灭时的反应，因为精神病学在我看来可以清楚地表达生物反应，在出现精神疾病时抓住所谓的健康心灵。和患者一样，我的专业同事也引起了我的兴趣。在随后的几年中，我私下里绘制了瑞士同事们的遗传背景统计数据，并从中有所收获。我这样做一方面是出于个人提升，另一方面也是为了了解精神病人的心理。

　　不用多说，我专注于工作和研究，自我封闭，不与外界接触，这使我与同事疏远了。当然，他们不知道精神病学对我来说有多奇特，也不知道我有多想深入了解它的精神。那时我对治疗的兴趣尚未觉醒，但是所谓正常状态的病理变异却让我着迷，因为它们为我提供了渴望已久的机会，让我能够更深入地对心理有大体了解。

　　这些就是我从事精神病学事业的状况——由我的客观生活出现的主观实验。我既没有欲望，也没有能力站在自我之外，以一种真正客观的方式观察自己的命运。我会犯下熟悉的自传式的错误，要么是对人生本来应该如何如何抱有幻想，要么是写一份自我辩护。归根结底，人是一个无法判断自我的事物，无论好坏，都须由他人来判断。

四　治疗实践

　　伯尔柯尔茨利精神病医院见证了我的学徒岁月。我当时的兴趣和研究都围绕着一个亟待回答的问题："精神病患者内心究竟发生了什么？"我那时还不明白这些，我的同事也都不关心，精神病学老师对患者所说的话全然无感，他们感兴趣的是如何做出诊断、描述症状以及编制统计数据。用当时流行的临床观点来解释，患者的人格，即其个性根本无关紧要，相反，医生给患者看病的时候，手里拿着的是一张长长的表单，上面是固定模式的诊断病历和症状的详细描述。医生不加考虑就给患者妄下定论，贴上标签，想着这样就能解决问题，而精神病人的心理却丝毫没有受到重视。

　　在这一点上，弗洛伊德对我来说愈加显得至关重要，尤其是他对歇斯底里癔病和梦的心理学进行了基础研究。对我而言，他的想法为进一步研究和理解个案指明了方向。虽然弗洛伊德本人是神经病学家，但是他将心理学引入了精神病学。

　　我到现在仍对一个病例记忆犹新，而当时我就对它兴趣浓厚。病例中的年轻女子因"抑郁症"入院接受治疗。医生询问了她的既往病史、进行了各项化验和身体检查等各项常规检查。当时的诊断是精神分裂症，或用当时的术语来说是"早发性痴呆症"，并显示为预后不良。

　　这个女人碰巧在我所在的科室。一开始我并不敢质疑诊断结果。我当时还是一个年轻人，一个初学者，不会冒失地给别人建议什么。但是我觉得这个病例很奇怪，有一种感觉这不是精神分裂症而是普通的抑郁症，所以就决定采用我制定的治疗方法。当时我忙于诊断性联想研究，所以借此我对这名患者进行了联想实验。除此之外，我还和她讨论了她所做的梦。通过这种方式，她的过去终于浮出水面，但她的回忆并未得到澄清。我直接从潜意识中获得的信息揭露了一个黑暗而悲惨的故事。

那个女人结婚之前认识了一个男人，他是一位富有的实业家的儿子，周围的女孩都对他有兴趣。样貌出众的她自认为有很大机会钓到他，但是显然那个男人并不喜欢她，于是她嫁给了另一个男人。

五年后，一个老朋友拜访了她。聊及过去时，这个朋友对她说："得知你结婚的时候，某人，就是您的那位先生（富裕的实业家的儿子），真是受到了很大的打击。"她的抑郁症便从那时开始了，几周后一场灾难由此而生。当时她正在给孩子们洗澡，她四岁的女儿先洗，然后是她两岁的儿子。她住在乡下，水质不是很卫生，在那儿可供饮用的是纯净的泉水，河里不太干净的水用于沐浴和洗涤。在给小女孩洗澡时，她看到孩子在吮吸海绵，但并没有阻止。她甚至给她的小儿子喝了一杯不纯净的水。当然，她这样做是无意识或半是下意识的，因为她已经处于初期抑郁症的阴影下。

她最喜欢的小女儿潜伏期过后不久就因伤寒病亡，幸而男孩没有被感染。就是那个时候，她的抑郁症到了急性期，随后被送往我们医院。

从联想测试中，我发现她是个谋杀犯，也了解到了她秘密的许多细节。很显然，这足以让她患上抑郁症。从本质上讲，她得的是心理障碍，而不是精神分裂症。

那么，在治疗的方式上该做些什么呢？之前，这名妇女一直在服用麻醉药来治疗失眠，一直有人在看护她，防止她自杀，但除此之外没有其他的治疗措施。她的其他体征状况良好。

我面临的问题是：我是否应该告诉她实情？是否应该给她做大手术？这是我头一次碰到工作职责方面的冲突，在以往的经历中从未有过。我的良心面对一个棘手的问题，而我不得不独自解决。如果我问我的同事，他们可能会警告我说："天哪，不要告诉那个女人任何事。那只会让她更加疯狂。"但是在我看来，结果很有可能和他们说的相反。一般来说，心理学中几乎没有明确的规则。一个问题可以有不同的回答，取决于我们是否考虑了潜意识因素。当然，我非常清楚自己所冒的个人风险：如果患者病情加重，我也将置自身于困境之中！

尽管如此，我还是决定冒险实施治疗方案，但我并没有把握。我把我通过联想测验发现的一切都告诉了她。可以想到我做这件事有多困难，直截了当地指控一个人谋杀不是件小事。病人不得不聆听并接受对自己的指控，这是何其不幸。但结果是两周后她就被批准出院了，而且她再也没有被送回来。

关于这个病例我没有对同事说什么，除上述原因之外我还担心他们会进行讨论，而且有可能会提出法律方面的问题。当然，没有任何证据可以证明这些会对患者不利，但是这样的讨论可能会给她带来灾难性的后果。命运对她的惩罚已经足够了！在我看来，她应该为赎罪重新回到生活中，这似乎更有意义。出院后，她肩负重担，在人生之路上再次启程，这是她必须背负的重担。失去孩子让她痛苦不堪，而赎罪已经在她患上抑郁症和被送进医院强制治疗的那一刻开始了。

在许多精神病学病例中，那些来找我们的患者都有自己的故事，而这些故事通常不会为人所知。在我看来，只有在完整地调查了个人故事后，治疗才能真正开始。这是病人的秘密，是砸碎他正常生活的石头。如果我知道他的秘密故事，那我就掌握了治疗的关键，医生的任务就是找到方法获得这些信息。大多数情况下，对意识材料的探索是不够的，有时，联想测试可以开辟新径，对梦的诠释或与患者的长期耐心接触也可以达到同样的结果。在治疗过程中，始终要以人为主导去找症状，而绝不是把症状单列出来看。治疗者必须提出质疑整个人格的问题。

我在1905年被任命为苏黎世大学的精神病学讲师，同年，我在一家精神病诊所担任高级医师，我在这个职位上做了四年。1909年我辞职了，理由是当时我无法在工作中做到游刃有余。这些年来，由于经营一家私人诊所，我无法兼顾其他工作，但是我仍在教授这个岗位上坚持到1913年。我的授课方向包括心理病理学、弗洛伊德精神分析的基础以及原始心理学，这些是我的主要课程。我第一学期的讲座课程主要涉及催眠，还涉及雅奈（Janet）和弗卢努瓦（Flournoy）的内容。后来，弗洛伊德的精神分析问题成为授课的重点。

四 治疗实践

针对催眠课程中要给学生介绍的病人，我惯于进行深入研究，挖掘他们的个人历史。其中有一个病例我至今记忆犹新。

一天，一位中年女性在女仆的带领下拄着拐杖来找我，我一眼就能感到她有某种宗教信仰。询问后得知她今年五十八岁，十七年来一直饱受左腿麻痹的痛苦。我让她坐在一把舒适的椅子上，开始询问她的故事。于是她向我娓娓道来，把整个生病过程极其详尽地讲了出来，这确实有些可怕。最后，我打断了她，说："好了，我们没有那么多时间说得太详细。我现在要对你进行催眠。"

我几乎还没说什么，她就闭上眼睛进入了催眠状态（我根本没来得及做任何催眠）。我很纳闷，但没有打扰她。她没有停，继续向我讲述了那些非同寻常的梦，这些梦代表了深藏于潜意识的体验，但直到几年后我才明白这一点。当时我以为她处于一种精神错乱的状态。这种情况让我开始感到不太舒服。这里有二十个学生在场，我还要向他们展示催眠呢！

半个小时后，我想再次唤醒病人，但是她没有醒来。我很吃惊，意识到自己可能无意中对潜在的精神病做了研究。我一直不敢让学生看出我紧张的情绪。我花了十分钟才唤醒她，醒来的时候，那个女人满脸困惑，眼神涣散。我对她说："我是你的医生，您一切都好。"听到之后她立即喊道："我被治好了！"便扔掉拐杖，然后竟能开始走路了。我满脸涨红，尴尬地对学生说："现在你们应该已经知道怎么催眠了吧！"事实上，我不知道究竟发生了什么。

这次经历更加坚定了我放弃催眠的想法。我不明白到底发生了什么，但是那个女人确实已经康复，精神饱满地离开了。我叮嘱她告诉我她的后续情况，因为我估计最多在二十四小时内她的病情还会复发，然而我担心的事并没有发生，尽管我对此表示怀疑，但我不得不接受她已经治愈的事实。

次年夏季学期的第一堂课上，她又出现了。这次，她抱怨背部剧烈疼痛，症状最近才开始。我心里想是否与我开始上课有关，也许她已经在报纸上读到了开课的告示。我问她什么时候开始疼痛？是什么原因造成的？她不记得在特定的时间发生了什么事，也无法提供任何解释。后来我终于得出这样一个事实：背痛实际上就是在她看到报纸上我开课公告的那一天、那一刻开始的。这证实了我的猜测，但我仍然不知道上次奇迹般的治疗是如何发生的。

我再次将她催眠了（也就是说，她再次自发陷入了催眠状态），然后疼痛又消失了。

这次我在课后留住了她，想进一步了解她的生活。原来，她有一个智力低下的儿子，就在我所在医院的科室。我对此毫不知情，因为她所冠夫姓是她第二任丈夫的，而儿子是她第一次婚姻的，这个男孩是她唯一的孩子。她希望自己的儿子成为一个有才华的成功人士，然而她儿子却在早年患上精神病，这对她而言是多么沉重的打击。见到她时我还只是个年轻医生，但符合她对孩子的一切希望。因此，她对成为英雄之母这一雄心勃勃的渴望，牢牢落在了我的身上。她收我为养子，并四处宣扬自己被我神奇地治愈了。

实际上，正是她的缘故我才在当地有了神医之名。由于这个故事很快就传开了，所以我有了首位私人患者，对此我深怀感恩之情。我的心理治疗实践竟源于一位母亲想让我代替她的精神病儿子之心！我向她解释了所有事情，包括所有的后果。她对一切表示理解和接受，而她的病再也没有复发。

那是我第一次真正的治疗经历，可能我更愿意说是：我的第一次分析。我清楚地记得我和那位妇人的谈话。她很聪明，非常感谢我认真对待她，也感谢我对她和她儿子的命运表示的关心，这的确对她有所帮助。

一开始，我在私人治疗中也会使用催眠，但很快我就放弃了，因为那只是在黑暗中摸索。一个人永远都不知道病情的改善或治愈状态会持续多久，而我总是在这种不确定的情况下感到困惑。我也不喜欢由我来决定患者应该做什么，我更倾向于向患者本人学习他的自然导向。为了发现这一点，有必要对梦和潜意识的其他表象进行仔细分析。

1904~1905年间，我在精神病学诊所建立了实验性精神病理学实验室。我和许多学生一起研究了心理反应（即联想）。我的合作者是老弗朗兹·里克林（Franz Riklin, Sr.）。路德维希·宾斯旺格（Ludwig Binswanger）当时正在撰写他的与心理电流效应[1]有关的关联实验方面的博士学位论文，而我写了我

---

[1] 精神电流反射是由于精神兴奋引起的汗腺活动导致皮肤表面电阻的瞬时降低。

四
治
疗
实
践

的论文《关于心理事实诊断》[1]。我们的同事中有很多美国人，包括弗雷德里克·彼得森（Frederick Peterson）和查尔斯·里克斯（Charles Ricksher），他们的论文发表在美国期刊上。1909 年，我因为这些联想研究获得了去克拉克大学演讲的邀请。我应邀就我的工作做讲座，而与此同时，弗洛伊德也受邀出席，他获邀跟我倒是无关。我们俩都被授予了荣誉法学博士学位。

联想实验和心理电流实验使我在美国名声鹊起。很快，有许多从美国来的人找我看病，我对头一批病患印象很深。一位美国同事给我介绍了一个病人，伴随的诊断为"酒精中毒导致的神经衰弱"，预后是"无法治愈"。我的同事也事先提醒了他，建议患者也要看一下柏林的神经科权威，因为他估计我的治疗尝试不会有什么效果。病人前来咨询，我和他交谈了一会儿后，发现那个人患有普通的神经症，但他对自己的精神病起源毫无眉目。我给他做了一项联想测试，发现他正遭受着可怕的母亲情结的影响。从外部因素来讲，他成长于一个富裕而受人尊敬的家庭，妻子讨人喜欢，生活衣食无忧。只是他饮酒过度，喝酒是他试图麻醉自我的绝望尝试，为的是忘记他受压迫的状况。显然，喝酒对他并没有帮助。

他的母亲是一家大公司的所有者，而她天资优异的儿子在该公司担任领导职务。他早就该摆脱母亲的压制了，但他却无法鼓起勇气放弃自己绝好的工作，所以仍然被母亲拴在身边。每当他和母亲在一起，或者不得不屈服于母亲对他工作的干涉时，他都会用喝酒来麻痹自己或排解自己压抑的情绪。然而，他内心有一部分不想真正离开舒适温暖的巢穴，因此不顾想要获得自由的渴望，任由自己被财富和舒适所诱惑。

经过短暂的治疗，他不再借酒浇愁，觉得自己已经康复了。但是我告诉他："如果您回到以前的生活状态，我不保证您不会复发。"他不相信我，以饱满的精神回到了美国。

他一回去，就又处于母亲的阴影之下，便开始再次酗酒。他母亲在短暂逗留瑞士期间找我进行咨询。她是一个聪明的女人，但却是一个不折不扣的"权力狂"。我看到她的儿子不得不与之抗争，也意识到他并没有力量进行抵

---

[1] 《关于心理事实诊断》，Zentralblattfür Nervenheilkunde und Psychiatrie，第二十八章（1905 年），第 813—815 页；英文译本：《关于事实的心理诊断》《精神病学研究》。

抗。他相当瘦弱，在体格上与他的母亲也不能相比。因此，我决定动用"不可抗力"。我背着他给他的母亲开了一份医疗证明，证明她儿子因酒精中毒而无法履行工作要求，并建议他离职。这个建议被采纳了，儿子自然对我很生气。

我的这些举措通常被认为是不合规的，但我知道，为了患者我不得不采取这一步。

那么他接下来状况如何？与母亲分开后，他的个性得到发展。他的事业取得了一些成就——哪怕是，或者说正是因为我给了他一剂强效药。他的妻子很感谢我，因为她的丈夫不仅克服了酗酒问题，而且在自己的个人道路上取得了极大的成功。

尽管如此，多年来我都对这个病人感到愧疚，因为我在他不知情的情况下开出了那个证明，尽管我确信只有这样做才能使他自由。事实上，他一旦重获自由，神经症自然就消失了。

行医执业期间，我总是惊讶于人类的心理对潜意识犯罪的反应。毕竟，那个年轻女人最初并不知道她杀死了自己的孩子，然而最后她却陷入了一种内心极度自责的状态。

我曾经碰到过类似的病例，至今难忘。某天一位女士来到我的办公室，她拒绝透露姓名，说这并不重要，自己只是来看病的。看得出来，她出身上流社会。她说自己曾经是一名医生，今天其实是来自我忏悔的。大约二十年前，她出于嫉妒谋杀了她最好的朋友。她毒死了这个朋友，起因是她想嫁给朋友的丈夫。她曾以为，只要谋杀不被揭发，生活就不会有任何影响。她想要嫁给朋友的丈夫，而最简单的方法就是让她的朋友消失。她认为，道德考量对她而言并不重要。

后来呢？事情的发展的确如她所愿，她与该男子结了婚，但不久丈夫就英年早逝了。在接下来的几年中，发生了许多奇怪的事情。她在这段婚姻中所生的女儿从小就努力摆脱她。女儿很早就结婚了，她再也没见到过女儿，两个人的关系越走越远，最终她与女儿失去了联系。

这位女士是一位热情奔放的女骑士，她非常喜欢养几匹马。有一天，她发现她一骑上马，这些马就会越来越不安，甚至连她最爱的那一匹也躲着她并把她摔了下来。最后她不得不放弃骑马。此后，她把感情寄托在自己养的狗身上，她有一只异常美丽的猎狼犬，她为之着迷。有时就是这么不走运，这只狗也生病瘫痪了。这就像是压死骆驼的最后一根稻草，她的不幸达到了极点，她觉得自己在道德上一败涂地。她只能去忏悔，为此她找到了我。她是个杀人犯，但除此之外她还谋杀了自己，因为犯下这种罪行等同于毁掉自己的灵魂。凶手已经对自己处刑。如果有人犯罪并被捕，他将受到的是司法惩罚。即使他在没有道德意识的情况下秘密犯下罪行并且未被发现，不论怎样，正如我们的案例所显示的那样，惩罚仍然会降临到他身上，该来的总会来。有时似乎连动物和植物都"知道"你干了什么。

由于犯下了谋杀罪，这名女子陷入了难以忍受的孤独中，甚至与动物都不能亲密相处。为了摆脱这种孤独，她和我分享了她的故事。她必须和一个不是凶手的人来分享这个秘密。她想找到一个可以在不带有偏见的情况下接受她的坦白的人，因为这样一来，她将再次获得类似于人类关系的东西。这个人必须是医生而不是专门听人忏悔的牧师。她会怀疑牧师因为职责关系而听她讲话，并且不出于个人利益而是出于道德判断的目的接受事实。她看到人们和动物都纷纷离她而去，并且这种沉默的判决给她重重一击，她再也无法承受任何谴责。

我一直都不知道她到底是谁，也没有任何证据证明她的故事是真的。有时我问自己，她后来可能会变成什么样？因为那绝不是她旅程的终点。也许她最终不得不走向自杀的道路。我无法想象她怎么可能继续生活在那种孤独中。

临床诊断之所以重要，是因为可以给医生提供一定的方向。但临床诊断对患者没有帮助，关键的是病人的故事，因为故事本身就揭示了他们的背景和苦难，只有了解了故事，医生的治疗才能开始起作用。一个案例以最有力的方式向我证明了这一点。[1]

该病例还涉及女病房中的一名老年患者。她大约七十五岁，卧床不起已经有四十年。大约五十年前，她入院接受治疗，但是直到现在还未出院，已经没有谁可以回忆起她入院时的情景，曾经与她同在医院的人都死了，只剩

---

[1] 比照《精神疾病的心理成因》。

一个工作了三十五年的护士长仍然记得该患者的故事。老妇人不能说话，只能吃些流质或半流质的营养物。她用手指吃饭，好让食物从指头滴到嘴里，有时她要花近两个小时才能喝完一杯牛奶。在非进食时间，她就用手和胳膊做出奇怪的节律运动，我不明白这些动作是什么意思。精神疾病可能造成的破坏程度给我留下了深刻的印象，但我看不到任何可能的解释。在临床讲座上，她曾经被当作是紧张神经症型的精神分裂症，但这对我来说毫无意义，因为这些解释丝毫没有帮助人们理解这些奇怪手势的意义和起源。

这一病例给我的印象代表了我对那个时期精神病学的反应。当我还是一名助手时，我感到自己对精神病学一无所知。不管精神病学宣称的是什么。当我在黑暗中迷茫地摸索时，我的主任和同事们摆出一副确定无疑的样子，这让我感到非常不自在。因为我认为精神病学的主要任务是了解病人内心正在发生的事情，但到目前为止，我对这些事情一无所知。我一点也不了解自己在此所从事的职业！

一天，夜已经深了，我穿过病房，看到老妇人仍在做着神秘的动作，我便再次问自己："为什么要这样？"于是我找到我们的老护士长，问病人是否一直都是那样？"是的。"她回答。"但是我的前一任告诉我她曾经做过鞋。"然后，我再次检查了她泛黄的病例，果然，有记录表明她有模仿鞋匠动作的习惯。在过去，制鞋匠经常将鞋子夹在膝盖之间，并用同样的动作在皮革上画线（今天仍然可以看到村里的鞋匠这么做）。病人不久后就死了，她的哥哥参加了葬礼。"你妹妹为什么会疯？"我问他，他告诉我说她爱上了一个鞋匠，由于某种原因鞋匠不想娶她，而当他最后拒绝她时，她就"变了一个人"。鞋匠的动作是她与恋人之间的一种密切联系，这种关联一直持续到她去世。这件事使我第一次对精神分裂症的心理起源有了些许认识。自此，我将全部精力投入精神病中具有价值的种种联系上。

另一个患者的故事向我揭示了精神病的心理背景，尤其是"无意义的"妄想。通过该病例，我第一次能够理解精神分裂症的语言，而这种语言迄今被认为是毫无意义的。病人是巴贝特，我在其他地方发表过病人的故事。[1]1908年，我在苏黎世市政厅发表过关于她的演讲。

---

[1] 比照《心理疾病的心理发生》中的"痴呆症的心理学"和"精神病的内容"。

她来自苏黎世旧城中狭窄、肮脏的街道，出身贫寒，成长在恶劣的环境中。她的姐姐是妓女，父亲是酒鬼。她三十九岁时受偏执性精神分裂症的折磨，伴有特征性的狂妄症。当我看到她时，她已经在医院待了二十年。她曾作为数百名医学生的教学对象。从她身上，医学生们可以看到精神分裂的异常过程，她是一个典型的病例。巴贝特彻底疯癫了，嘴里一直在胡言乱语。我竭尽全力去理解她深奥的话语的内容。例如，她会说："我是罗莱雷"，医生在试图了解她的情况时，她总是会说："我不知道这是什么意思。"[1] 或者她会哭着说："我是苏格拉底的代理人。"正如我发现的那样，其意思是："我像苏格拉底一样受到不公正的指控。"还有荒谬的言语像是："我是无法替代的双重工艺学校"或"我是玉米粉底部的李子蛋糕"，"我是甜黄油和纯天然甜黄油的黑醋栗""那不勒斯和我必须向世界供应面条"表示她的自我评价有所提高，或者说是对自卑感的补偿。

　　我对巴贝特和其他此类病例的关注使我确信，我们迄今为止认为的许多事情并没有看上去那么疯狂。我不止一次地看到，即使是这样的患者，他们内心也仍然保留着必须被称为正常的人格。可以这么说，这个人格只是站在一边旁观。有时，这种人格（通常是通过声音或做梦）也可能会做出明智的评论和反对。甚至在身染疾病时，它甚至可以再次站在舞台中心，使患者看起来几乎是正常的。

　　我曾经不得不诊治一个精神分裂症的老妇，她非常明显地向我展示了处在背景中的"正常"人格。这是一个只能看护却无法治愈的病人。毕竟，每个医生都会遇到治愈无望的病人，医生所做的只能是为他们在死亡之路上减轻痛苦。她能听到遍及整个身体的声音，而在胸中的声音就是"上帝的声音"。

　　我对她说："我们必须依靠这种声音。"我对自己的勇气感到惊讶。通常，这种声音会发表明智的言辞，在其相助下，我和病人相处得非常好。有一次这个声音说："让他拿《圣经》来考考你！"她带来了一本由于经常翻阅而破烂不堪的《圣经》，每次拜访时我都要给她分配一章来阅读。下一次她来我一定拿它进行测试。我做了大约七年，每两周一次。起初，我对扮演这样的角

[1]　"我不知道这是什么意思"：海涅的著名诗《Die Lorelei》的第一行。

色感到很奇怪，但是过了一段时间，我意识到了这些训练的意义。如此一来，她的注意力会一直保持警惕，这样她就不会陷入更深的梦境中。大约六年后，以前围绕在她周围的声音退缩到她身体的左半部分，右半部分的声音完全消失了。这种现象的强度在左侧也没有加倍，与过去几乎保持相同。因此，可以肯定的是，患者的病至少好了一半。这次的治疗出乎意料地成功，原本我无法想象这些记忆练习可以起到治疗作用。

通过与患者合作治疗，我意识到可以从执念和幻觉中窥探出某种意义，一个人的个性、生活经历、希望和欲望的模式就隐藏在精神病的背后。如果我们不理解它们，那只能是我们的错。那时我第一次意识到，人格的一般心理学隐藏在精神病之中，我们也遇到了古老的人类冲突。尽管患者可能显得呆板、冷漠或完全失聪，但在他们的脑海里正上演着更多的事情，这些事情比它们表面看上去要有意义多了。从根本上讲，我们没有在精神病患者身上发现什么新奇和未知的事物。相反，我们遇到的是我们本性的基础。

精神病学上要花如此长的时间来研究精神病的内容，这一点总是让我感到惊讶。没有人关心幻想的含义，也没有人想过问病人为什么有这种和那种完全不同的幻想，或者当一个病人幻想被耶稣会士逼迫，又或者另一个人以为犹太人想毒死他，还有三分之一的人确信警察在追捕他时，这些都意味着什么。对于当时的医生来说，这样的问题似乎完全没有意义。幻想只是以例如像"迫害思想"这样的通用名称被混为一谈。对我来说，我当时的调查如今几乎被遗忘，这对我来说也很奇怪。本世纪初，我已经对精神分裂症病患进行了心理治疗。因此，该方法并不是刚刚发现的，但是，人们花了很长时间才开始将心理学引入精神病学。

当我还在诊所时，我必须非常谨慎地对待我的精神分裂症患者，否则我将被指控从事聚集活动。精神分裂症被认为是无法治愈的，如果有人确实改善了精神分裂症的病情，那么答案就是那并不是真正的精神分裂症。

1908 年，弗洛伊德在苏黎世拜访我时，我给他看了巴贝特这个病例。之后，他对我说："荣格，你对这个病人的探究发现真的很有意思。但你是如何忍受与这个奇丑无比的女人共处几个小时，甚至几天的呢？"我一定给了他一个相当不耐烦的表情，因为我从未这么想过。从某种意义上说，我认为这个女人就像是一个令人愉快的老家伙，因为她有如此可爱的妄想并且说了很多有趣的话。毕竟，即使在她精神错乱发作的时候，人性的一面也从一堆怪诞的胡话中脱颖而出。什么治疗对巴贝特都无济于事，她病得太久了，但是我还看到了其他一些病例，通过这种深入走进患者的性格的疗法产生了持久的效果。

表面上，我们所看到的只是精神病患者悲剧性的毁灭，很少看到被我们拒之门外的那一面心灵的生命。我从一名年轻的精神紧张症患者身上惊讶地发现，表象经常带有欺骗性。这名女患者年芳十八，家教良好。在她十五岁那年，她被哥哥诱骗，受到一个同学凌辱。从十六岁起，她便退守自我世界，避不见人，她唯一所剩的情感寄托是一只看门恶犬，这条狗本身是有主人的，而她试图让它成为自己的陪伴。她变得越来越古怪，十七岁时被送到精神病院，在那里待了一年半。她总能听到某些声音，并拒绝进食，缄默不语。我第一次见到她时，她的精神紧张症的病情很明显。

渐渐地，在数个星期的努力后，她才在我的劝说下开口讲话。克服了这么多心理抗拒之后，她告诉我说她生活在月球上。月球看似有人居住，但起初她见到的只有男人。他们立刻把她带走，安置在月下的住所中，那里还生活着他们的妻儿。因为月亮的高山上住着一个吸血鬼，专门绑架并杀害妇女儿童，月亮上的人类濒临灭绝，所以在那里的女人半数居住在月下。

我的病人下决心要为月球人做些什么，并计划消灭吸血鬼。经过长时间的准备，她在为此目的而建的高塔平台上等待吸血鬼。数夜之后，她终于看到了那只怪物，从远方像一只巨大的黑鸟一样朝她飞来。她带着祭祀用的长刀，把它藏在礼服里，等待吸血鬼的靠近。突然吸血鬼就站在了她面前，他有好几双翅膀，他的脸和整个身体都被翅膀遮住了，所以她只能看见羽毛。她惊讶不已，好奇心驱使她想要看到他的真实面目。她手握长刀走向吸血鬼。突然他的翅膀张开，一个拥有超凡脱俗容貌的男人站在了她面前。他用长着翅膀的双臂像铁钳一般将她紧紧夹住，这样她就再也无法挥舞刀子了。况且，她被这个吸血鬼的容貌迷住了，无法朝他发动袭击。他从平台上提起她，夹着她飞走了。

这次敞开心扉之后，她又可以不受限制地讲话了，但这时她的抗拒心理又出现了。似乎我阻止了她重返月球，她再也无法逃离地球。她说，这个世界并不美丽，但月球却很美，那里的生活富有意义。一段时间之后，她的紧张症又发作了，于是我把她送到了一个疗养院，有一阵子她疯癫至极。

两个月后她出院了，我又有机会可以和她讲话。渐渐地，她发现地球上的生活不可避免。她拼命地反对这个结论及其后果，因此不得不被送回疗养院。当我在病房里拜访她时对她说："所有这些都不会给你带来任何好处；你绝无可能重返月球！"她无言以对，面无表情地接受了。这次，她在那里短暂地待了一段时间后就出院了，自此便听天由命。

有一段时间，她在一家疗养院当护士。那里的一位助理医生对她的态度稍微鲁莽了些，她便用左轮手枪朝他开了一枪。幸运的是，这名男子仅受了轻伤。但这件事说明她一直都带着一把左轮手枪。在那之前，有人看到过她拿着一支上了膛的枪。在最后一次面诊结束时，她把它给了我。我惊讶地问她这是做什么，她回答说："如果你让我失望，我会把你击毙的！"

枪击事件的刺激平复后，她回到了家乡，结了婚，有了几个孩子，在东部地区经历了两次世界大战，后来病情再也没有复发。

通过解释这些幻想她所表达的到底是什么？由于她小时候遭受的乱伦侵害，在世人的眼中她倍感羞辱，但在幻想的世界却高高在上。她已经被带入了一个虚幻境地，因为乱伦在传统意义上是皇室和神才有的特权。其结果是她彻底脱离了世界，让自己陷入一种精神病状态。她一度成为"超越俗世"之人，与人类失去了联系。她纵身一跃，一头扎进宇宙的无限距离中，进入外太空，在那儿她遇到了那个带翅膀的魔鬼。像类似其他病例一样，她在治疗期间将魔鬼的形象投射到了我身上。因此，我就像尝试说服她回到正常人类生活的每个人一样，自然而然受到了死亡威胁。通过告诉我她的故事，她在某种意义上背叛了恶魔，迷上了一个尘世的人。因此，她得以重生甚至结婚。

此后，我得以从另一个角度看待精神病患者的痛苦，因为我对他们内心经验的丰富和价值的认识愈加深刻。

我经常被问到我的心理治疗或分析方法，我无法明确回答这个问题。针对每种情况，治疗方法都是不同的。如果一个医生告诉我他严格遵守某一种方法，我对他的治疗效果是怀疑的。文献中讲到太多关于患者抗拒治疗的事情，似乎医生在欺骗患者，而治愈方法应该自然地从患者本人身上生长出来，心理治疗和分析与人类个体一样是多样的。我尽可能将每个患者单独对待，因为问题的解决始终是个人化的。对通式通法我们应秉持怀疑态度，心理学上的真理之所以是真理，正是因为它能够被推翻。对我来说不可能的解决方法可能正是其他人的正确路径。

诚然，医生必须熟悉所谓的"方法"，但他必须让自己不落窠臼。总之，必须警惕理论上的假设，今天某些理论可能有效，但明天可能又是其他假设的转折点。在我的分析中，它们并没有发挥重要影响，我故意非常缺乏系统性。在我看来，针对个体病例，只有逐一分析才行之有效。我们需要为每个患者提供不同的语言。在某一种分析中，我可能说着阿德勒式的语言，而另一个则用弗洛伊德式的语言。

关键的一点是，面对一个病人，我把他当作和我一样的人。分析是需要两个伙伴进行的对话，分析师和患者彼此面对面坐着，二者四目相对，医生固然有话要说，病人也有话要说。

由于心理治疗的本质不是某一方法的应用，因此仅靠精神病学研究是不够的。在熟练掌握心理治疗之前，我本人必须工作很长一段时间。早在1909年，我就意识到如果我无法弄懂潜伏精神病的表征，我就无法给予合理的治疗。从那时起，我便开始研究神话。

对于有教养且聪明的患者，精神科医生需要具备的不仅仅是专业知识。除了所有理论假设之外，他还必须了解真正能够刺激患者的因素，否则，他会激起不必要的抗拒。毕竟，重要的不是理论是否得到证实，而是患者是否将自己视为一个个体。但如果不参考集体性观点就不可能实现，医生应知晓这一点。为此，仅仅进行医学训练是不够的，因为人类心理无穷无尽，远远超出了医生诊室的有限范围。

心理比身体更加复杂、更难以接近。可以说，它代表的那一半世界只有在我们意识到时才会存在。因此，心理不仅是关于个人的问题，而且是关于世界的问题，心理医生必须要应对一个完整世界。

如今，我们前所未有地发现，威胁到我们所有人的危险不是来自自然而是来自人，来自个人和大众的心理。心理的异常和畸变是一种危险。一切都取决于我们的心理是否正常运作，如果今天某些人失去理智，造成的结果可能是一颗氢弹即将爆炸。

然而，心理治疗师不仅必须了解患者，了解自身也同样重要。因此，一个必要条件是对分析人员的分析，即所谓的训练性分析。可以这么说，患者的治疗始于医生。只有医生知道如何应付自己和自己的问题，他才能教患者做同样的事情。在训练分析中，医生必须学会了解并认真对待自己的心理。如果他不能做到这一点，患者也将不会依样去做，病患将失去部分心灵，就像医生失去自己尚未理解的那部分心灵一样。因此，训练性分析仅包含一个概念体系是不够的。分析对象必须意识到分析涉及他本人，训练性分析只是现实生活中的一部分，而不是死记硬背的方法。如果学生在进行对自己的训练性分析时没有认识这一点，那么日后必然会为失败付出高昂的代价。

尽管有一种被称为"辅助心理治疗"的治疗方法，但在任何详尽的分析中，患者和医生的整体人格都会发挥作用。在很多病例中，医生如果不介入就无法治愈病患。事关重大时，医生是选择将自己视为整场戏的一部分，还是选择端着架子正襟危坐，这二者会导致完全不同的治疗结果。在生活的重大危机中，在"生存还是毁灭"的关键时刻，建议的那些招数于事无补，医生整个人都受到了挑战。

治疗师必须时刻注意自己，注意对病人的反应方式，因为我们不仅以自己的意识做出反应，还必须始终问自己：经历此情景我们的潜意识会怎样？因此，我们必须遵守观察的梦，密切关注并研究自身，就像对待患者一样。否则，整个治疗可能会偏离正确轨道。接下来我举一个事例。

我曾经有一个病人，一个非常聪明的女人，由于种种原因她引起了我的怀疑。刚开始分析很顺利，但过了一会儿我开始觉得我对她的梦的解释越发离谱了，也注意到我们对话的深度越来越肤浅，于是我决定就此事与她谈一谈，因为她肯定出现了什么问题。在我和她交谈的前一天晚上，我做了一个梦。

梦里在傍晚的阳光下，我沿着高速公路穿行于山谷，在我的右边是一座陡峭的小山。山顶有座城堡，城堡最高的塔上有一个女人坐在栏杆上。为了看清她，我只好使劲抬头后仰。脖子后的一阵痉挛刺激到了我，于是我醒了过来。即使在梦中，我也能认出那个女人是我的病人。

我立即明白了梦的含义。如果在梦里我不得不仰视她，那么在现实中我可能一直在俯视她，毕竟，梦是对意识态度的补偿。我把梦和我的解释都告诉了她。情况立即有所改变，治疗再次取得进展。

作为一名医生，我经常向自己发问，病人给我带来了什么样的信息？他对我意味着什么？如果他对我没有什么意义，那我也不会受到伤害。医生本人要先受影响才能去治疗病患，恰如人们所言，"只有受过伤的医生才会治愈患者。"但是，若医生像穿盔甲一样穿着自己的人格面具，他就不会受到任何影响。我认真对待我的病人，也许我和他们一样面临同样的问题。通常情况下，患者恰好是医治医生病痛的药膏。正因如此，医生也可能会遇到困难的情况——或者可以说，医生尤为如此。

每个治疗师都应该有某个第三方来限制管控，这样他才可能保有对另一种观点的开放态度。甚至教皇也有其忏悔者。我总是建议心理分析师："要有个忏悔神父，或者忏悔嬷嬷！"女性对扮演这样的角色特别有天赋，她们通常具有出色的直觉和敏锐的批判性洞察力，并且可以看到男人藏着的小把戏，男人的起心动念也逃不过她们的眼睛。她们可以洞察和知晓男人看不见的地方，这就是为什么没有女人相信丈夫是超人的原因！

可以理解，如果一个人患有精神病，就应该接受精神分析，但是，如果他觉得自己很正常，那么就不必强迫自己这样做。但是我可以保证，在所谓的"正常"方面，我有过一些让人难以置信的经历。一次我遇到一个完全"正常"的学生，他是一名医生，经一位老同事的强烈推荐找到我，他曾是老同事的助手，后来又接管了他的实习。现在的他行事正常，获得了世俗的成功，家庭和睦，住在寻常小镇的一所普通房子里，收入一般，饮食也正常。他想成为一名精神分析师。我对他说："你知道那意味着什么吗？意味着你必须首先学会了解自己。你自己就是一件工具。如果你自己都不对劲，患者怎么可能是对的？如果你都不相信，患者又怎么可能相信你？你自己必须就是进行研究的材料。如果你都不是，那么愿上帝会保佑你！不然的话，你会将患者引入歧途。因此，你必须首先接受对自己的分析。"他说，没关系，但几乎同时马上跟着说："我应该没有什么要告诉你的。"这应该是对我的警告。我说："很好，那么我们可以看看你的梦。"他说："我没有做过梦。""你很快就会有一些。"我回答。那天晚上，其他任何人都可能做了梦，但是他完全想不起来自己梦到了什么。这种状况持续了大约两个星期，我开始对整个事件感到不安。

终于，他做了一个令人印象深刻的梦。我要讲它是因为这个梦表明，在实际的精神病学中，了解人的梦有多么重要。他梦见自己正乘火车旅行，火车在某个城市停了两个小时。由于他不了解这座城市，希望去看一看，于是便出发前往市中心。在那儿，他找到了一座中世纪的建筑，走了进去，那里大概是市政厅。他沿着长长的走廊漫步，来到了一个漂亮的房间，房间的墙壁上挂满了古画和精美的挂毯，四周尽是珍贵的古董。突然，他看到天已经黑了，太阳已落山。他想，我必须回到火车站去，但是这时他却发现自己迷路了，再也找不到出口在哪里。他惊慌失措，意识到自己在这栋楼里没看到一个人影。他开始感到不安，便加快了步伐，希望遇到什么人，但是没有遇到任何人。然后他走到一扇大门前，终于松了一口气：那便是出口。他打开门，发觉自己竟然进入了一个大房间。由于太过巨大和黑暗，他甚至看不到对面的墙，他大为惊慌地飞跑着穿过那间空荡荡的房间，希望能找到另一边的出口。后来，他看到了——恰好在房间的中间——地板上白色的不明物体。当他走近时，他发现那是一个大约两岁的傻乎乎的孩子。孩子坐在一个便壶上，粪便蹭得身上到处都是。那一刻，他惊慌失措，大叫一声醒来。

我知道了我所需要掌握的一切——这是一种不为人所察觉的精神病！我必须说，当我试图带领他脱离那个梦时，我出汗了。我不得不对他说这个梦是无害的，并对所有危险的细节遮遮掩掩。

这个梦的解释大概是这样：他旅行的目的地是苏黎世，但他只在那里待了很短时间。房间中央的孩子是他约两岁时的形象。这种粗鲁的行为在小孩当中虽然有些不寻常，但也不是不可能，他们可能会对自己带有颜色的并且气味奇怪的粪便产生好奇。一个孩子如果在城市里长大，并要遵循严格的规定，那他可能很容易因为这种失败而感到内疚。

但是做梦者——这名医生，已经不是孩子了。他是个成年男子。因此，房间中央的梦境意象是一个险恶的象征。他向我讲述他的梦时，我意识到他的"正常"是一种补偿。我及时逮住了他，因为潜伏的精神病虽尚未爆发但即将爆发并且变得愈加明显，我必须防止这种情况发生。最后，借助他的另一个梦，我成功地找到了可以接受的借口，以结束训练性分析，这让我们俩都很高兴。我没有告诉他我的诊断结果，但他可能已经意识到他正处于极大的恐慌中，因为他梦见自己正在被危险的疯子所追赶。之后，他立即返回家中，再也没有刺激到他的潜意识。他那显著的正常状态反映出一种人格，这种人格本来不会得到发展，只会因与潜意识的对抗而四分五裂。这些潜伏的精神病为心理治疗师所厌恶，因为它们通常很难被确诊。

我们这就要说说"非专业人士分析"这个问题。我支持没有医学基础的人学习和实践心理治疗，但是在与潜在的精神病患者打交道时，非专业人士有可能犯下危险错误。因此，我赞同让非医学专业人士成为精神分析师，但要在专业医师的指导下工作。非医学专业精神分析师一旦有所犹豫，就应该咨询导师。即使是医生，也很难识别和治疗潜在的精神分裂症，对于无医学基础的人员来说更是如此。但是我不止一次发现，从事心理治疗多年并且一直接受分析的非医学人士确实有些本事。此外，心理治疗的医生人手不够。这种职业需要长期全面的训练，而且需要具备广博的文化知识，这一点只有极少人具备。

医生与病人之间的关系，特别是当病人发生移情时，或医生和病人或多或少有潜意识认同时，可能导致超心理现象。我经常遇到这个问题，其中一个令我印象深刻的病例是一名经我治疗摆脱了心理抑郁症的患者。他回家结了婚，但我不怎么喜欢他的妻子。第一次见到她时，我就不舒服。我发现由于她的丈夫对我心存感激，我就像是她的眼中钉。不真正爱自己丈夫的女人会嫉妒并破坏丈夫的友谊，这是常有的事。她们希望丈夫完全属于自己，因为她们自己不属于他。可以说，一切嫉妒的核心都是缺乏爱。

这位妻子的态度给病人带来了无法应对的沉重负担。结婚才一年，他就在压力下又重新陷入了抑郁症。我预见到这可能会发生，所以已经做好安排，叮嘱说如果他感到情绪低落，就立即与我联系。然而他没有这样做，部分是因为他的妻子总是嘲笑他的情绪问题。后来，我再没听到他的消息。

那时我在某地演讲，午夜左右我回到住所。演讲后，我和一些朋友一起坐了坐，然后上床睡觉，但我就一直这么躺着，难以入睡。大约两点钟（我一定刚睡着了）我不知怎的猛然惊醒，感到有人进了房间，甚至感到门被仓促地打开了，我立即开了灯，但是什么都没有发现。我想，也许有人搞错了房门，然后我望向走廊里的一片死寂。我想："奇怪，刚才确实有人进了房间！"我试着回忆到底发生了什么事，然后发现自己是被一阵钝痛弄醒了，好像有什么东西撞上了我的前额，然后又撞到了我的后脑勺。第二天，我收到一封电报，说我的那位病人自杀了。他是开枪自杀的。后来，我得知子弹穿过他的头骨，又恰好停在了后脑勺。

这种经历是一种真正的同步现象，在与原型境况相关的情况下常可以观察到（此处即是死亡）。由于潜意识中时间和空间的相对性，很可能我已经意识到现实中发生的某些事情。集体无意识是所有人所共有的。这是古人所说的"万物同情"的基础。在这种情况下，我的潜意识知道了患者的状况。实际上，奇怪的是整个晚上我都感到焦躁不安和紧张，可以说当时我的心情一反常态。

我从不试图让患者皈依任何教派，也从未强迫他们这么做。我认为最重要的是患者应该了解自己对事物的看法。在我的治疗下，异教徒还是异教徒，基督徒还是基督徒，犹太人还是犹太人，一切都顺应天命。

我回想起一个失去信仰的犹太妇女。故事由我的梦开始，梦中一个我不认识的小女孩来找我看病。她向我概述了她的情况，谈话时我在想："我一点也不了解她，我不明白这是怎么回事。"但是我突然想到她一定有一个不寻常的恋父情结。这就是梦的大概内容。

第二天，我按日程安排进行了四点的会诊。一个年轻犹太女子出现了，她是富有的银行家的女儿，她漂亮时髦且聪慧。她之前做过精神分析，但是医生对她产生了移情，最后恳求她不要再来找他，因为如果这样，那就意味着破坏他的婚姻。

这个女孩多年来一直患有严重的焦虑神经症，遇到这种情况自然会恶化。我从以往病史入手，但是没有发现什么特别之处。她是一个完全融入周围环境、接受西方文化的犹太人，看上去非常开明。起初我不明白她是有什么问题。突然我想起我做的那个梦，我想："天哪，这就是我梦中的小女孩。"但是，由于我无法在她身上发现一丝恋父情结的踪迹，我便问她关于她祖父的情况，因为这是我处理这类病例时的习惯。过了一会儿，她闭上了眼睛，我立刻意识到这正是问题的根源，于是我让她向我介绍她的这位祖父，得知他曾是一名拉比，分属于一个犹太教派。"你是说哈西德派吗？"我问，她说："是。"我的问题一个接一个，"如果他是一名拉比，那他有没有可能成为教派领袖？""是的，"她回答说，"人们说他是圣人，而且未卜先知。但这全是胡说八道，哪有这回事！"

就这样我结束了对过往病史的查问，并了解了她的神经症病史。我向她解释说："现在，我要告诉你一些你可能无法接受的信息。你的祖父是教派领袖，而你的父亲成为犹太信仰的叛教者。他泄露了秘密，背弃了上帝，于是你患上精神疾病，因为对上帝的敬畏已经深入你体内。"这些话像闪电一样击中了她。

第二天晚上，我又做了一个梦。家中正在待客，看得出来，这个女孩也在其中。她走近我，问："您有伞吗？雨下得好大。"实际上我找到了一把雨伞，并摸索着打开它，正想把伞递给她。但是发生了什么呢？我竟双膝跪地把它递给了她，如同向女神献祭一般。

我把这个梦告诉了她，一个星期后她的神经症就消失了。[1] 这个梦表明，她并非是一个肤浅的小女孩，在她的表象下隐藏着圣人的气质。她没有神话观念，因此她本性的最基本特征无法表达出来。她的所有意识活动都指向卖弄风情、穿着打扮和性，因为她对其他一无所知。她只是认识智者，却过着毫无意义的生活。实际上，她是上帝的孩子，命中注定要完成他的秘密旨意。我不得不唤醒她的神话和宗教思想，因为她属于那类需要精神活动的人。这样她的生活才有了意义，并且看不出任何神经症的痕迹。

在上述病例中，我没有应用所谓的"方法"，但是感觉到了"神性意志"的存在，我向她做了解释后她的病就好了。在这里方法并不重要，重要的是"敬畏上帝"。[2]

---

[1] 这个病例因为治疗方案的简短而有别于荣格的其他病例。

[2] 比照《象征性生活，田园心理学协会讲座》。

我经常看到有人因不满足于人生问题的片面或错误答案而变成精神疾病患者。他们寻求地位、婚姻、名望、外在成功或金钱，即使获得了所追求的目标，仍会感到不幸福，并患上精神疾病。这样的人通常被局限在过于狭窄的精神范围内，他们的生活缺乏充实的内容和充分的意义。如果他们能够发展出更加宽广的人格，他们的神经症通常会消失。因此，发展的理念对我始终是最重要的。

我的大多数患者都不是拥有宗教信仰的人，而是那些失去信仰的人，那些来找我治疗的人是迷失的羔羊。即便时至今日，信徒仍然有机会在自己的教会中过"象征性的生活"。我们只需要考虑弥撒、洗礼、效仿基督以及宗教的许多其他方面。但是要生活和体验象征，就必须以信徒的重要参与为前提，而今天的人们却往往缺乏这种参与。在神经症患者中，这种缺乏几乎屡见不鲜。在这些病例中，我们必须观察潜意识是否会自发提出象征来代替所缺乏的事物。但是接下来的问题仍然是，一个在梦境中或幻象中看到象征的人是否也能够理解其含义并承担后果？

我在《集体无意识的原型》[1]中描述过这样一个病例。一个神学家经常重复做同一个梦。他梦见自己站在一个斜坡上，在那里美景尽收眼底，低矮的山谷上布满茂密树林。在梦中，他知道树林中有一个湖，而且他也知道迄今为止一直有什么东西阻止他去那里，但这次他想要一探究竟。当他接近湖面时，气氛变得异常诡异，突然一阵微风吹过水面，水面上一片漆黑，只见涟漪阵阵。这时，他惨叫一声，从梦中惊醒了。

起初，这个梦似乎无法理解，但是这个做梦者是一个神学家，他应该记得一个"水池"，池中的水被阵阵风吹拂，病人在其中沐浴——这个水池就是《圣经》中所讲到的"毕士大池"。一个天使降临池边，触摸池中之水，这个池中的水便有治愈的作用。那阵轻风拥有灵魂，四处吹拂，正是它使得做梦的人感到恐惧。梦暗示着看不见的存在，一个能维持自己生命的神性意志，人们在它面前惊恐万分、瑟瑟发抖。做梦者不愿接受自己与毕士大池的联系，一点儿也不想，因为这些事情只存在于《圣经》中，或者最多是星期日晨间讲道的主题，与心理学无关。有时候还会提到圣灵，这都没什么问题，但是

[1] 《原型与集体无意识》。

四 治疗实践

患者并不想亲历啊！

我知道做梦者应该战胜他的恐惧，或者说克服他的恐慌。但是，如果患者不愿按照已经透露给他的方式治疗并接受这样做的后果，我绝不会强加于人。我不同意这样一个简单的假设，即阻碍患者的仅仅是普通的阻力。我们必须对阻力多加注意，尤其是那些持续出现的阻力，因为阻力通常预示着不可忽视的警告。治愈可能会是一味并非人人都可尝试的毒药，也可能是一场会因禁忌而致命的手术。

只要深入最内在的体验，即人格的核心，那么大多数人都会被恐惧击溃，仓皇而逃。这位神学家就是如此。我当然知道，神学家比其他人处境更艰难。一方面，他们比起常人与宗教离得更近，另一方面，他们更容易受教会和教条的束缚。如同冒险经历般的内在体验和精神活动，无论如何对大多数人都是陌生的。这种经历可能具有心理现实性，而这对他们来说如同是一个诅咒。如果它具有超自然的或至少"历史的"基础，则一切顺利。但如果是精神心理层面上的呢？直面这个问题时，患者通常会对心理表现出不易察觉但深切的鄙夷。

在当代的心理治疗中，经常要求医生或心理治疗师"顺着"患者及其情感。我认为这并非总是正确的做法，有时需要医生做出积极的干预。

曾经有一位贵族妇人来找我，她有掌掴雇员的毛病，也包括医生。她患有强迫症，曾在疗养院接受治疗。自然，不打人就难受的她很快就让主治医师也尝到了一记耳光，可以说是无人幸免。毕竟在她眼里，他只是一位高级仆人。更何况她还付钱治疗，难道不是这样吗？后来这位医生把她送到了另一家医院，在那里同样的场景再次上演。由于这位女士的精神并没有很严重的问题，但显然处理起来仍要格外小心，所以那个倒霉医生把她送到了我这里。

她神情庄重，气势逼人，身高六英尺，我可以告诉你，她的巴掌绝对强健有力！然后她走过来和我交谈，我们谈得很好。接下来我不得不说些对她而言不怎么愉快的事。愤怒的她站起来，扬言要打我一巴掌。我也跳了起来，对她说："好吧，您是女士，您先来，女士优先！但是我会回击的！"我是认真的。她又坐回椅子上，在我的面前泄了气。"以前从没有人对我这么说过！"她抗议说。从那一刻起，对她的治疗开始见效了。

该患者需要的是强而有力的回击，在这种情况下，"顺着来"是完全错误的，导致的结果会比不起作用还糟糕。她患有强迫性神经症，因为她无法对自己施加道德约束。这样的人就必须要有某种其他形式的约束力，与之相伴的强迫性可以达到治疗的目的。

几年前，我曾经就治疗效果进行过统计，我记不清确切数字。但是按照保守的估计，我的病人中有三分之一确实得到了治愈，三分之一病情明显好转，另外三分之一并没有取得实质性改善。但是，正是这些病情没有改善的病例才是最难判断的，因为许多事情直到几年后才被患者意识到和理解，只有到那时治疗才有效。以前的病人经常给我写信说："直到我在您那儿接受诊治十年后，我才意识到这一切到底是怎么回事。"

有几个病例让我筋疲力尽，确实很少出现我不得不将患者送走的情况。但其中有些人后来告诉我，治疗还是有效的。通常来说，对治疗成功与否下结论非常困难，这些就是原因。

显然，在行医执业过程中，医生也会遇到对他有重大影响的人。医生所遇到的人，无论是好是坏，永远不会引起公众的兴趣，而这些人正是出于这种原因，或者具有异于常人的品质，或者命运使然注定将经历前所未有的变化和灾难。有时候他们是非凡的天才，很可能激发另一个人为他们献出生命。但是这些天才可能具有一种古怪而且不良的心理气质，使得我们无法分辨这是一个天才问题还是发展不健全的问题。时常还有这样的事，在很难有所收获的土壤中，也会绽放难得一见的心灵花朵，这是我们在社会的平坦土地上从未想过的。为了使心理治疗有效，医患密切融洽的关系是必需的，医生不能无视人类遭受痛苦的高度和深度。毕竟，融洽的关系在于不断地进行比较和相互理解，在于两个对立的心理现实的辩证对抗。如果由于某种原因这些相互产生的印象没有对彼此产生影响，那么心理治疗过程仍然是无效的，并且也不会带来任何变化。除非医患双方对对方而言都是一个问题，否则找不到解决方案。

如今所谓的精神病人中，有很多人在其他时代可能就算不上精神病患者，也就是说，他们实际上存在与时代的分裂。如果他们生活在一个人类仍然通过神话与祖先的世界紧密相连的时代和环境，从而能够真正地体验到自然，而不仅仅是从外部看到自然，那么他们本来就可以避免这种分裂。我说的是那些不能容忍神话逝去的人，那些既无法找到通往外部世界的路、借由科学探索世界，也无法满足于文人玩弄辞藻的人，而这都与智慧无关。

我们这个时代的精神分裂所造成的牺牲者也只不过是有治愈可能的精神疾病患者，自我与潜意识之间的鸿沟一旦弥合，他们的发病率会明显下降。感受到这种极深的分裂，医生也能更好地理解潜意识的心理过程，并避免因心理学家易犯的自我膨胀而导致的危险。如果医生不了解自身经验原型的精神性，在实践中几乎不可能摆脱其负面影响，极易高估或低估它，因为他仅有理智的观点而缺乏经验标准。这是那些危险的畸变开始的原因，而最开始是试图由理智主导一切。这样做的隐藏目的是使医生和患者双方都远离原型效应，从而远离真实经验，并用心理现实代替一个看似安全的、人为的但却是二维的概念世界，在这个世界里所谓的清晰概念完全掩盖了生活的现实。经验的实质被剥夺，取而代之的仅仅是名称的替换，如此一来名称替换了现实。没有人对一个概念负有任何责任。这也是为什么概念化是如此讨人喜欢——它承诺可以免受经验的影响。精神并不存在于概念中，而在于行为和事实之中。花言巧语往往于事无补，然而，这个徒劳之举总在循环往复，永无止境。

因此，以我的经验，除了撒谎成性的人以外，最难以对付和最忘恩负义的患者是所谓的知识分子。与他们在一起，一只手永远不知道另一只手在做什么。他们养成了一种"隔室心理"，任何事情都可以由不受感觉控制的智力解决——然而如果感觉不发达，知识分子仍然会遭受神经症的困扰。

从与患者的接触以及他们通过无休止的影像向我展示的心理现象中，我学到了很多，不仅是知识，最重要的是洞晓自己的天性，而且从我的错误和失败中，我也学到了不少。我的患者大多是女性，她们以其非比寻常的勤勉、理解力和智慧参与此事。基本上可以说正是因为他们，我才得以在治疗方面开辟出条条新径。

我的许多患者的确成为我的追随者，并将我的想法传遍世界。我与他们其中一些人的友谊持续了数十年之久。

我的患者使我得以深入人生的现实，我从他们身上学习到了本质性的事物。对我来说，比起和名人的泛泛交流，与如此众多不同类型、不同心理水平的人们相遇，其重要意义无法比拟。我一生中最美好、最有意义的对话都是和那些匿名者进行的。

五　弗洛伊德 [1]

我成为一名精神科医生，自此开启了我智力发展的探索之路。在全然无知的情况下，我从外部开始对精神病患者做临床观察，发现了种种异乎寻常的心理历程。我记录下这些发现并对其分类，但我对它们的内容一点也不理解，对它们的处理也仅限于将其视为"病态"，这已算是充分评估过了。随着时间的流逝，我的兴趣越来越集中在某些病例上，那些我在其中有所理解并有所体验的病例，具体来说就是妄想症、躁郁症和精神障碍。自我的精神病学事业起步，我就开始研究布洛伊尔和弗洛伊德，拜读皮埃尔·让内的著作，向这些人学习让我大受启迪，获益良多。最重要的是，我发现弗洛伊德对梦的分析和阐释的技法，在理解精神分裂症的表现形式方面给人们提供了宝贵的经验。早在 1900 年，我就读过弗洛伊德的《梦的解析》[2]，当时我并没有很在意这本书，因为我还没有理解它。二十五岁的我还不具备欣赏弗洛伊德理

---

[1]　本章应视为对荣格所写的大量关于弗洛伊德的文章的补充，这些文章中最重要的一部分收录在《弗洛伊德和精神分析》中。另可参见《人类精神、艺术和文学》一书中的《在其历史背景下的西格蒙德·弗洛伊德》（1934 年）和《纪念西格蒙德·弗洛伊德》（1939 年）。

[2]　在荣格关于弗洛伊德（1939 年）的讣告中，荣格将该作品称为"划时代的作品"，并且"可能是在显而易见的经验主义的坚实基础上，为掌握无意识心理之谜所做的最大胆的尝试。首先对于我们自己，其次对于年轻的精神病医生而言，这是……一种光明之源，而对于那些年长一些的同事来说，这本书则是嘲弄的对象。"

论的经验基础，直到后来我才具备了这些经验。1903年，我再次研读《梦的解析》，发现书中所讲述的一切都能与我自己的想法联系在一起。我最感兴趣的是将压抑机制的概念应用于梦境，该机制源自精神病人的心理状态。这一点对我很重要，因为我在词语联想测验中经常遇到压抑的情况。根据某些刺激性词语，患者要么没有联想答案，要么反应时间过长。后来发现，每当刺激词语触及精神病变或冲突时，就会发生这种不适的症状。在大多数情况下，患者对此是无意识的。当被问到造成不适的原因时，病人常常会以一种特殊的方式假意回答。通过阅读弗洛伊德的《梦的解析》我了解到了压抑机制在上述情况中所起的作用，而我观察到的事实与他的理论相符。所以，我能够证实弗洛伊德的观点。

关于压抑的内容，情况各有不同，对于这一点我并不同意弗洛伊德的观点。他认为压抑的原因是性方面的创伤，但我从实践中了解了许多神经官能症病例，其中性问题是从属问题，而其他一些因素的影响更为突出，例如，社会适应问题、生活悲惨境遇所造成的压迫、声望、焦虑等因素。后来，我向弗洛伊德详细介绍了这些病例，但是他不愿承认性以外的其他原因，这让我很是不满。

一开始，让弗洛伊德在我人生中占据一个合理的位置，或者对他采取正确的态度对我来说并不容易。当我熟悉了他的工作之后，我便开始筹划自己的学术生涯，并着手写一篇论文以便在大学获得晋升。但是弗洛伊德在当时绝对是学术界那种不受欢迎的人，与他的任何关系都将有损自己在学术圈的发展。那些"重要人物"最多只会私下提到他，在各种会议上，他的名字也只有在会议间隙才被提起，从来没有人光明正大地发表关于他的演说。所以，当我发现自己的联想测验与弗洛伊德的理论一致时，我根本没觉得这是什么值得高兴的事。

有一次，我在实验室里再次思考这些问题时，仿佛有魔鬼对我低声耳语，我有理由在不提及弗洛伊德的情况下发表实验结果和结论。毕竟，在我理解他的著作之前，我早已开始我自己的实验，但是后来我听到我的第二人格说："如果你装作对弗洛伊德一无所知，那就是自欺欺人。你不能把生活建立在谎言之上。"听他这么说，我不再纠结。从那时起，我开始公开支持弗洛伊德，并为他而战。

在慕尼黑的一次会议上，我第一次为弗洛伊德鸣不平，一位发言人讨论了强迫性神经官能症，但故意不提弗洛伊德的名字。1906 年，我写了一篇关于弗洛伊德的神经症理论的论文 [1]，发表在《慕尼黑医学周报》上，这极大地促进了对神经官能症的理解。两位德国教授在写信回应这篇文章时，警告我说，假如我胆敢站在弗洛伊德一边并继续为他辩护，那我的学术生涯就危险了。我回答："如果弗洛伊德所说的是事实，我就支持他。如果必须以限制研究和掩盖事实为前提，我也不会在乎我的职业将会如何。"我继续捍卫弗洛伊德及其思想，但是弗洛伊德的观点中有一点我无法认同，那就是所有神经症都是由性压抑或性创伤引起的。在某些情况下是这样，但在其他情况下则不然。然而，弗洛伊德开辟了一条调查研究的新途径，当时对他的口诛笔伐在我看来无非是人们感到震惊后的荒唐言论 [2]。

我在《早发性痴呆症心理学》中所表达的观点并没有得到多少认同。事实上，我的同事还因此嘲笑我。但是通过这本书，我结识了弗洛伊德。他邀请我去拜访他，1907 年我们在维也纳首次相见。我们从下午一点开始滔滔不绝地交谈了十三个小时。弗洛伊德是我遇到的第一个真正有重要意义的人，我当时所遇到的人中，没有人可以和他相比。他的态度丝毫也不懈怠，我发现他非常聪明、敏锐，在任何方面都称得上是了不起的人物，但是我对他的第一印象仍然有些说不清，我没办法完全理解他。

他有关性的理论令我印象深刻。然而，他的话仍无法消除我的犹豫和怀疑。我几次试图提出我的这些保留意见，但每次他都以我缺乏经验而将之驳斥。弗洛伊德是对的，在那些日子里，我缺乏足够的经验来支持我的反对意见。我可以看到，他的性理论对他个人和哲学都极为重要。这给我留下了深刻的印象，但是我无法确定这种对性的着重强调与他的主观偏见有多大关系，以及在多大程度上依赖于可证实的经验。

---

[1] 《弗洛伊德的歇斯底里理论：对阿沙芬堡的回应》，可参见《弗洛伊德和精神分析学》。

[2] 1906 年荣格将自己在《实验研究》上发表的文章寄给弗洛伊德，自此两人之间开始了书信往来，一直持续到 1913 年。1907 年，荣格将自己的书《早发性痴呆症的心理学》寄给弗洛伊德。

但最重要的是，在我看来，弗洛伊德对待精神的态度值得高度怀疑。无论是在人的身上还是在艺术作品中，一旦发现一种灵性的表达（在智力方面，而不是超自然的层面），他都会怀疑它，并含蓄地表示它是被压抑了的性欲。遇到不能直接解释为性的事物，他都称之为"心理性欲"。我反驳说，要是按此逻辑得出结论，他的假设将导致对文化的彻底批判。这样一来，文化就会像闹剧一样，仅仅是被压抑的性所导致的病态结果。他说："是的，事实就是如此，这不过是命运的诅咒，我们无能为力。"我绝不愿意承认这一点，或者说就此罢休，但我仍然没有能力与他争辩。

第一次会面的时候，我还发现了其他对我有重要意义的事。这与只能在我们友谊结束后我才能够思考和理解的事情有关。毫无疑问，弗洛伊德将自己的情感参与进他的性理论。当他谈到它时，他的语气变得急切，几乎是有些焦急，并且所有他常见的批判和怀疑态度都消失了。他的脸上出现了一种奇怪的表情，心中的激动溢于言表，其原因我无从而知。强烈的直觉告诉我，对他而言性是一种神圣的存在。三年后，也就是在 1910 年，我们再次在维也纳进行的对话证实了这一点。

我对弗洛伊德所言记忆犹新，他说："亲爱的荣格，请向我保证永远不要放弃性理论。那是所有一切中最本质的。你知道，我们必须以它为教条，使它成为一座不可动摇的堡垒。"他以一种父亲的口吻激动地对我说："亲爱的孩子，请答应我一件事：你每个星期天都要去教堂。"我有些惊讶地问他："一个堡垒——抵御什么？"他回答说："抵御污泥浊水"，他犹豫了片刻，然后补充说"神秘主义的污泥浊水"。首先，"堡垒"和"教条"这两个词使我感到震惊；因为一说到教条，就是在说，一个无可争议的信仰声明，只有在目的是彻底压制怀疑的时候才成立，但是这已经不再与科学判断有关，而是仅以个人能量驱动。

这是引发我们友谊基石坍塌的症结所在，我知道我永远无法接受这种态度。弗洛伊德所谓的"神秘主义"实际上是哲学和宗教，包括正在兴起的当代超心理学在内的关于心理学的一切。对我而言，性理论与许多其他投机性观点一样，都是神秘主义的，即未经证实的假设。如我所见，一条科学真理即是一种假设，或许在当下有充分的依据，但并非会成为永远的信条。

尽管那时我还不太了解，但我观察到弗洛伊德身上潜意识的宗教因素突然涌现。显然，他寄希望于我帮助他为这些威胁性潜意识内容建立防御屏障。

　　这次的对话让我更加困惑。在那之前，我还没有将性视为一个人必须信奉的珍贵而危险的概念。性对于弗洛伊德来说显然比对其他人更重要。对他来说，性是值得审慎观察的。一个人在面对如此执念时，通常会变得羞怯而沉默寡言。我几次支支吾吾地尝试说点什么，但欲言又止，我们之间的交谈随之结束了。

　　我迷惑不解又局促不安，感觉自己瞥见了一个陌生的新大陆，新奇的想法从那里纷纷涌向我。有一件事很明显：弗洛伊德一直以来都对宗教抱着无视的态度，现在却建立了一种教条。或者更确切地说，他代替了那个他已经扬弃了的善妒的上帝，取而代之的是另一个不可抗拒的意象——性的意象。与上帝相比，这个意象同样固执而严苛、专横跋扈、咄咄逼人，在道德上模棱两可。就像在心理上更强大的人被同时冠以"神圣"或"恶魔"这样的形容词一样，"性本能"也取代了一位隐藏起来的神性。对于弗洛伊德来说，这种转变的优势显然在于这个全新的超自然原则从科学角度看无可指责，又可以免受宗教染指。然而，最根本的是，神性存在（即耶和华）和性欲这两个在理性上互不相容、相互对立的概念的心理特质保持不变。所改变的只是名称而已，当然观点也随之改变：那失去的神现在必须在下界而不是在天上去寻找了。但是，如果仅改变称呼，这对更强大的存在又有什么影响？如果心理学不存在，存在的只有具体的物体，那么实际上一个被摧毁时必然被另一个所替代。但其实也就是说，心理体验上的紧迫、焦虑、强迫感等丝毫未减少。如何克服或摆脱焦虑、内疚、负罪感、强迫感、潜意识和本能，这些问题依然存在。如果我们不能从光明的、理想主义的一面做到这一点，那么从黑暗的、生物学的角度解决问题，也许反而会有更大的可能性。

　　这些念头犹如忽然燃起的火焰，在我的脑海中一闪而过，后来，当我反思弗洛伊德的性格时，它们揭示了重要的意义。最让我着迷的是他的一个特点：他的痛苦。在我们初次见面时，这一点就给我留下了深刻的印象，但是直到我将之与他对待性的态度联系起来时，我才恍然大悟。尽管对弗洛伊德来说，性无疑是一种神性之事，但他的术语和理论似乎只将其定义为一种生物学功能。只是在他带有情感地谈论性时，才揭示出他内心深处回响的更深层次的思想。从根本上讲，他想教导人们——至少在我看来——从内在来看，性欲带有灵性并具有本质的含义。但是他的具体术语过于狭隘，因而无法表达这种观念。总的来说，他给我的印象是他的所作所为有悖于他自己的目标和他本人，毕竟，没有比自己是自己最大的敌人这点更加残酷的了。用他自己的话说，他感到自己被"污泥浊水"所威胁——他比其他任何人都更努力地试图深刻挖掘黑色的潜意识。

弗洛伊德从来没有问过自己，为什么他要不断谈论性？为什么他如此执着于这个观点？他仍然没有意识到自己"单调的解释"表示了一种自我逃离，或者逃离了自己的另一面，即他称之为神秘主义的另一面。只要他拒绝承认这一面，他就永远不会与自己和解。他对潜意识内容的矛盾和模糊之处视而不见，也不知道潜意识产生的一切都有其顶端和底部、有内也有外。当我们谈论外部时（弗洛伊德所做的就是如此），我们实际上只考虑了整体的一半，结果在潜意识中产生了反作用。

弗洛伊德的这种片面性是无法改变的，也许他自己的一些内心经历已使他明白过来，但是他的理智会把一切这样的经历简单概括为"纯粹的性"或"心理性欲"。他囿于一面，故而亦是受害者，我认为他是一个悲剧人物，因为他是一个伟大的人，更重要的是，他是一个受魔鬼控制的人。

在维也纳进行第二次交流之后，我也了解了阿尔弗雷德·阿德勒（Alfred Adler）的权力假说，我一直对此很少关注。为人子都有相似之处，阿德勒深受其父亲的身教而非言传的影响。于是，性爱（厄洛斯）和权力的问题像千斤巨鼎一样落在了我身上。弗洛伊德本人告诉我，他从未读过尼采。当时我认为弗洛伊德的心理学可以说是思想史上向理智靠拢的绝妙一笔，弥补了尼采对权力原理的神化。显然，这个问题的双方不是"弗洛伊德对阿德勒"而是"弗洛伊德对尼采"。因此，我认为，这不仅仅是精神病理学领域的内部争执。我突然顿悟到厄洛斯和权力在某种意义上可能就像一个父亲的两个各持己见的儿子，或像是一种促进性精神力量的两种产物，它们以相对抗的形式在经验中表现出来（例如正负电荷），厄洛斯作为被动的一方，而权力驱动力作为主动的一方，反之亦然。厄洛斯对权力驱动力的需求与后者对厄洛斯的需求一样。没有了一种驱动力，另一种又怎会存在？一方面，人屈服于驱动力；另一方面，人又试图掌控它。弗洛伊德展示了客体如何屈服于驱动力，而阿德勒则展示了人如何利用驱动力将意志强加于客体。对命运束手无策的尼采，则不得不为自己创造一个"超人"。我的结论是，弗洛伊德一定深受厄洛斯权力的影响，从而希望将此权力上升为教条。《查拉图斯特拉如是说》是福音的宣告者，这已经不是什么秘密了，而弗洛伊德在这里试图超越教会并树立一套新理论。可以肯定的是，他并没有大张旗鼓地这么做。相反，他倒是怀疑我想成为一名先知。他提出了悲剧性的主张，并同时将其摧毁。对于神秘的东西，人们通常都会这样行事，这也是有道理的，因为一方面，它们是真实的，而另一方面却又是不真实的。神秘的体验既可以使人升华，也可以使人卑贱。如果弗洛伊德在某种程度上考虑了性欲是神秘的（既有神性又有邪恶性）这种心理真相，那么他就不会被永远束缚在生物学概念之内。如果尼采更加坚定地站在人类生存的基础上，他也就不会因为理智过头而走上极端。

只要精神会因为存在体验而使心灵剧烈地震动，那么就会存在命悬一线而突然断开的危险。当发生这种情况时，有人会陷入绝对的肯定，也有人会陷入绝对的否定。超越（摆脱对立而获得自由）是东方人在这方面的解决之道，我没有忘记。思维的钟摆在理智与非理智之间摆动，而不是在对与错之间摆动。神性存在是危险的，因为它诱使人们走向极端，使不太显眼的真理成为真理，而小错误可能成为致命错误。一切皆会逝去——昨天的事实在今天变成欺骗，而昨天的错误推断可能会成为明天的启示。在心理问题上尤其如此，但说真的，我们对这方面仍然知之甚少，除非我们稍微或是极短暂地意识到，否则没有什么真正地存在过——我们要理解这到底所指何物还有很长的路要走。

我与弗洛伊德的谈话向我表明，他担心自己有关性的见解带来的精神上的光芒可能会被"污泥浊水"所熄灭。于是出现了一个神话情景——光明与黑暗之间的斗争。这就解释了其神秘性，以及为什么弗洛伊德立即转而将他的教条作为一种宗教防御手段。在我的下一本书《力比多的变化与象征》[1]中，

---

[1] 德文原版（1912 年），英译版《潜意识心理学》（1917 年）。德语修订版（1952 年）；英文译本：《转变的象征》（1956 年）。

我谈到了英雄为自由而奋斗，弗洛伊德对此的反应很有意思，促使我进一步研究了这个原型题材及其神话背景。

多年来，一方面是性的阐释，另一方面是教条的权力意图，这二者引导我去思考象征论问题。我有必要去研究心理的极性和能量学，除此之外，我还着手进行了长达数十年对"神秘主义的污泥浊水"的调查，也就是说，我试图理解我们当代心理学中意识到的和未意识到的历史假设。

我感兴趣的是弗洛伊德对预知和超心理学的大致看法。1909 年我在维也纳拜访他时，我问及他对这些事情的看法。由于他的唯物主义偏见，他拒绝考虑整个问题的复杂性，认为这个问题是荒谬的，并以浅薄的实证主义让我反驳的话到了嘴边又咽了回去。几年之后，他才意识到超心理学的重要性，并承认"神秘"现象的真实性。

当弗洛伊德继续以这种态度讲话时，我有一种奇怪的感觉，好像我的横隔膜是铁制的，它正变得炽热，如同发光的穹顶。就在那一刻，紧挨着我们的书架上发出巨大的响声，因为我们两个就站在书架的旁边，所以我们警惕起来，害怕书架会砸到自己。我对弗洛伊德说："瞧，这就是所谓的催化外显现象。"

"哦，算了吧。"他说，"这就是一派胡言。"

"不是的，"我回答，"您错了，教授先生。为了证明我的观点，我现在就预言，一会儿还会有这种巨大的声响。"果不其然，我话音刚落，书柜里就发出了同样的爆响。

直到今天，我仍然不知道是什么让我当时如此确定。但毫无问我知道该爆响会再次出现。弗洛伊德只是瞪了我一眼，我不知道他在想什么，或者他的表情是什么意思。无论如何，这一事件让他对我产生了不信任的感觉，我感到自己是不是做了什么有悖于他的事情。此后我再也没有与他讨论过这件事。[1]

1909 年这一年对我们二人的关系至关重要。我应邀在马萨诸塞州伍斯特市的克拉克大学就联想测验做报告。[2]巧合的是弗洛伊德也收到了邀请，我们

---

[1] 有关弗洛伊德对此事件的反应，请参阅附录Ⅰ。

[2] 见附录Ⅱ。

决定一同前往美国。我们在不来梅见面，费伦齐在那儿和我们会合。在不来梅，弗洛伊德一度昏厥，这一事件在当时备受关注。我对"泥炭沼尸体"的兴趣间接地引起此事。我知道在德国北部的某些地区会发现这些所谓的沼泽尸体。它们是史前男子的尸体，这些男子要么溺亡于沼泽中，要么埋葬于此。尸体所在的沼泽水中含有腐殖酸，腐殖酸会腐蚀骨骼，同时会加重皮肤颜色，从而使皮肤和毛发得以完好保存。从本质上说，这就是天然的木乃伊制作过程，在此过程中，泥炭的重量会将身体压平。霍尔斯坦、丹麦和瑞典的泥炭挖掘者偶尔会发现这些遗骸。

我之前读过有关这些泥炭沼尸体的报道，在不来梅时又回想了起来，但是稀里糊涂地将它们与城市铅窖中的木乃伊混淆了。我的这种兴趣引起了弗洛伊德的紧张。"你为什么这么关心这些尸体？"他问了我好几次。整件事使他异常恼火，当时我们正在一起吃晚饭，他突然就晕倒了。之后他对我说，他确信我所有关于尸体的唠叨之语都意味着我希望他早日死亡，我对这种解释感到万分惊讶。他这种幻想的强烈让我有所警觉，很明显他是因此而晕倒。

在一个类似的情况下，弗洛伊德再次在我面前昏倒了。那是在 1912 年慕尼黑精神分析大会期间。有人开始讨论阿蒙霍泰普四世（法老阿肯那顿），指出由于对父亲的负面态度，他毁了父亲碑石上的刻纹，并在他创立伟大的一神教背后隐瞒了其父亲情结。这种事情惹怒了我，我试图证明阿蒙霍泰普是一个富有创造力且具有深厚宗教信仰的人，其行为不能通过对其父亲的个人抵制来解释。相反，我说道，在他的记忆中他一直对父亲抱有尊敬，他的毁灭怪癖只因对阿蒙这位神的名字的排斥，这个名字甚至也被从他父亲的牌匾中抹去了。此外，有些法老王用自己的名字代替了纪念碑和雕像上其实际或神圣祖先的名字，他们自认为有权这么做，因为他们和祖先都是同一位神的化身。我指出他们既没有开创新的风格，也没有开创新的宗教。

那一刻，弗洛伊德失去知觉，整个人从椅子上滑了下来。所有人都聚集在他周围，茫然不知所措。我搀扶着他到隔壁房间的沙发上平躺着。我扶着他的时候，感觉他的知觉半是恢复了，我永远不会忘记他向我露出的表情，当时的他虚弱地看着我，好像我是他的父亲一样。不管是什么其他原因导致这次晕厥，气氛都非常紧张——这两次晕倒事件的共同之处是对弑父的幻想。

当时弗洛伊德经常暗示，他把我视为他的接班人。这些暗示使我感到尴尬，因为我知道我永远无法完全赞同他的观点，也不会如他所愿地支持他。另一方面，他还是丝毫不重视我对他做出的批评，而且我对他极其敬重，不想强迫他接受我自己的看法。我丝毫不为做某一派系的领袖所动，只是感到身负重担。首先，这种事情不属于我本性所求；其次，我不能牺牲自己思想的独立性；最后，我对这种光环感到厌恶，因为它只会使我偏离我真正的目标，我关心的是研究真相，而不是个人声望。

1909 年始于不来梅的美国之旅持续了七个星期。我们每天都在一起，还会分析彼此的梦。当时我做了几个重要的梦，但是弗洛伊德根本无法解释。我不认为这能反映出他的什么问题，因为有时最好的分析师也无法解开梦境之谜。这是人类的失败，但是我永远也不想因为这个原因而中断我们对梦的分析。相反，梦的分析对我来说意义重大，而我们的关系于我也极其宝贵。弗洛伊德对我而言是一个长辈，他更加成熟，更有阅历，在这方面我感觉自己像是一个晚辈。但是后来发生了一件事情，事实证明这件事对我们整个关系都造成了沉重的打击。

弗洛伊德做过一个梦，我认为将其中涉及的问题公开是不合适的。我尽力解释了这个梦，但我还补充说，如果他愿意为我提供私人生活中的其他一些细节，那么关于这个梦我能说的还会更多。弗洛伊德听完这些话后露出一种好奇的表情——那是一种极大的怀疑。然后他说："但是我不能用我的权威来冒险！"话说出的那一刻，他的权威尽失。这句话使我终身铭记，并已预见了我们关系的结束。弗洛伊德将个人权威置于真理之上。

就像我说过的那样，弗洛伊德只能部分解释或根本无法解释我当时做的梦。这些梦拥有集体内容，其中包含大量的象征性材料。其中一个对我来说特别重要，因为它第一次使我领会了"集体无意识"的概念，我的书《力比多的变化与象征》便由此展开。[1]

这个梦是这样的，我当时不知自己身在何处，只知道自己在一个二层房屋里，这是"我的房子"。我发现自己处于上面一层，那里有一间客厅，上面放着洛可可风格的精美旧家具，墙上挂着许多珍贵的古画。我觉得这应该是

---

[1] 《潜意识心理学》；修订版《转换符号》。

我的房子，并且觉得这房子"还不错"。但是后来我想到自己还不知道楼下一层是什么样，便从楼梯上下到那一层。那里的一切都比较古老，我意识到房子的这一部分一定可以追溯到15世纪或16世纪。家具是中世纪的，地面铺的是红砖地板。四处一片黑暗，我从一个房间走到另一个房间，心想："现在，我必须要去探索整个房子了。"我来到一扇沉重的门前，打开了门，发现一条通向地下室的石阶。我再次向下走，发现自己在一个看上去非常古老而美丽的拱形房间里。我仔细观察墙壁，在一块块普通的石块中发现了几层砖，又在灰浆中发现了几块砖。一看到这些，我便知道那堵墙可以追溯到罗马时代。此时我的兴趣依旧很浓。我更仔细地看着地板，这些都是石板，在其中一块石板上我发现了一个圆环。当我拉动圆环时，石板抬了起来，然后我再次看到一条狭窄的石阶楼梯，通向深处。我顺着这些楼梯向下走，进入了一个切入岩石的低矮洞穴。地板上覆盖着厚厚的尘土，其中散落着骨头和破碎的陶器，就像原始文化的遗迹一样。我发现了两个人类的头骨，头骨显然年代久远，有一半已经碎裂了。然后我就醒了。

弗洛伊德对这个梦最感兴趣的是那两个头骨。他反复问我并敦促我找到与它们有关的愿望。我如何看待这些头骨？头骨是谁的？我当然很清楚他想将答案引向何处：隐秘的死亡愿望就隐藏在梦中。我心里想："但是他对我的真实期望是什么？"我究竟在期盼谁的死亡？我对这种解释强烈反感。我多少都对这种梦的真正含义有所了解，但是我当时不相信自己的判断，而是想听听弗洛伊德的意见，我想向他学习。因此就顺着他的意图说："是我妻子和她妹妹的"——毕竟，我必须说出一个值得我有此死亡愿望的人！

那时我刚结婚，所以很清楚自己内心没有任何这样的愿望。但是，只有引起他的不解和强烈的反感，我才可能向弗洛伊德表明我对梦的解释的理解。我不愿意与他争吵，而且我担心如果我坚持自己的观点，有可能会失去他的友谊。另一方面，我想知道他会怎样回答我，如果我说出符合他理论的一些话来欺骗他，他的反应将会怎样，所以我对他撒了谎。

我很清楚自己的所作所为并非无可非议，但是当时情况就是那样。我不可能让他窥探到我的心理世界，我们两者的行为之间的鸿沟太大了。实际上，弗洛伊德对我的回答似乎没有任何怀疑。由此可见，他在处理某些种类的梦时也没有什么办法，还是不得不借助他信奉的教条。我意识到，要想解开梦的真正含义必须由我自己实现。

对我来说，显然这所房子代表了一种心理形象，也就是说，是我当时的意识状态以及迄今为止潜意识的附加物，客厅则代表了意识。尽管风格过时，但还是感觉里面有人居住。

一楼代表潜意识的第一层。我越深入其中，场景就愈加陌生和黑暗。在洞穴中，我发现了原始文化的遗迹，也就是我内在的原始人的世界，这个世界几乎不可能被意识所触及或照亮。人类的原始心理几近于动物的心灵，就像史前时代的洞穴，通常在人类向其宣誓主权之前，动物就已经在那里居住过。

在此期间，我敏锐地意识到弗洛伊德和我自己思想态度之间的差别。我成长在 19 世纪末的巴塞尔，那里历史氛围浓厚，由于阅读了古代哲学家的著作，我掌握了一些心理学史知识。当我想到梦境和潜意识的内容时，免不了要从历史的角度作比较。在学生时代，我总是使用克鲁格的旧哲学词典。我对 18 世纪和 19 世纪初的作家特别熟悉，他们的世界形成了我梦境中二层起居室的氛围。不同的是，弗洛伊德的思想史始于毕希纳、摩莱萧特、杜布瓦·雷蒙和达尔文。

这个梦境表明，距离我刚才描述的意识状态还有很长一段路：一楼长期无人居住的中世纪风格，然后是罗马时期的地窖，最后是史前洞穴。这些标志着过去的时光，经过了意识的各个阶段。

做这个梦之前的几天，我一直在想一些问题：弗洛伊德心理学建立的前提是什么？它属于人类思想的哪一类？其几乎排他的个人主义与一般历史假设之间有什么关系？我的梦是在回答这些问题。它显然指出了文化史的基础，即层层相继的意识历史。因此，我的梦构成了一种人类心理的结构图，假定这种心理具有完全非个人化的本质。正如英国人所说的那样，它"点醒了"我，这个梦在我心中形成了一个具有指导意义的形象，在以后的日子里，这一形象将得到证实，使我从一开始便无法怀疑。这是我对个人心理下的集体形象的首个印象。我首先把它当作早期功能模式的遗留痕迹，后来随着经验的增加，掌握了更可靠的知识作为基础，我才认出它们是不同形式的本能，

五
弗
洛
伊
德

即原型。

我一直不同意弗洛伊德的这样一种观点，他认为梦是一个"表象"，其背后隐藏着梦的真实含义，而这个含义已经为意识所知，却被意识恶意隐瞒了。对我来说，梦是自然的一部分，它没有想要欺骗的意图，却尽其所能表达出某些东西，就像植物生长或动物寻求食物一样。生命的这些形式也不想蒙骗我们的眼睛，但是我们却可能欺骗自己，因为我们的眼睛本身就是短视的。我们还会听错，因为我们虽有耳朵有时却充耳不闻，但这并不是因为我们的耳朵想要欺骗我们。在我遇到弗洛伊德很久以前，我就把潜意识和梦（即潜意识的直接阐释）视为自然过程，任何任意性都不能归因于此，最重要的是骗人的花招也不行。我不知道有什么理由可以将意识的花招扩展到潜意识的自然过程。相反，日常经验告诉我，潜意识对意识心理的偏好会产生强烈抵抗。

有关这座房子的梦对我产生了奇怪的影响，它再次唤起我曾经对考古学的兴趣。回到苏黎世后，我读到了一本关于古巴比伦考古发掘的书，阅读了种种有关神话的著作。其间，我偶然读到了弗里德里希·克罗泽（Friedrich Creuzer）的《古代人民的象征主义和神话》[1]，这本书彻底点燃了我！我疯狂地阅读，急不可耐地研究了一大堆神话材料，又研究了诺斯底派作家，但最后还是陷入了混沌。我试图去了解精神病患者心理状态的意义，却发现自己就像在诊所中那样迷茫而困惑。仿佛我在一个虚构的疯人院中，正准备治疗和分析所有克雷泽书中提到的半人半马的怪物、山林之神以及其他一众神灵，就好像它们是我的病人。我乐此不疲地研究其中的奥秘，不经意间发现了古代神话与原始心理学之间的密切联系，这促使我对后者进行了深入的研究。

在这些研究中，我无意间读到了一个美国年轻人的幻想故事，我完全不认识这个人，只是称她为米勒小姐。相关材料由《心理学研究存卷》收录，其作者是我那位备受尊敬、亦父亦友的伙伴西奥多·弗洛努瓦（Théodore Flournoy），其中幻想部分的神话性特征使我震惊。他们像是某种催化剂，让我心中积蓄已久但仍然混乱无序的想法发生了化学变化。我的书《力比多的变化与象征》就源于这些想法和我已掌握的神话知识。

[1] 古代民族的象征主义和神话（莱比锡和达姆施塔特，1810—1823 年）。

写这本书时我做的一些梦预示着我与弗洛伊德即将产生的决裂，其中最重要的一个梦发生在瑞士与奥地利边境的山区。梦中的场景已几近夜晚，我看到一名穿着奥地利皇家海关官员制服的老人。他有些驼背，走过来时并没有注意我。他看上去不好惹，满面愁容。当时还有其他人在场，有人告诉我说那个"老人"并不真正存在，而是多年前去世的海关官员的幽灵。"他是那些没有彻底死掉的人中的一个。"以上就是这个梦的第一部分。

我开始分析这个梦。关于"海关"，我立刻想到了"审查"一词。关于"边境"，我一方面想到了意识与潜意识之间的界限，另一方面想到了弗洛伊德的观点与我的观点之间的界限。在我看来，边境极其严格的海关检查似乎是对我分析的一种暗示。在边境，工作人员会打开手提箱，检查是否有违禁物品。而在这种检查过程中，潜意识的假设会被揭露出来。至于那位年迈的海关官员，他的工作很少能给他带来愉悦和满足，这让他对世界也变得悲观失望。我不可避免地将他与弗洛伊德做类比。

尽管弗洛伊德的威严已经大不如前，但我仍需要仰视他，我将父亲的形象投射在他身上。在做这个梦时，这种形象投射依旧存在。只要这种投射还存在，我们就不会客观地看待彼此，我们的判断就会一直处于分裂的状态。一方面，我们相互依赖，另一方面，我们互为阻力。当时，我仍然对弗洛伊德寄予很高的评价，但同时我对他也持批评态度。这种不一致的态度表明我仍然未意识到我们之间的局势，也没有下定决心去做什么。这是所有形象投射共有的特征。这个梦促使我认清这个情况。

基于我对弗洛伊德人格的印象，我尽可能地摒弃自己的判断并压制我的批评，这是与他合作的前提。我对自己说："弗洛伊德比你聪明得多，经验也更丰富。就目前而言，你要做的就是听他的话并向他学习。"然后，令我感到惊讶的是，自己竟梦见他是皇家奥地利君主制统治下的一个性格乖张的官员，是死去海关检查员所变的孤魂野鬼。难道这就是弗洛伊德暗示的我对他抱有的死亡愿望吗？我一点也不觉得自己是会有这样愿望的人，因为我会不惜一切代价，希望能够与弗洛伊德一起工作，实话讲，我还私心希望能够分享他丰富的经验。与他的友谊对我来说意义重大，我没有理由希望他死，但是可以将这个梦视为一种矫正，作为我对他有意识的赞扬和钦佩的补偿。所以，梦是在建议我对弗洛伊德采取一种更为批判的态度。尽管我梦中的最后一句话似乎暗示了弗洛伊德永生的可能，但我对此还是感到格外震惊。

　　海关官员的插曲并不是这个梦的结束，中断之后，出现了第二个更重要的部分。我当时在意大利的一座城市，时间大约是中午十二点至一点之间，炽热的阳光照在狭窄的街道上。这个建在山丘上的城市让我想起了巴塞尔的一个地区——科伦贝格。贯穿城市的小路直通山谷，小路有一部分是由石阶组成的。梦中，一个这样的楼梯向下通往巴弗瑟广场。广场所在的城市是巴塞尔，但在梦中它是一个意大利城市，有点像贝加莫。当时正值夏日，烈日当头，阳光炙烤着一切。一群人熙熙攘攘地向我走来，我知道商店已经关门了，人们正准备回家吃晚饭。在这群人中走着一个身穿全套盔甲的骑士。他戴着上面有眼缝和链甲的帽形头盔，外面罩着白色外衣，外衣前后都织有一个大红色十字。只见这个骑士登上台阶朝我走来。

　　你可以想象，繁忙的中午，在一座现代化的城市里突然看到一个十字军战士向我走来。我感到特别奇怪的是，人们来来往往却似乎都没有注意到他，也没有人转过头盯着他看，好像除了我所有人都看不见他。我问自己，这个幽灵般存在的意义何在？虽然没看见任何人在说话，但我似乎听到了回答："是的，这是定期出现的幽灵。骑士总是在十二点到一点之间经过这里，并且已经持续了很长时间了（我猜想已经几个世纪了），人人都知道的。"

　　骑士和海关官员这两个人物形成了鲜明的对比。海关官员笼罩在阴影中，是一个"没有彻底死掉"的人，或者说是一个正在消逝的幽灵。与之形成对比的是充满生机、完全真实的骑士。梦的第二部分令人心生敬畏，而边境上的场景平淡无奇，本身并不令人印象深刻，我只是之后回想起来才有所触动。

　　随后的一段时间里，我对骑士这一神秘人物做了很多思考，但是直到很久以后，在我对梦进行了长时间的沉思之后，我才对它的含义有了一些了解。即使在梦中，我也知道骑士所属的时代是 12 世纪，那是炼金术和对圣杯追求开始的时期。自从我十五岁第一次阅读圣杯故事以来，它们就对我具有最重要的意义。我还依稀记得，那些故事背后还隐藏着一个巨大的秘密。因此，对我来说那个梦应该能唤起圣杯骑士的世界和他们的追求，这很自然，因为从最深层的意义上讲，这是我自己的世界，与弗洛伊德的世界几乎没有任何关系。我的整个生命都在寻找某种仍然未知的东西，这些东西可以为平淡无奇的生活赋予意义。

令我极为失望的是，所有在灵魂深处最终发现的为探索心灵所做的努力，不过是太过熟悉的和"太人性化"的局限之事。我在乡下长大，周围都是乡野之人，我在马厩里学不到的东西却从拉伯雷式的机智和我们乡野传说中无节制的幻想里找到了。乱伦和变态对我来说不是什么新奇的事物，也不需要任何特殊的解释。它们与犯罪行为一起构成黑暗面的一部分，通过向我过于直白地展示人类生存的丑陋和无意义，破坏了我生活的趣味。我一直理所当然地认为有了粪便白菜才会长得好。老实说，我找不到关于此类知识的有用见解。"他们全都是城里人，对自然和马厩一无所知。"我这样想着，感觉自己已经厌倦了这些丑陋之事。

对自然一无所知的人当然是神经质的，因为他们无法适应现实。他们就像孩童一样过于幼稚，必须让他们知晓生活的事实，也可以这么说——让他们明白自己就像其他所有人一样也是人类。并不是说这种开悟能治愈神经症，他们只有从平凡的泥泞中爬起来才能恢复健康。但是他们太容易对那些早先压抑他们的事物念念不忘。如果分析不能让他们意识到一些不同的且更美好的事情，他们怎么能从压抑中摆脱呢？就连理论也只会将他们禁锢起来，能提供给他们的建议也仅仅只是一些理智的或是所谓"合理的"命令，告诉他们赶紧摒弃这种幼稚。而这正是他们无法做到的，在找到立足之处之前，他们又怎么可能做到这一点呢？人们不可能随意地放弃一种生存方式，除非有另外一种作为替代。凭经验而言，以一种完全理性的方式生活是不现实的，更何况一个人天生就如神经症患者一样不理性。

现在，我终于明白了弗洛伊德的个人心理状态为什么会引起我如此强烈的兴趣。我渴望知道关于他所说的"合理的解决方式"的真相，我也准备好为找寻答案做出巨大牺牲。现在，我感到自己正朝着这个目标迈进。我在和他一起前往美国的途中就发现，弗洛伊德本人患有某种神经症，他的病症状明显，无疑是可以诊断出来的。当然，他曾告诉我说，每个人都有些精神问题，我们必须学会宽容。但是我一点也不想止步于此。相反，我想知道一个人该如何才能不得神经症。显然，如果导师都不能处理自己的神经症，那也意味着弗洛伊德和其弟子都无法理解精神分析理论和实践的意义。随后，当弗洛伊德宣布他欲将其发现的理论和方法变成某种教条时，我与他的合作也就走到了尽头。我别无选择，只能退出。

当我编写有关力比多的书并将结束"献祭"一章时，我便知道，该书的出版意味着我与弗洛伊德友谊的终止。因为我计划将自己对乱伦的观点、对力比多这个概念的决定性转变以及我与弗洛伊德存在分歧的其他各种观点都收入其中。对我而言，乱伦仅在极少数情况下才表明一个人的精神错乱。通常，乱伦具有高度的宗教意味，因此乱伦主题在几乎所有宇宙论和众多神话中都起着决定性的作用。但是弗洛伊德坚持认为我们只需从字面意义上解释什么是乱伦，因此他也就无法理解乱伦作为一种象征的精神意义。我知道他将永远无法接受我关于这个问题的任何见解。

我跟我的妻子谈到此事，也告诉了她我担心的地方。她试图宽慰我说尽管他可能不接受我的观点，但是弗洛伊德对此一定会宽宏大量，不会发表任何异议，但我本人绝不相信他会这样做。两个月来，由于深受这一冲突的折磨，我已经无法动笔。我是否应该坚持自己的思想，是否应该冒着失去如此重要友谊的风险继续下去？最后，我下定决心继续写作——这也的确使我失去了弗洛伊德的友谊。

与弗洛伊德决裂后，我所有熟识的朋友都逐渐离我而去。有人说我的书简直是垃圾，还断言说我是一个神秘主义者。只有里克林和梅德坚定地站在我这一边，但我早就预见到了自己的孤立，对我那些所谓的"朋友"做出的反应没有抱任何幻想。我事先已经仔细考虑过这一点，知道没有什么可以天长地久，我必须坚定自己的信念。我意识到"献祭"一章也意味着我自己的牺牲。领悟到这一点之后，即使我知道自己的想法不会被理解，我也仍然能够继续写作。

回想起来，我独自踏上求索之路也是情理之中的事，我试图回答弗洛伊德最感兴趣的关于"古代遗迹"和性方面的问题，人们普遍错误地认为我没有看到性的价值。恰恰相反，它在我的心理学中占据着重要地位，是心理整体性的一种必要的（尽管不是唯一的）表达。但是我主要想要研究除了性的个人意义和生物学功能之外，它在精神方面和神性存在的意义，进而解释这种弗洛伊德如此着迷却无法领悟的东西。我在《移情心理学》[1]和《神秘关联》中写到了对上述问题的思考。性作为神秘的精神表现具有最为重要的意义。这种精神是"上帝的另一面",是上帝形象的阴暗面。自从我开始深入研究炼金术的世界以来,我心中就一直存在着这个关于阴暗而又神秘的精神问题。基本上,这种兴趣是在与弗洛伊德的早期谈话中唤醒的,我感觉他深受与性有关的现象的影响,我却对此无法解释。

弗洛伊德最大的功绩可能在于他会严肃认真地对待精神病患者并且能进入他们独特的个人精神世界。他有魄力让病人吐露真相,并借此深入了解患者的真实心理。可以这么说,他通过患者的眼睛来观察,因此对精神疾病的了解比以往任何时候都深。在这方面,他不偏不倚,自信勇敢,并成功地克服了许多成见。像旧约先知一样,他亲手推翻了虚假的神明,撕开了一大堆不实和伪善的面纱,无情地揭露了当代精神的腐朽。面对由之而来的冷落和敌意,他没有丝毫的犹豫和畏惧。他对我们文明的推动源于他发现了一条通往潜意识之路。通过将梦作为与潜意识过程有关的最重要信息的来源,他将一个似乎已经丢失的工具重新归还给人类。他从经验上证明了一种潜意识的心理的存在,这种心理迄今为止仅作为一种哲学假设存在过,特别是在C.G.卡鲁斯和爱德华·冯·哈特曼的哲学思想中。

可以这么说,尽管现代人知道这种观念已经有半个多世纪了,但当代文化意识还没有把潜意识的思想及其全部含义纳入一般哲学中。接受心理生活具有两极性这一基本观点仍然是未来要完成的一项任务。

---

[1] 在《心理治疗实践》中。

六　直面潜意识

与弗洛伊德分道扬镳后的一段时间，我的内心感到无所适从，称之为迷失方向也绝不夸张。我感到自己像是飘在空中，因为我还没有找到自己的立足点。最重要的是，我觉得有必要对我的患者采取新的态度。我决心就目前而言，不要给他们强加任何理论前提，而是要耐心等待并观察，看看他们会说些什么。我想要的是让一切顺其自然，患者反而会自发地向我讲述自己的梦和幻象，而我所做的只是问他们："与此相关您发生过怎样的事？"或者，"您如何定义它？它因何而起？您对此有何看法？"于是对梦的阐释似乎是根据患者的回答和联想自然而然得出的。我有意避免所有理论观点，只是简单地帮助患者自己理解梦境的影像，而并没有运用规则和理论。

不久，我发现以梦本身作为释梦的基础是正确的，因为梦境本该起到这种作用，梦境本就是我们必须延续的事实。诚然，这种方法从各方面来看都产生了诸多问题，也使得对标准的需求变得越来越紧迫，我可以这样说，此时正需要辨明初始方向。

此时我变得异常清醒，回顾了一路走来旅途中的点点滴滴。我想："现在，你拥有了破解神话之谜的钥匙，并可以自由打开心理潜意识的所有大门。"但是随后，我听到内心有一个声音说："为什么要打开所有的门？"我很快想到一个问题——自己之前到底做出过哪些成绩？我解释过古老民族的神话、我写过一本关于英雄的书、一本关于人类一直生活在其中的神话的书。

但是，当今人类生活在什么样的神话中？是基督教神话吗？我问自己："你生活在基督教神话中吗？"老实说答案为否。对我而言，神话并非我赖以为生之物。"那我们不再拥有神话了吗？""是的，显然我们不再有任何神话。""那你生活在其中的神话又是什么？"此时与自己的对话令我感到不适，我陷入了思维的死胡同，于是不得不停止思考。

接着在1912年圣诞节前后，我做了一个梦。在梦中，我发现自己在一个宏伟的意大利凉廊里，凉廊周围有柱子、大理石地板和大理石栏杆。我坐在文艺复兴风格的金色椅子上，面前是一张罕见的美丽的桌子。桌子是用绿岩制成的，像绿宝石一般。我坐在那里，从这个高高耸立在一座城堡塔楼上的凉廊里眺望远方。我的孩子们也坐在桌边。

突然，一只白色的鸟飞了下来，它要么是一只小海鸥，要么是一只鸽子。它优雅地停在桌上，我示意孩子们安静下来，以免吓跑那只漂亮的白鸟。很快，鸽子变成了一个小女孩，年纪大约八岁，一头金发。只见她和孩子们跑到城堡的柱廊附近，和他们一起在那儿嬉戏玩耍。

我陷入沉思，想着刚刚发生的事情。这时小女孩又跑回来，轻柔地搂着我的脖子，然后她突然消失不见了，转而再见到的是那只鸽子，用人类的声音缓慢地说道："只有在刚刚入夜的头几个小时里，我才能变成人类，而雄鸽正忙于那十二个死者的事。"说完她突然飞向那蓝色的天空，然后我醒来了。

我非常好奇，一只雄鸽和十二个死者有什么关系？关于绿宝石桌，我想到了《翠玉录》的故事，三位一体的赫尔墨斯炼金术传说中的翠玉桌。据说他留下了一张桌子，上面刻着炼金术智慧的基本原则。

我还想到了十二使徒、一年中的十二个月、黄道十二宫等，但我找不到谜团的答案，最后我不得不放弃它。我唯一可以肯定的是，那场梦表明我的潜意识已被异常激活，但我不知道有什么技术可以使我深入自己的心路历程，因此除了等待，以及继续我的生活并密切注意自己的幻象之外，我别无选择。

一种幻象总是不断在我脑海里出现：有些东西虽然已经死了，但它仍然还活着。例如，我把尸体放进焚化炉以后却发现他们还活着。这些幻象来得愈加猛烈，同时又幻化成了我的一场梦。

我仿佛身处阿尔勒附近的阿里斯康墓园，在那里有一条小巷可以直通墨洛温王朝时代。在梦中，我从城里来，看见前面有一条类似的小巷，坟墓排成长长的一排。坟墓基座上有块石板，上面安放着死人。它们让我想起了古老的教堂墓穴，里面平躺着身穿盔甲的骑士。因此，我梦中的死者身穿他们那个年代的服饰，双手紧握，区别在于他们不是用石头凿成的，而是以一种奇怪的方式制成了木乃伊。我在第一个坟前驻足观察，死者的年纪在十八岁到三十岁。我饶有兴趣地端详着他的衣服，突然他动了，松开双手，但那只是因为我在看着他。我心里感到非常不舒服，但继续往前走，来到另一具 18 世纪的尸体前。同样的事情再一次发生：当我看着他时，他醒了过来，动了动他的手。所以我就这样沿着整整一排坟墓走了过去，直到我来到"12 世纪"，只见一个穿着链甲的十字军战士双手紧扣躺在那里。他似乎是用木头雕刻的，我盯着他看了好久，以为他真的死了，但突然我看到他左手的一根手指开始微微晃动。

当然，我一开始是认可弗洛伊德的观点的，即旧有经验的残余存在于潜意识中。[1] 但是像这样的梦，以及我对潜意识的实际体验教会了我这些内容并没有完全消失，也并非过时的形式，而是同属于我们生命的存在。我的工作证实了这一假设，并由此在多年后形成了原型理论。

然而，梦并不能帮我克服迷失方向的内心感受。相反，此时的我就像是在不间断的内心压力下艰难度日一样。有时这种感觉会变得格外强烈，连我都怀疑自己有某种精神上的障碍。因此，我两次回顾了我一生中的所有细节，尤其是童年的记忆。因为我猜想我可能并没有注意到过去发生的一些事情，而这些可能就是造成这次内心煎熬的原因。但这种反省只会让我重新认识到自己的无知。于是，我对自己说："既然我什么都不知道，那我只要对所有发生在自己身上的事做出回应就行了。"于是我有意识地服从了潜意识的冲动。

首先出现在脑海里的是我十岁或十一岁的童年记忆，当时我像着魔一样爱玩积木。我清楚地记得我是如何建造小房子和城堡的，我用瓶子来建造大门侧面和拱顶。后来，我又用到普通的石头，用泥来充当灰泥。这些建筑让我着迷了很长时间。令我吃惊的是，在这段记忆中还伴随着许多情感。"哎呀，"我对自己说，"这些事情回想起来就和刚刚发生一样，那个小男孩还在，

---

[1]　弗洛伊德曾谈到过"古老的遗迹"。

他拥有我所缺乏的创造性生活。但我怎么才能做到呢？"因为对于一个成年人来说，我似乎已经不可能弥合从十一岁到现在因漫长岁月而产生的距离。然而，如果我想重新建立与那个时期的联系，那我别无选择，只能回到过去，通过玩他那种充满孩子气的游戏来重新感受他的生活。这一刻是我命运的转折点，但我是在无休止的抵抗之后出于妥协才让步的。因为我意识到除了玩这种幼稚的游戏之外自己对其他事无能为力，这的确是一个痛苦而耻辱的体验。

尽管如此，我还是开始收集合适的石头，我从湖边找了一些，又从水里找了一些。我开始建造小屋、城堡，还有一整个村庄。现在还剩教堂没建了，所以我造了一座方形的建筑，上方有一个六角形鼓状物，还有一个圆顶。教堂还需要有一个祭坛，但我犹豫要不要建。

我一直在想如何才能完成这项工作？有一天，我像往常一样边在湖边散步，边从岸上的砾石中捡石头。突然我发现了一块红色金字塔形状的石头，约一英寸半大小。它是一块石头碎片，由于水的打磨抛光形成这种形状，纯属偶然之物。我立刻想到：这就是祭坛！我把它放在圆顶下方正中间的位置，我一边做，一边想起了我儿时梦中在地下发现的那个生殖器形象。这种联系给我带来了一种满足感。

只要天气允许，我每天一吃完午饭就会开始搭积木，直到有病人来访。如果傍晚下班比较早，我就会继续搭积木建房子。在此过程中，我的思想变得愈加清晰，并且我能够理解自己隐约感到的幻象。

自然，我考虑过自己所做事情的重要性，然后问自己："你现在究竟在做什么？你正在建造一个小镇，就像在举行一场仪式一样！"我没有回答自己的问题，只是内心愈加确定我正逐步解开自己的谜团。搭积木游戏仅仅是个开始。它释放了一连串的幻象，后来我认真地把这些幻象记录了下来。

这种事符合我的一贯作风，在我晚年的时候，当我碰到一堵空白的墙，我都会画一幅画或是开凿石头。每一次这样的经历像是随后的思想和作品的一次入城仪式。今年 [1] 和去年，我写的《未被发现的自我》《飞碟：一个现代

---

[1]　即 1957 年。

神话》《良心的心理学观点》都是从妻子去世[1]后我所刻的石雕中获得的灵感而创作的。她的离去，以及我从中所感悟到的一切，使我得以从痛苦的自我中解脱出来。我花了很大的代价才重获根基，这多亏了我与石头之间建立起来的联系。

到了1913年秋天，我感到体内的压力似乎在转向体外，好像空气中有什么东西似的。在我看来，气氛实际上比以前更加黑暗了。压迫感似乎不仅仅从一种精神状态中产生，而是从具体的现实中产生。这种感觉越来越强烈。

十月我独自一人旅行时，突然被一种势不可当的景象所吸引：我看到洪水汹涌而来，覆盖了北海和阿尔卑斯山之间的所有北部和低地地区。洪水经过瑞士时，我看到山脉越长越高，保护着我们的国家。我这才意识到一场可怕的灾难正在发生。我看到了黄色巨浪势如破竹，人类文明变成漂浮的瓦砾，还有被淹没的尸体不计其数，之后整个海洋变成血海。这个场景持续了大约一个小时。我感到不知所措、头晕恶心，为自己的软弱感到羞愧。

两个星期过去了，还是在同样的情形下，这种场景又出现了，甚至比以前更加生动，血海的场景更加突出。我的内心出现了一个声音："好好看吧，这些都是真实的，未来也必将如此。你不必怀疑。"那年冬天，有人问我对未来世界政治情势有何看法。我回答说未曾想过这件事，但已预见血流成河。

我问自己，这些幻象是否预示着一场革命，但又实在无法想到类似的事情。所以我得出结论，这只和我自己有关，并认定我有患精神病的危险。我根本没有想到这其实预示着战争。

不久之后，在1914年的春天和初夏，我三次做了同一个梦：在仲夏，一股北极寒潮袭来，把陆地冻成了冰。我看到整个洛林及其运河都被冻结，此地区完全被人类遗弃。所有的绿色生物都被霜冻冻死。这个梦在4月和5月出现过，最后一次则是在6月。

在第三个梦里，可怕的寒潮从混沌宇宙中再次袭来。然而，这个梦有一个意想不到的结局。有一棵枝叶茂密的树，但是没有果实（我想是我的生命之树），它的叶子在霜冻的作用下反倒变成了甜葡萄，汁液饱满且有治愈作用。我摘下葡萄，把它们送给一大群等待的人。

----

[1]　即1955年11月27日。

1914 年 7 月底，英国医学会邀请我在阿伯丁的一次大会上做演讲，题目是"潜意识在精神病理学中的重要性"。我预感会发生些什么，因为这样的幻象和梦是命中注定的。以我当时的心境，以及向我逼近的恐惧，我觉得自己有必要谈谈潜意识的重要性！

　　8 月 1 日，世界大战爆发了。现在我的任务很清楚了：我必须设法弄清楚发生了什么事，以及我自己的经历在多大程度上与人类的经验相吻合。因此，我的首要任务是深入探究我的内心世界。我开始写下我在积木游戏中产生的幻象，这项工作比其他工作更重要。

　　种种幻象被源源不断地释放出来，我尽力不让自己失去理智，而是想办法理解这些怪异的现象。我无助地站在一个陌生的世界面前，里面的一切似乎都令人费解。我生活在一种持续的紧张状态中，常常感到滚滚而来的巨石在向我逼近。还有一场接一场的雷雨。我能否忍受这些暴风雨在于我是否拥有野性的力量。尼采、霍尔德林和其他许多人都被击得粉碎，但我身上有一种恶魔般的力量，从一开始我就毫不怀疑地认为我必须在这些幻象中找到我所经历的一切的意义。当我忍受这些潜意识的攻击时，我有一个坚定不移的信念，那就是我在服从一个更高的意志，这种感觉一直支撑着我，直到我掌控了形势。

　　我经常感到紧张焦虑，为了控制自己的情绪，我只好做一些瑜伽练习。但是，由于我的目的是了解自己内心到底在发生什么，因此我一直练习到足以平复心境，能够继续我的潜意识研究工作。当我感到自己的状态恢复了时，我就放弃了这种对情感的束缚，让意象和内心的声音再次表达出来。另外要说一下，印度人做瑜伽是为了彻底抹去大量的精神内容和意象。

　　当我能够设法将情绪转化为意象，也就是说，找到隐藏在情绪中的意象时，我才能够获得内心的平静与安定。如果我把那些意象隐藏在情感中，我可能会被它们撕得粉碎。我或许能够成功地把它们分开，但如果那样的话，我会不可避免地陷入神经症，最终被它们毁灭。从治疗的角度来看，我从这个实验中意识到了找到隐藏在情绪背后的特定意象有多重要。

　　我尽可能地把这些幻象写下来，并认真分析它们产生的心理原因。但我只能用笨拙的语言来表达。我按照观察到的方式来描述事物，通常是用"夸

六
直面潜意识

张的语言"，因为这与原型的风格相对应。原型的语言风格更像是在高谈阔论，甚至是夸大其词。这是一种让我感到尴尬的风格，这种风格让我心烦意乱，就像有人用指甲在石膏墙上画来画去，或是把刀在盘子上刮一样。但是由于我不知道发生了什么，于是我别无选择，只好按潜意识本身选定的风格记录下一切。有时我像是在用耳朵听，有时像是在用嘴感受，好像我的舌头在构思文字；有时我则听到自己在大声低语。在意识的临界之下，一切都蒸蒸日上，充满了生机。

从一开始，我就将自愿直面潜意识视为自己正在进行的科学实验，我对它的结果非常感兴趣。时至今日，我同样可以说这是对我自身进行的实验。对我来说，最大的困难之一就是应对自己的消极情绪。我自愿让自己屈从于无法真正接受的情绪，并且写下产生的幻象，我常常感到这些幻象都是些胡言乱语，并对此产生强烈的抵抗。只要不理解它们的含义，这些幻象就是崇高与荒谬的邪恶混合。我付出了高昂的代价才经受住了它们，但是我也受到了命运的挑战。只有经过极大的努力，我最后才能够走出迷宫。

为了理解我在"内心深层"唤起的幻象，我知道必须让自己沉入其中。我不仅感受到了剧烈的抵抗，而且感到了明显的恐惧。因为我害怕失去对自己的控制，成为幻象的牺牲品，作为一名精神病医生，我非常清楚这意味着什么。然而，在犹豫了很久之后，我发现没有别的出路了。我必须抓住机会，必须尝试控制它们，因为我意识到，如果我不这样做，它们就有可能反过来控制我。我做这个尝试的一个有力动机是坚信我不能期望我的病人做一些我自己都不敢做的事情。仅仅作为一个帮手站在他们身边并不是一个合格的精神分析师应该做的，因为我很清楚，所谓的帮手——也就是我自己——除非从自己的直接经验中了解他们的幻象材料，否则根本无法帮到他们，而且目前这个帮手所拥有的只是一些价值可疑的理论偏见。当我致力于一项危险的事业时，我不仅是为了自己，也是为了我的病人。这一想法帮助我度过了几个关键阶段。

1913年前夕，确切地说是在1912年12月12日，我决定迈出关键性的一步。我又坐在办公桌前，思忖着我的恐惧，随后我便瘫了下去。突然间，我脚下的地面好像真的崩塌了，我一头扎进了黑暗的深渊。我无法抵挡内心的恐慌。但猛地一下，在不太深的地方，我的脚突然落在一个柔软的、黏糊糊的地方。尽管我显然处于完全黑暗之中，我还是感到如释重负。过了一会儿，我的眼睛渐渐习惯了那有点像是一片暮色的幽暗环境。在我面前是一个黑暗的山洞的入口，里面站着一个侏儒，皮肤粗糙得好像木乃伊干尸一般。我从狭窄的入口绕过他，涉过膝盖深的冰水，来到洞穴的另一端，在一块突出的岩石上，我看到了一颗发光的红色水晶石。我抓住这块水晶石并将它举了起来，发现下面有一个洞。起初我什么也看不出来，但后来我看到了流水。水里漂着一具尸体，那是一个金发碧眼，头部有伤的年轻人。接着是一只巨大的黑色圣甲虫，之后红日初升，好似从深水中冉冉升起。光照得我眼花缭乱，我想把水晶石放回洞口，但是一股液体涌了出来，是血。一股浓稠的血水喷涌而出，我感到恶心。我觉得血持续喷了很长时间，最后终于停止了，幻象也结束了。

我被这个幻象吓得目瞪口呆。我当然意识到这是一个英雄与太阳的神话，是一个死亡与重生的戏剧，以及埃及圣甲虫所象征的重生。到了最后，新一天的黎明本该随之而来，但取而代之的却是血液喷涌而出，这场景让人无法忍受，至少我这么觉得。但后来我又想起了同年秋天的有关血的幻象，于是不再试图去深入理解这种幻想。

六天后（即 1912 年 12 月 18 日），我做了这样的一个梦：我和一个棕色皮肤的陌生人同在一座人迹罕至满是岩石的山上，那个人看上去也许是未开化的野蛮人。黎明将至，东方的天空已经亮了，星星也渐渐淡去了。然后我听到齐格弗里德的号角在山上响起，我知道我们必须杀了他，于是我们带着步枪，在一条狭窄的岩石小径上等他。

这时，齐格弗里德出现在第一缕朝阳照射的山顶上。他骑着一辆用死人骨头做成的战车，沿着陡峭的山坡疾驰而下。我们在他转弯时朝他开枪，他一头栽了下来，就这样被打死了。

由于摧毁了如此伟大而美丽的事物，我内心充满了厌恶和懊悔，随后转身便跑，害怕这一罪行被发现。但这时突然下起了倾盆大雨，我知道雨水会抹去死者的所有痕迹。这下我不用害怕罪行被发现了，我的生活得以照旧，但心中那无法忍受的内疚感依然挥之不去。

我醒过来后，一遍遍回想这个梦，却怎么也不明白这个梦代表了什么？因此，我试图再次入睡，我内心有一个声音在说："你必须理解这个梦，尽快！"内心的急迫感越来越强烈，直到可怕的一刻来临，那声音说："如果你弄不明白这个梦，就只有开枪自杀！"在我床头柜的抽屉里放着一把装满子弹的左轮手枪，我吓了一跳。然后我又开始思考，突然我明白了这个梦的意义。"为什么，这就是世界正在上演的问题。"我想，齐格弗里德代表了德国人想要达到的目标，他们英勇地将自己的意志强加于人，我行我素。"有志者事竟成！"我也曾想这么做。但现在这已经不可能了。这个梦表明，英雄齐格弗里德所体现的态度不再适合我，所以它必须被杀死。

　　在这件事之后，我心生同情，好像是我自己被枪杀了一样：这是我将自己等同于齐格弗里德的隐秘标志，也是一个人在被迫牺牲自己的理想和意识态度时所感到的悲痛。这种等同和我的英雄理想主义必须被抛弃，因为有比自我意志更加崇高的东西，而在这些面前，一个人必须要学会服从。

　　这些想法足以解决现在的问题，我又能安睡了。

　　那个陪着我的棕色皮肤的小个子野蛮人开了第一枪，他就是原始阴影的化身，雨表明意识和潜意识之间的紧张关系正在得到解决。虽然当时除了这些暗示之外，我还不能理解这个梦的意义，但新的力量在我身上释放出来，帮助我完成了潜意识的实验。

　　为了理解幻象，我常常想象自己在走一段陡峭的下坡路，我甚至好几次试图一探到底。第一次我到达大约一千英尺的深度；第二次我发现自己在宇宙深渊的边缘。这就像是一次月球之旅，或是一次进入真空层的降落。首先是一个陨石坑的意象，我感觉自己如入死亡之地，这里像是属于另一个世界。在一块岩石的陡坡附近，我看到了两个人影，一个白胡子的老人和一个漂亮的年轻女孩。我鼓起勇气走近他们，聚精会神地听他们说话，好似把他们当作了真人。老人解释说他是先知以利亚，这让我大吃一惊。但是那女孩更让我感到惊讶，因为她自称莎乐美！她是一个盲人。多么奇怪的一对：莎乐美和以利亚。但以利亚向我保证，他和莎乐美从永恒之初就属于彼此，这完全震惊到了我……有一条黑蛇与他们同住，很明显可以看出这条黑蛇对我的喜爱。我紧跟着以利亚，因为他似乎是这三者中最理智的，而且充满智慧。我对莎乐美持怀疑态度。我和以利亚谈了很久，但我不明白我们都谈了些什么。

自然，我总是在提醒自己我的父亲曾经是一名牧师，我试图以此来为我幻象中出现的《圣经》人物找到一个合理的解释。但这根本解释不了什么。老人代表什么？莎乐美代表什么？他们为什么在一起？直到许多年后，当我的所知所见逐渐增长，我才发现，老人和年轻女孩之间的联系显得非常自然。

在这样的梦境漫游中，人们经常会遇到一个由年轻女孩陪伴的老人，这种成双成对的例子在许多神话故事中都可以找到。因此，根据诺斯底派的传统，西门·马古和他在妓院里认识的一个年轻女孩在一起。女孩名叫海伦，被认为是特洛伊的海伦转世。克林莎和孔德丽，老子和舞女，他们也都属于这一类。

我已经提到，在我的幻象中，除了以利亚和莎乐美，还有第三个形象：大黑蛇。在神话中，蛇总是和英雄同时出现，关于他们之间的联系有很多种说法。比如，英雄的眼睛像蛇，或者死后变成了蛇并以蛇的形象作为纪念，或者蛇就是他的母亲等，在我的幻象中，蛇的出现象征了某种英雄神话。

莎乐美是一个神灵的形象。她是瞎子，因为她看不见事物的意义。以利亚是一位睿智的老先知，代表智慧和知识的因素；而莎乐美则代表情色元素。有人可能会说，这两个形象是逻各斯和爱神的化身。但是这种定义过于理智，还不如说这二人代表了当时属于我的两件事，即我生活中发生的那些事情以及我的感受。

在这个幻象之后不久，另一个形象从潜意识中突然出现。他从以利亚的形象发展而来。我叫他腓利门。腓利门是一个异教徒，他有一种埃及希腊般的感觉，又带有一种诺斯底色彩。我在接下来要讲的梦里第一次见到他。

天空湛蓝如海，万里无云，却漂浮着平坦的褐色土块。看上去土块仿佛正在裂开，蓝色的海水在其中变得清晰可见。但水就是蓝天。突然一个有翅膀的生物从右边出现并划过天空。我看见那是一个长着牛角的老人，他拿着四把钥匙，将其中一把紧紧攥在手里，好像要打开一把锁。他有翠鸟的翅膀和它特有的颜色。

由于我不明白这个梦的意象，于是我把它画了出来以便能记住它。在忙于画画的日子里，我在湖边的花园里发现了一只死翠鸟！这件事对我如同晴天霹雳，因为在苏黎世附近翠鸟非常罕见，我自此之后再也没有发现过死翠鸟。它看上去是最近才死的，最多两三天，没有外伤。

腓利门和我幻象中的其他人物使我恍然大悟，在我心灵之中存在着一些东西，它们并非由我这里产生，而是自发而生的，拥有自己的生命。腓利门所代表的力量不是我自己。我在自己的幻想中与他交谈，他说了一些我没有意识到的事情。因为我清楚地看到讲话的人是他，而不是我。他说，我把思想当作我自己的产物，但在他看来，思想就像森林里的动物，或是房间里的人，或是空中的鸟，他补充说："如果你在一个房间里看到人，你不会认为是你创造了这些人，也不会认为你对这些人负有责任。"是他教会了我心理的客观性，心理的真实性。通过他，我和我的思想对象之间的区别逐渐清晰了。他以客观的方式与我正面交锋，而我了解到自己内心想要说出一些我不知道也没有打算说的话，甚至是针对我的话。

从心理上讲，腓利门代表了卓越的洞察力，他对我来说是个神秘的人物。有时候我觉得他似乎很真实，好像他就是一个活生生的人。我和他一起在花园里漫步，对我来说，他就是印度人所说的大师。

每当一个新的人格逐渐变得清晰，我都觉得这简直可以说是我个人的失败。这个人格就像在说："这是你还不知道的东西！"恐惧使我担心，这样的人物接连不断出现，可能使我陷入无知的无底深渊。我的自我感觉被贬值了——尽管我在世俗事务中取得的成功也许会让我安心。在我的黑暗中（"将恐怖的黑暗净化"《曙光同现》[1]里这样说），我本来希望拥有一个真正的还在世的大师，一个拥有超强知识和能力的人，能帮助我厘清我想象中的潜意识创造的东西。而现在这项任务是由腓利门这个形象完成的，在这方面我很乐意承认他就是我的心理导师，事实上他向我传授了许多具有启发性的想法。

十五多年之后，一位受过良好教育的印度老人来拜访我，他是甘地的一位朋友，我们特别谈到了印度的教育，谈到了古鲁和切拉之间的关系。我迟疑地问他是否能和我谈谈他的导师，谈谈他是个怎样的人。他平淡地回答道："哦，是的，他就是商羯罗查尔雅。"

"您说的不会是几个世纪前去世的《吠陀》经论者吧？"我问。

---

[1]　托马斯·阿奎那的炼金术专著。

"是的，我说的就是他。"他回答道。这个回答让我颇感惊讶。

"那您指的是一种精神？"我问。

"当然指的是他的精神。"他回答。

那一刻我想起了腓利门。

"也有一些导师是已经故去的人，"他补充道，"大多数人的导师都是还活着的人，但总有一些人将已故之人的精神作为导师。"

这个消息对我既醍醐灌顶又让我颇感欣慰。很显然，我并没有从人类世界中完全脱离，而只是和可能做出类似努力的人有着相同的经历。

后来，一个我称之为卡的人物出现了，腓利门此时变成了一个相对物。在古埃及，"国王的卡（即精神、灵魂）"是他的世俗形式，是灵魂的化身。在我的幻象中，卡的灵魂来自地下，像从一个深井里出来一样。我为他画了一幅画，画的是他在地上的形体，我将他画成一个隐士，下半身是石头做的，上半身是青铜的。在画的上部出现了一只翠鸟的翅膀，在它和卡的头部之间漂浮着一个由星星组成的圆形发光星云。卡的表情有点像恶魔，人们可能会说，像魔鬼靡菲斯特一般。他一只手拿着一个像彩色宝塔或圣骨匣的东西，另一只手拿着一支手写笔，他正在用它来处理圣骨匣。他说："我正是那个用金子和宝石将神明埋葬的人。"

腓利门有一只脚是瘸的，但却是一个有翅膀的精灵，而卡代表了一种土属性恶魔或金属性恶魔。腓利门是精神层面的，或者说是一种"意义"。但是卡是一种自然的精神，就像希腊炼金术中"类人"一样，当时我还不熟悉它。[1]卡使一切变得真实，但他也掩盖了宁静的精神、意义，或者用美来代替它，即"永恒的反射"。

后来我通过学习炼金术把这两个人物结合起来。

当我写下这些幻象时，我曾经问自己："我到底在做什么？当然，这与科学无关。所以这又是什么呢？"于是我心里有个声音说："这是艺术。"我很惊讶，我从来没有想过我所写的与艺术有任何联系。我想，"也许我的潜意识正

---

[1] 类人是一个矮人，一种侏儒。例如，该形象出现在3世纪重要的炼金术士帕诺波利斯的佐西莫斯的幻象中。包括类人在内的这一类人属于地精、古典时期的达克特人和炼金术士的侏儒。作为水银的灵魂，炼金术中的水银也是一种人烟。

在形成一种本不属于我，而坚持要表现出来的个性。"我确信这个声音来自一个女人。我认出这是一个病人的声音，一个有才华的精神病患者，对我有强烈的移情。她在我心中已成了一个活生生的人物。

我所做的显然不是科学。那么除了艺术还能是什么呢？好像这是世界上唯一的选择。这就是女人的思维方式。

我干脆地对这个声音说我的幻象与艺术无关，我感到了内心的强烈反抗。然而我没有听到任何回应，于是我继续写下去。随后又传来了这个声音，又断言称："那就是艺术。"这次我抓住她说："不，这不是艺术！相反，这是自然。"我已经准备好要和这个声音好好争论一番。但什么也没有发生，我琢磨这个"我内心的女性形象"并不能像我一样说话。所以我让她通过我的声音来表达自己的想法。她这么做了，发表了一通长篇大论。

一个女性竟从内心扰乱我，我对此很好奇。我的结论是，从原始意义上说，她一定是一个"灵魂"，然后我开始思考为什么将"阿尼玛"这个名字赋予这个灵魂。为什么它被认为是女性的？后来我发现，这种内在的女性形象在男人的潜意识中扮演着典型的角色或原型角色，我称她为"阿尼玛"，女性潜意识中相应的人物我称之为"阿尼姆斯"。

起初，最让我印象深刻的是阿尼玛的消极一面。我对她心存些许敬畏，这就像是感觉到房间里的一种看不见的存在。后来我有了一个新的想法：记下所有这些材料进行分析，我实际上是在写信给阿尼玛，也就是说，给我自己的一部分，以与我的意识不同的观点来信。我得到了一个不同寻常、出人意料的评价。我就像一个病人在分析鬼和女人！每天晚上我都会诚心诚意地写作，因为我想如果我不写作，阿尼玛就没有办法理解我的幻象。而且，我把它们写出来，她就没有机会把它们变成阴谋。打算说什么和实际说出来之间还是有很大的区别的，为了尽可能诚实地面对自己，我非常仔细地写下每件事，遵循古希腊格言："先有舍，才有得。"

在我写作的时候，我通常会有一些奇怪的反应，让我思绪纷乱。慢慢地，我学会了让自己远离这种纷扰。当某些情绪上低俗或平庸的事情出现时，我会对自己说："有这种感觉是完全正常的，但我现在不必这样。我不必永远接受我的这种平淡乏味，那是不必要的羞辱。"

最重要的是通过具象化的方式来将这些潜意识的内容加以区别，同时使它们与意识产生关系，这是剥夺它们权力的技巧。把它们具象化并不难，因为它总是有一定程度的自主性，有自己的独立身份。它们的自主性是需要配合调整的，所以接受起来也是最不舒服的，而潜意识以这种方式出现，给了我们应对它最好的方式。

阿尼玛所说的话在我看来处处充满了玄机。如果我仅把这些潜意识的幻象当作艺术，它们就只会像我看电影一样，而不会比视觉感知更有说服力。我对它们没有道义上的义务。阿尼玛可能会轻易地诱使我相信我是一个被误解的艺术家，而我所谓的艺术本性给了我忽视现实的权利。如果我听了她的话，有一天她很可能会对我说："你认为你所写的那些废话真的是艺术吗？根本就不是。"因此，作为潜意识发言人的阿尼玛，她的暗示就可以彻底摧毁一个人。归根结底，决定性的因素总是意识，它可以理解潜意识的表现，并对它们采取一个有利的立场。

但阿尼玛也有积极的一面。正是她把潜意识的意象传达给有意识的心灵，这就是我最看重她的原因。几十年来，当我觉得自己的情绪行为受到干扰，某种东西在潜意识中汇集起来时，我总是求助于阿尼玛。我会问她："现在你在做什么？你看到了什么？我很想知道。"经过一番反抗，她经常产生一种意象。画面一出现，混乱或压迫感就消失了。这些情绪的全部能量转化为对意象的兴趣和好奇。我会和阿尼玛谈论她传达给我的意象，因为我必须像对待梦一样尽力去理解它们。

今天我不再需要和阿尼玛进行这些对话了，因为我不再有这样的情绪。但如果我有，我还会用同样的方式来处理。今天我能直接感知阿尼玛的思想，因为我已经学会接受潜意识的内容并理解它们。我知道我要如何面对内心的意象。我可以直接从梦中读出它们的含义，因此不再需要中间人来传达它们。

我先是把这些幻象写成了《黑书》，后来，我把它们转移到《红书》上，我还附带配了图。[1] 它包含了我大部分的曼陀罗图画。在《红书》中，我试图

---

[1] 《黑书》由六本黑皮装订的小开本书组成。《红书》是一本用红色皮革装订的对开本，包含了同样的幻象，这些幻象都是以精妙的文学形式和语言写成的，并以哥特式书法字体写成，就像中世纪的手稿一样。

从美学的角度阐述我的幻象，但始终没有完成。我意识到我还没有找到合适的语言，还得把它转化成其他语言。因此，我适时地放弃了这种审美化倾向，取而代之的是一种严谨的理解过程。我看到如此多的幻象需要根植于坚实的土地，首先我必须完全回归现实。对我来说，现实意味着科学上的理解。我必须从潜意识给予我的洞察力中得出具体的结论，而这将成为我为之奋斗一生的工作。

讽刺的是，我这个精神病学家，在我实验的每一步都会遇到同样的精神方面的素材，这些素材是在精神病患者身上发现的，是潜意识意象的基础，而意象会迷惑精神病人，给病人造成致命影响。但意象也是神话想象的母体，早已从我们的理性时代消失了。尽管这样的想象无处不在，但它既被视为禁忌又令人心生恐惧，因而无论是谁走上通向潜意识深处的前途未卜的道路，那看上去都是一次危险的尝试或是一次值得怀疑的冒险。人们认为这是一条充满了错误、模糊和误解的道路。我想起了歌德的一句话："现在让我勇敢地打开这扇门，让我敢打开人们的脚步曾经走过的那扇门。"[1]《浮士德》的第二部分也不仅仅是一个文学作品。它是《福音书历代评注汇编》[2]中所提及的一个环节，从哲学炼金术和诺斯底派的开始一直存在到尼采的《查拉图斯特拉如是说》。尽管不为人所知、模棱两可而又危险重重，但这是一次到世界彼岸的探索之旅。

尤其是在这个时候，在我写这些幻象的时候，我需要在"这个世界"中得到支持，我可以说，我的家庭和我的本职工作就是这种支持。对我来说，在现实世界中拥有正常的生活是最重要的，这样我才能与那陌生的内心世界保持平衡。我的家庭和职业一直是我可以回归的基础，这让我确信我是一个真正存在的普通人。潜意识的内容可能会让我失去理智。我有瑞士大学的医学文凭，我必须帮助我的病人；我有妻子和五个孩子，我住在奎斯纳赫特的西斯特拉斯228号。这些家庭和知识上的事实情况总是对我有所求，并一再向我证明我真的存在，而不是像尼采那样在精神之风中旋转的一张空白页。

---

[1] 《浮士德》，第一部分。

[2] 炼金术中的金链（或荷马）是一系列伟大的智者，从赫耳墨斯·特里梅吉斯托斯开始，它把地与天连接起来。

尼采失去了脚下的根基，因为他只拥有思想的内在世界，而后者在某个偶然的时刻占有了他，使他失去了对思想的控制。他被连根拔起，盘旋在空中，因此他只能屈服于夸张和不真实。对我来说，这种不真实是恐怖的根源，因为我的目标毕竟是这个世界和这个生命。不管我有多沉迷于此，我始终知道我所经历的一切最终都是为了我的真实生活。我要履行它的义务，实现它的意义。我的口号是："这里就是罗陀斯，就在这里跳吧！"（Hic Rhodus，hic saltus！）

因此，我的家庭和我的事业始终是一个让人心生欢喜的真实存在，也是我正常生活的保证。

渐渐地，我内在的一些变化开始慢慢显现。到了1916年，我感觉到了心中强烈的欲望，我想把某些东西塑造出来。我似乎是被内心驱使来阐述和表达腓利门可能会说的话，这就诞生了《向死者的七次布道》[1]及其独特的语言。

开始的时候我很不安，但我不知道这意味着什么，也不知道"它们"的目的何在。我周围充满了不祥的气氛。我有一种奇怪的感觉，空气中充满了鬼魂。我的房子好像开始闹鬼了。我的大女儿看见一个白色的身影穿过房间。我的二女儿和她姐姐分开睡，她说自己的毯子在夜里被人抢走了两次，同一天晚上，我九岁的儿子做了一个焦虑不安的梦。早晨，平时从不画画的他向母亲要来蜡笔，画了一幅他的梦。他称之为"渔夫的画像"，画中间有一条河，一个拿着鱼竿的渔夫站在岸边，他钓到了一条鱼。渔夫的头上有一个烟囱，从烟囱里冒出熊熊火焰和滚滚浓烟。魔鬼正从河的对岸飞来。他咒骂着他的鱼被偷了。但是渔夫的头顶上空盘旋着一位天使，天使对他说："不准你对他做任何事，他只会钓那些坏鱼！"我儿子是在一个星期六画的这幅画。

星期天下午五点左右，前门的门铃开始疯狂地响起来。那是一个晴朗的夏日，两个女佣在厨房里忙碌，从厨房可以看到前门外面的广场。大家都立刻起身去看是谁来了，但一个人都没有。我就坐在门铃旁边，不仅听见了铃响，而且看到它在震动。大家都瞪着眼睛，当时气氛凝重，相信我！我知道肯定有什么事要发生了。整座房子都被挤满了，好像有一群人在场似的，这

---

[1] 私人印刷出版，假名副标题为"对死者的七次布道词，作者亚历山大里亚市的巴斯里德斯，此市位于东西方相接之处"。

里塞满了幽灵。他们一直挤至门口，空气变得稀薄，几乎无法呼吸。至于我自己，我不禁要问："看在上帝的分上，这到底是什么？"他们齐声喊着说："我们从耶路撒冷回来了，在那里找不到我们想要的东西。"这就是《向死者的七次布道》的开始。

然后，我开始思绪纷飞，只用了三个晚上的时间，就写下了《向死者的七次布道》。我一拿起笔，整个幽灵般的集会就烟消云散了。房间里静了下来，空气也清新了。闹鬼的事就此结束了。

这次的经历必须按照它本来的样子，或者按照它看起来的样子去理解。毫无疑问，这次经历与我当时的情绪状态有关，这对超心理学现象是有利的。这是一个潜意识的集聚，我认为它的特殊氛围是一个原型的精神存在。"它到处蔓延，就在空中！"[1]当然，理智会自诩对这件事有一些科学的和物理的解释，或者，最好是把整个事情都当作违反规则的行为。但是，如果从不违反规则，那将是一个多么沉闷的世界！

在这段经历前不久，我记录下了我灵魂出窍的幻觉。这是一个重要的事件：灵魂——阿尼玛，建立了与潜意识的关系。从某种意义上说，这也是与死者这个集体的关系，因为潜意识对应于神话中的死者的世界，祖先的世界。因此，如果一个人有灵魂消失的幻觉，这意味着灵魂已经撤回到潜意识或死者的世界。在那里，它产生了一个神秘的生命力，被赋予祖先的种种过往，即以可见的集体内容的形式。就像一种媒介，它给了死者一个展示自己的机会。因此，在我灵魂消失后不久，"死者"出现，于是便有了《向死者的七次布道》。这是一个被称为"灵魂丧失"的例子，这种现象在原始人中很常见。

从那时起，死者对我来说变得越来越清晰，因为他们代表那些没有得到回答的、犹豫不决的、未被履行承诺的人的声音。那些命运要求我回答的问题和诉求并不是从外界来的，它们一定是来自内心世界。这些与死者的对话是一种前奏，是我必须向世界传达的潜意识的序幕：它是一种秩序模式和对其一般内容的解释。

当我今天回顾这一切，思考我研究幻象期间究竟发生了什么，就好像某种信息以不可抗拒的力量来到我面前。意象中的一些东西不仅关系到我自己，

---

[1] 《浮士德》，第二部分。

也关系到许多其他人。就在那时，我不再单属于自己，不再有权这样做。从那时起，我的人生便属于普罗大众。当时的科学无法解决我所关心的或正在寻求的知识的问题。我必须身先士卒地去尝试，同时还要努力把我的经验结果植根于现实的土壤中，否则，它们将永远只是主观臆断而没有效力。我就是在那个时候决意献身于精神服务事业。我对它又爱又恨，但它是我最大的财富。我全身心地投入，好似只有这样我才能忍受自己的存在，才能充分绽放自己的生命。

时至今日，我仍在使用那些最初的试验结果。虽然距今差不多已经五十年了，但是我所有的著作和所有的创作活动都来自那些始于 1912 年的梦和幻象。我在晚年所完成的一切都已经包含其中，尽管一开始只是以情感和图像的形式呈现。

我的科学经历是将我从混乱中解脱出来的唯一方法，否则这些材料会把我困在灌木丛里，像热带丛林里的藤蔓植物一样把我勒到窒息。我花了很大的精力去理解每一个意象，理解我的心灵库存中的每一个条目，并尽可能科学地将它们分类，最重要的是要在现实生活中实现它们。这是我们通常会忽略的。我们允许意象出现，也许我们对它们感到好奇，但仅此而已。我们不愿花费心力去理解它们，更不用说从中得出伦理方面的结论了。这种短暂的停顿使人联想到潜意识的负面影响。

如果认为对意象有一些了解就足够了，就不用再去学什么了，那这同样是一个严重的错误。对它们的洞察必须转化为一种道德义务。不这样做就等于成为权力原则的牺牲品，这对他人甚至知情者来说都会产生毁灭性的危险后果。潜意识的意象赋予一个人很大的责任。如果不理解意象或者逃避道德责任，一个人的完整性便会被剥夺，这只会使他的生活四分五裂、痛苦不堪。

在这段时间里，当我全神贯注于研究潜意识的意象时，我决定辞掉大学的工作，在那里我作为编外讲师（从 1905 年起）授课有八年之久。我对潜意识的体验和实验使我的智力活动陷于停顿。在完成《潜意识心理学》[1]这本书之后，我发现自己完全无法阅读科学书籍了。这种情况持续了三年。我觉得自己再也无法跟上智者界的步伐了，我也找不到人去谈论那些真正困扰我的

[1]　见上文，第五章，第 5 条。

事情。从潜意识中显现出来的素材几乎使我哑口无言。[1]我既不能理解它，也不能给出它的形式。在大学里，我的职业定位很明确，如果我想继续在那里授课，就必须先找到一个全新的、不同的方向。当我自己心里都是疑虑重重的状态时，继续为年轻学生授课恐怕要误人子弟。

因此，我觉得我面临一个选择，要么继续我的教学生涯，这将是一条平坦的道路，要么遵循我内在人格的规律，遵从更加崇高的理由，继续推进我这个不寻常的任务，这个与潜意识对抗的实验。但在此任务完成之前我都不能抛头露面。

于是，我有意识地、故意地放弃了我的教学生涯。因为我感觉到将有大任降临，我将自己的信任倾注于从永恒的角度来看更重要的事情上。我知道自己的生活会被这件事占据，为了这个目标，我愿意冒任何风险。

毕竟，我是否当上教授又有什么关系呢？当然，不得不放弃教学让我很烦恼，在许多方面，我很遗憾我不能把自己局限于通常人们可以理解的素材上。我甚至有过与命运抗争的时刻，但这种情绪是暂时的，并没有什么大不了。相反，有一件事对我而言非常重要，如果我们留意内在人格的所想所说，心理上的痛苦就会消失。我不断重复着这种经历，不仅限于当我放弃教学生涯时。事实上，我小时候就有过这种经历。我年轻时脾气暴躁，但每当情绪达到顶点时又会突然转变，接着便是心灵上的宁静与平和。在这样的情况下，我离一切都很遥远，刚刚才让我感到兴奋的东西似乎已属于遥远的过去。

我的坚决以及对那些自己和他人都无法理解的事情的参与，都让我感到极其孤独。我满脑子都是各种胡思乱想，但无人可倾诉，因为这些想法只会招来误解。我以最痛苦的形式感受到了意象的外部世界和内部世界之间的鸿沟。我现在已经了解到这两个世界的存在，但还看不到它们之间的相互作用。我只看到"内"与"外"之间不可调和的矛盾。

然而，从一开始我就很清楚，精神体验的内容是真实的，这不仅是我自己的个人经验，也是其他人同样拥有的集体经验，但是只有当我成功地将这

---

[1] 在这个"休耕期"里，荣格所写的东西很少：只有几篇英文论文，以及两篇重要论文的英文译本，即《分析心理学》的两篇论文。这一时期随着1921年《心理学家》的出版而结束。

些展现出来，我才能找到自己与外部世界以及与人类社会的关联，这就需要我万分努力才行了。后来我试图在我的科学研究中证明这一点，我尽我所能向亲朋好友传递一种看待事物的新方式。我知道如果自己失败了，迎接我的处罚将是绝对孤独。

直到第一次世界大战结束，我才逐渐从黑暗中走出来。这得益于两件事。第一件事是我和那个决心让我相信自己的幻象具有艺术价值的女人分手了；第二件也是最主要的事情是我开始理解曼陀罗绘画。这发生在1918年至1919年期间。1916年，在写完《向死者的七次布道》之后，我画了我的第一幅曼陀罗绘画[1]，自然我当时并不明白其中的奥义。

从1918年至1919年，我在瑞士代堡担任英国战俘地区指挥官。我每天早晨都在这里画一个小的圆形图，一个曼陀罗，这似乎能够反映出我当时的心境。在这些画的帮助下，我可以观察到自己每天内心的转变。比如，某天我收到了一封来自那位有审美力的小姐的来信，她又一次固执地认为，我源自潜意识中的幻象具有艺术价值，应该被视为艺术品。这封信让我心烦意乱。这封信非常愚蠢，我感到自己有被说服的危险。毕竟，现代艺术家总是会从潜意识中寻求创作灵感。隐藏在这个论点后面的功利主义和妄自尊大使我对自己产生了疑问，那就是，我不确定我的幻象是自然而然产生的，还是自己随心所欲发明创造的。我并没有摆脱意识的顽固盲从和狂妄自大，我的意识认为任何差强人意的灵感的产生都是自己的功劳，而那些次等的行为仅出于偶然，甚至是别人造成的。第二天，出于内心的愤怒和不平，我画了一幅不一样的曼陀罗：外圈的一部分不再呈闭合状态，对称性被破坏了。

渐渐地，我才发现曼陀罗的真正含义："形成、转变、永恒心灵的不朽创造。"[2]这就是自我，是人格的完整性，通常都是自然和谐的，但它不能容忍自欺欺人。

我的曼陀罗是关于自我状态的密码，每天都有新的呈现。从这些曼陀罗中我看到自己全身心地投入工作中。可以肯定的是，起初我对它们只有一个

---

[1] 临摹后用在《原型和集体无意识》的卷首。
[2] 《浮士德》，第二部分，译本。菲利普·韦恩（英国哈蒙德斯沃斯，企鹅图书有限公司，1959年），第79页。

大致的了解，但它们对我来说似乎意义重大，因此我将其视为珍宝般守护。我明显地感觉到它们代表了问题的核心，随着时间的推移，我通过它们明白了一个关于自我的鲜活的概念。我想，自我就是我这样的个体，就是我的世界。曼陀罗代表了这个个体，与精神的微观本质相对应。

我已经记不清当时画了多少曼陀罗，实在是太多太多了。我画画的时候脑海里不断出现几个问题：这一过程对我来说意义何在？目的是什么？根据过往经验来看，我现在明白了我不能擅自选择一个看似值得信赖的目标。实际情况已经向我证明，我必须放弃自我至上的观念。毕竟在我试图维持它的时候，我还是突然放弃了。我本来想继续对神话进行的科学分析，相关分析在《变化的象征》中便已经开始了。这仍然是我的目标，但我不能再去想它了！我被迫经历潜意识的一系列相关过程，任凭自己被湍流裹挟前进，不知道它会把我带到哪里。然而，当我开始画曼陀罗的时候，我发现所有的东西，我走过的路，我做过的事，都回到了一个单一的点，即中心点。我越来越清楚地认识到曼陀罗是所有事物的中心点。它是所有路径的代表，通向中心点和个性化。

1918 年到 1920 年那几年，我开始明白心灵发展的目标是自我。自我从不会有线性的进化，只有自我的一个循环。统一发展最多只存在于开始阶段，后来，一切都指向中心。这种洞察力给了我稳定，渐渐地，我内心的平静又回来了。我知道当我终于找到曼陀罗作为自我的表达时，我已经达到了一个终极目标。也许别人知道得更多，但我不知道。

几年后（在 1927 年），我通过一个梦的方式确认了我对中心和自我的看法。我把它的精髓表现在一个我称之为"永恒之窗"的曼陀罗上。这幅画被复制在《金花的秘密》中。[1] 一年后，我又画了第二幅画，像是怀斯的曼陀罗，[2] 在中心有一座金色的城堡。我画完以后问自己，"为什么这幅画的中国风格如此强烈？"尽管表面看上去它并不怎么中国化，但我感觉这幅画的表现手法和颜色都很中国风。这就是我对这幅画的整体感受。奇怪的是，像一个巧合一样，我不久之后收到了理查德·威廉的来信，信中附上了一本道家炼金

---

[1]　参见《原型和集体无意识》中"关于曼陀罗象征"。

[2]　另见《金花的秘密》图 10 及"关于曼陀罗象征"相关图。

术专著《金花的秘密》的手稿，并要求我写一篇评论。我立刻如饥似渴地通读了手稿，因为这篇文章证实了我对曼陀罗和环绕中心的看法，这是我做梦也想不到的。这次经历将我从自我孤立中拉了出来，我开始感受到了一种共鸣，感受到自己可以与某物和某人建立联系。

为了纪念这一巧合，这种"同步性"，我在这张给我留下深刻印象的图画下面写道："1928 年，当我在画这幅画，展示金碧辉煌、坚不可摧的城堡时，法兰克福的理查德·威廉寄给我一本千年前的关于黄金古堡的中文书籍，这也是长生不老起源。"

我之前提到的梦是这样的：我发现自己身处一个因烟煤而显得肮脏的城市。恰值漆黑的冬夜，我和几个（五六个）瑞士人，冒雨走在利物浦的街道上。我有种感觉，我们是从港口来的，而真正的城市实际上是在上面的悬崖上，我们爬了上去。这让我想起了巴塞尔，那里的市场在下方，然后你走上托滕加申（"死亡之巷"），它通向上方的高地，直达彼得广场和彼得大教堂。我们到达高地时，发现了一个昏暗路灯照耀下的宽阔广场，许多街道在这里交会。这座城市的各个部分呈放射状排列在广场周围，广场中心是一个圆形的水池，水池中间是一个小岛。周围的一切都被雨雾、烟和昏暗的黑暗所遮蔽，小岛却在阳光下闪耀。岛上面有一棵木兰花，枝繁叶茂，红色花朵花团锦簇。这棵树仿佛站立在阳光下，同时它自己又像是一处光源。我的同伴们抱怨着恶劣的天气，他们显然没有看到那棵树。他们谈到了另一个住在利物浦的瑞士人，并对他在这里定居表示惊讶。我被美丽的花树和阳光明媚的小岛迷住了，心想："我倒是很清楚他为什么会在这里定居。"然后我醒了过来。

关于这个梦的一个细节，我必须补充一点：城市的各个部分本身都是围绕着一个中心点呈放射状排列的。这形成了一个开阔的小广场，由一盏较大的路灯照亮，构成了小岛的一个小小的复制品。我知道"另一个瑞士人"就住在其中一个二级中心点附近。

这个梦代表了我当时的心境。我还能看见灰黄色的雨衣，上面的雨水在黑夜中闪闪发光。一切都令人感到不快，不是黑的就是浑浊的，就像我当时的感受一样。但我能看到其中超凡脱俗的美，这就是为什么我能够活下去。利物浦就是"生命之池"，有一种古老的观点认为，"利物"是"使之活下去"

的生命之所在。

这个梦带来了一种终结感。我看到最终目的已经揭晓了，一个人不能越过中心。中心就是目标，一切都指向那个中心。通过这个梦，我明白了自我是方向与意义的原则和原型，它的治疗功能就存在于此。对我来说，这种洞察力意味着一种接近中心的方法，进而可以到达最终目的地。从中我第一次看到了我个人的神话。

梦醒之后我放弃了曼陀罗。这个梦描绘了意识发展的整个过程的高潮部分。我对这个梦非常满意，因为它让我对自己的处境有了一个全面的了解。可以肯定的是，我知道我正忙于一些重要的事情，但我仍然无法理解这个梦，我的同事中也没有一个人能够理解。梦中澄清的事使我有可能客观地看待充斥于我自己的存在的事物。

如果没有这样的愿景，我可能会迷失方向，被迫放弃我的事业。但现在意思已经很明白了。当我与弗洛伊德决裂时，我知道我正陷入未知之中。毕竟，除了弗洛伊德之外，我什么都不知道，但我已踏入黑暗。当这一切发生了，随后自己又做了这样的梦，你就会觉得这是一种恩典。

我花了将近四十五年的时间，从我的科学成果里提炼出当时我所经历和写下的事情。作为一个年轻人，我的目标是在科学上有所成就。但后来，我偶然发现了这条熔岩流，它的炽热火焰改变了我的生活。这便是我做研究的初衷，而我的书将这种炽热的物质融到当代世界的图景中，这样也或多或少算是一个成功的尝试吧。

我探求内心意象的那些年是我生命中最重要的时光，所有重要的事情都在那时尘埃落定。这一切都是从那时开始的，后来的细节只是对从潜意识中迸发出来的素材的补充和澄清，这些细节从一开始就让我陷入了困境。这便是我为之奋斗一生的"原始素材"。

七　著书立说

当我生命进入后半程的时候，我已经开始直面潜意识的种种内容。我在这方面做了旷日持久的工作，直到大约二十年之后，我才对我的幻象有了某种程度的了解。

首先，我必须为自己的内心经历找到历史先例，也就是说，我不得不问自己："我所说的特定前提历史上在哪里发生过？"如果我没有成功地找到这样的先例，我就永远无法证实我的想法。因此，我与炼金术的接触对我来说是决定性的，因为它为我提供了迄今为止所缺乏的历史基础。

分析心理学从根本上说是一门自然科学，但与任何其他科学相比，它都会在更大程度上受到观察者个人偏见的影响。因此，如果心理学家希望至少排除判断方面出现的最原始的错误，就必须在最大程度上依赖于历史和文学上的相似事件。在 1918 年至 1926 年，我认真研究过诺斯底派的作家，因为他们也要直面潜意识的原始世界，应对潜意识的内容，以及那些显然被本能世界所污染的意象。由于缺乏说明，仍然很难说他们会如何理解这些意象，尤其是当这些说明主要来自他们的对手——基督教神父。在我看来，他们极不可能对意象有任何心理概念。但是，诺斯底派对我来说太过遥远，我无法就目前所面对的问题与他们建立任何联系。据我所知，将诺斯底派的真知与现世联系起来的传统似乎已被切断，而且很长一段时间以来，事实都证明找到任何从诺斯底派或新柏拉图主义通往当代世界的桥梁是不可能的。但是，当我开始理解炼金术时，我意识到它代表了与诺斯底教派的历史联系，因此过去与现在之间存在连续性。炼金术以中世纪的自然哲学为基础，一方面是通往过去诺斯底教的桥梁，另一方面又是通往未来潜意识心理学的桥梁。

在这个领域，弗洛伊德可以说是开创者，他还引入了古典诺斯底教派有关性和邪恶父权的母题。诺斯底的耶和华和造物主的母题再次出现在弗洛伊德关于原始父亲的神话中，以及源于那个父亲的阴郁的超我。在弗洛伊德的神话中，他成为守护者，创造了一个充满失望、幻觉和痛苦的世界。但在炼金术士对物质秘密的思考中，唯物主义的趋势已经显露出来，这一趋势对弗洛伊德来说，掩盖了诺斯底派的另一个重要方面：精神作为另一位更高的神的原始形象，它赐予人类精神转变的器皿（混合容器）。[1] 这个器皿是一种女性化的原则，在弗洛伊德的父权制世界中找不到任何位置。顺便说一句，持这种偏见的，绝不止他一个人。在天主教思想领域中，犹豫了数百年之后，神的母亲和基督的新娘才进入神圣的内室(洞房),[2] 因此至少得到了部分承认。但在新教和犹太教范畴中，父权则一如既往地统治世界。与此相反的是，在炼金术哲学中，女性原则的作用等同于男性原理。

在发现炼金术之前，我反复梦到同一主题。梦中我家旁边存在着另一间房子，也就是另一间厢房或附属房屋，这对我来说很奇怪。每次我在梦中都很疑惑为什么我对这所房子一无所知，尽管它似乎一直都在那里。终于我做了一个梦，我到达了另一间厢房。我在那儿发现了一个很棒的藏书室，这个藏书室的历史大概率可以追溯至 16 世纪到 17 世纪。墙上的多本书籍又大又厚，书皮是由猪皮制成的。其中有许多书籍都装饰着一个奇怪字符的铜版画，以及包含我从未见过的奇怪符号的插图。当时我不知道它们指的是什么，直

---

[1] 在一个诺斯底异教徒波曼德里的著作中，这是一个充满灵魂的容器，由造物主上帝送到人间，这样那些为更高意识而奋斗的人就可以在其中接受洗礼。这好比一个精神在此获得更新和重生的子宫，与炼金术中发生物质转化的器皿相对应。在荣格的心理学中，与此类似的是被称为个体化的内在转化过程。

[2] 其中宣布了圣母玛利亚的升天。这一新教义中肯定了玛利亚作为新娘与圣子在天堂的新房里结合，而作为索菲亚（智慧），她则是与上帝结合了。如此一来，女性原则便与男性气质浓厚的三位一体相接近。参见荣格的《东西方心理学与宗教》里的"答约伯书"部分。

到很久以后，我才意识到它们是炼金术的符号。在梦中，我只意识到它们和整个藏书室散发出来的魅力。这里可以说是中世纪的古版画和16世纪版画的藏品室。

这个未知的厢房是我人格的一部分，是我的其中一面，它代表了属于我但我并没有意识到的某些东西。厢房，尤其是藏书室，提到了对我而言非常陌生的炼金术，但我很快就要对其进行研究了。大约十五年后，我自己建的书房与梦中的那间藏书室十分相像。

一个对我至关重要的梦预示了我与炼金术在1926年左右的相遇：当时我在南蒂罗尔。时值战时，我身处意大利前线，和一个矮个子的农民驾驶着马车从前线回来。我们冒着枪林弹雨前进，我知道我们必须尽快往前冲，因为那里太危险了。[1]

我们必须通过一座桥，然后穿过一个拱顶部分已经被炮弹摧毁的隧道。到了隧道的尽头，我们看到了一片阳光明媚的风景，我认出那是维罗纳周围的地区。在我的脚下是这座城市，它在阳光下熠熠生辉。我松了一口气，我们驱车前往芳草萋萋的伦巴第平原。这条路穿过春日美丽的乡村，我们看到了稻田、橄榄树和葡萄园。然后，在路的斜对面，我看到了一座很大的建筑，一座规模宏大的庄园，很像意大利北部公爵的宫殿。这是典型的庄园式住宅，有许多附属建筑和外屋。就像在罗浮宫一样，这条路穿过一个大庭院，并经过了宫殿。这个小车夫和我从一扇大门驶入，从这里我们透过远处第二扇大门，又看到了阳光普照的景色。我环顾四周：我的右边是庄园的正面，左边是仆人的住处和马厩、谷仓和其他外屋，它们绵延了很长一段路。

正当我们走到院子中央时，正门前发生了一件意想不到的事：随着一声沉闷的哐当声，两扇门都关上了。农夫从座位上跳下来，喊道："这下好了，我们被困在17世纪了。"我无可奈何地想："好吧，就是这样！但是我们能怎么办呢？我们将被关上好几年了。"这时一个想法安慰了我："几年后的某一

---

[1] 从心理学上讲，从天而降的炮弹是从"另一边"发射的导弹，因此，它们是从潜意识中，从思想的阴暗面产生出来的幻象。梦中所发生的一切表明，几年前在外部世界已经发生了这场战争，而且现在还没有结束，仍在内心中持续进行。显然，在内心世界里可以找到外部世界找不到的解决办法。

天，我会再出去的。"

在这个梦之后，我翻遍了关于世界历史、宗教史和哲学史的大部头书籍，却没有找到任何能帮助我解释这个梦的东西。直到很久以后，我才意识到它指的是炼金术，因为这门科学在 17 世纪达到了顶峰。奇怪的是，我完全忘记了赫伯特·西尔伯勒写的关于炼金术的东西。[1] 他的书出版时，尽管我很欣赏西尔伯勒那充满神秘性的或建设性的观点，我还是认为炼金术是一种奇奇怪怪、相当愚蠢的东西。当时我正和他通信，告诉他我有多看重他的工作。但西尔伯勒悲惨的死亡表明，他在发现这个问题之后并没有做深入的研究。[2] 他在后期的主要作品中提到了这些问题，而我从中一无所获。晚期的炼金术文本是奇妙和怪异的，只有当我们学会了如何解读它们，我们才能认识到里面都隐藏着什么宝藏。

当我读完 1928 年理查德·威廉寄给我的中国炼金术文本《金花的秘密》之后，我才开始领悟到炼金术的本质。我被一种渴望所鼓舞，想要进一步了解炼金术文献。我委托一位慕尼黑书商告知我任何他可能获得的炼金术书籍。不久之后，我收到了第一本书——《炼金术卷二》（1593 年），这是一本包罗万象的拉丁论文集，其中有许多炼金术方面的"经典文献"。

这本书我放在那里几乎两年没有动过。偶尔我会看看里面的图片，每次都会想："上帝啊，这真是胡说八道！这种东西完全没法理解啊！"但这本书一直吸引着我，我下定决心要更深入地研究它。第二年冬天我开始读这本书，很快就发现它既引人深思又令人兴奋。可以肯定的是，这些文本在我看来仍然是明目张胆地胡说八道，但偶尔我甚至会找到一些我认为自己能理解的句子。最后我意识到炼金术士们在用符号说话——它们对我来说并不陌生。我尽可能多地埋头于文字之中。一天晚上，我在研究它们的时候，我突然想起了我所做的那个被关在 17 世纪的梦。我终于明白了它的意思。"原来是这样！现在我注定要从头开始学习炼金术。"

过了很长一段时间，我才在炼金术思维过程的迷宫中找到自己的路，因

---

[1]　《神秘主义及其象征意义的问题》（1917 年纽约版；1914 年德语维也纳版）。

[2]　西尔伯勒自杀了。

为没有什么阿里阿德涅把一根线放进我的手上。读了 16 世纪的经文《玫瑰园哲学》，我注意到某些奇怪的表达和词组的转换经常被重复。例如，"分解与凝结""神秘管""石头""本源物质""水银"等。我看到这些表达方式在某个特定的意义上被反复使用，但我不知道那是什么意思。因此，我决定编一部有交叉引用的主要用语词典。在这段时间里，我收集了几千个这样的主要短语和单词，并有了大量的摘录。我沿着语言学的思路展开，好像我在试图解开一种未知语言的谜团。就这样，炼金术的表达方式逐渐展现出了它的意义。这是一项让我全神贯注了十多年的工作。

我很快就发现分析心理学与炼金术以一种非常奇怪的方式不谋而合。炼金术士的经历在某种意义上便是我的经历，他们的世界就是我的世界。当然，这是一个重大的发现：我偶然发现了我的潜意识心理学的历史对应物。与炼金术进行比较的可能性，以及回到诺斯底主义的不间断的知识链都为我提供了心理学的事实基础。当我仔细研读这些古老的文本时，一切都变得井然有序：幻想的意象、我从实践中收集的经验材料以及从中得出的结论。我现在开始明白，从历史角度来看这些精神内容意味着什么。我进一步加深了对它们典型特征的理解，这种理解从我开始研究神话时就开始了。原始意象和原型的本质在我的研究中占据了中心位置，我清楚地认识到，没有历史就没有心理学，当然也就没有潜意识心理学。当然，意识心理学可以满足于从个人生活中提取的材料，但如果我们想解释神经症，我们就需要一种比意识知识更深入的记忆。当在治疗过程中需要做出不寻常的决定时，梦境就会发生，要解释它们需要的就不仅是个人病史了。

我把我对炼金术的研究看作自己与歌德内在联系的一个标志。歌德的秘密在于，他掌握了历经几个世纪的原型转变过程。他认为他的《浮士德》是一部伟大或神圣的作品。他称之为"主业"，他的一生都是按照这部戏剧的框架来上演的。因此，在他内心活跃的是一个有生命的物质，一个超个人的过程，一个原型世界伟大的梦。

我自己也被同一个梦所困扰，从我十一岁开始，我就一直在做一个单一的工作，这是我的"主业"。我的生活一直被一个理念和一个目标所渗透和维系着：那就是深入人格的秘密。一切都可以从这个中心点来解释，我所有的著述都与这一主题有关。

我真正的科学工作始于 1903 年的联想实验。我认为这是我在自然科学领域的第一份科学工作。《词汇联想研究》之后，又有两篇精神病学论文问世，我之前已经讨论过它们的渊源：一篇是《早发性痴呆症心理学》，另一篇是《精神病的内容》。1912 年，我的书《力比多的变化与象征》出版，而我与弗洛伊德的友谊也结束了。从那时起，我不得不独自前行。

我开始强烈关注自己潜意识的意象。这种关注从 1913 年一直持续到 1917 年，随后幻象的溪流逐渐消退。直到它平息下来为止，我才不再被囚禁在魔法之山上，我才能够客观地看待整个经历并开始反思。我问自己的第一个问题是："一个人的潜意识能发挥什么作用？""自我与潜意识的关系"[1] 是我的答案。1916 年，我曾在巴黎就这一主题发表过一次演讲，[2] 然而，直到 12 年后，它的德语版才出版，这版扩充了很多内容。在这本书里，我描述了潜意识的一些典型内容，并表明意识心理采取什么态度绝不是一个无关紧要的问题。

与此同时，我正忙于《心理类型学》的准备工作，这本书于 1921 年首次出版。我写这本书的初衷是为了表明自己那不同于弗洛伊德和阿德勒的观点。在试图回答这个问题时，我遇到了关于类型的问题，因为一个人的心理类型从一开始就决定和限制了他的判断。因此，我的书试图讨论个人与世界、人与物之间的关系。它涉及了意识的各个方面，涉及了意识思维对世界的各种态度，从而构成了一种从临床角度看待的意识心理学。我在这本书中插入了大量的文学作品，斯皮特勒的著作在其中占据了一个特殊的位置，尤其是他的《普罗米修斯和厄庇米修斯》，[3] 而我也讨论了席勒、尼采以及古典时代和中世纪的思想史。我冒昧地把我的书寄给了斯皮特勒。他没有回复我，但不久之后他发表了一篇演讲，在演讲中，他肯定地宣称他的《普罗米修斯和厄庇米修斯》不代表任何"意义"，他还不如直接唱出来算了，就唱："春天来了，

---

[1] 收录在两篇关于分析心理学的论文中。

[2] 接上一注释《心理学档案》（1916 年日内瓦版）、《潜意识的结构》。

[3] 卡尔·斯皮特勒（1845—1924 年）是一位瑞士作家，他最著名的作品除了《普罗米修斯和厄庇米修斯》之外，还包括史诗《奥林匹亚的春天》和长篇小说《梦中佳人——伊玛果》，并被授予诺贝尔文学奖。

特拉——拉——拉拉。"

这本关于类型的书产生了这样的见解：一个人的每一个判断都是由他的性格类型决定的，每一个观点都必然是相对的。这就提出了统一性的问题，刚好可以和多样性互补，它直接将我引向了对中国"道"这个概念的兴趣。我已经谈到了我的内在发展和理查德·威廉给我寄来的道家经文之间的相互影响。1929 年，他和我合著了《金花的秘密》。只有在我达到了思考和研究的中心点，即自我的概念之后，我才再一次找到了重回世界的道路。我开始讲课和旅行，各种各样的论文和讲座形成了一种对多年来的内心探索的平衡和补充。它们也包含了读者和病人向我提出的问题的答案。[1]

自从我写了《转化的象征》一书以来，我就一直深为关注力比多理论这个主题。我认为力比多是一种物理能量的心理对等物，因此或多或少是一个定量概念，从而不应该用定性的术语来定义它。我的想法是规避当时盛行的力比多理论具体化，换句话说，我不想再谈论有关饥饿、侵略和性这些本能，而是把所有这些现象看作心理能量的表现。

在物理学中，我们也谈到能量及其各种表现形式，如电、光、热等。心理学中的情况则完全相同，在这里，我们主要讨论的是能量，也就是强度的度量，而强度可能有大有小，它可以以各种形式出现。如果我们认为力比多是能量，那么我们可以采取一种全面和统一的观点。关于力比多本质的定性问题，无论是性、权力、饥饿还是其他什么——都渐渐远去，消失在背景中。我想为心理学做的是得出一些符合逻辑和阐释透彻的观点，如同能量学理论在物理科学中所提供的观点。这就是我在论文《心理能量》（1928 年）中试图实现的。例如，我把人类的动机看作能量过程的各种表现形式，因此也把它看作类似于热和光这样的能量。正如现代物理学家不会想到仅仅从热中获得所有的能量一样，心理学家应该警惕不要把所有的本能都归为性的概念。这是弗洛伊德最初的错误，后来他通过"自我本能"的假设加以纠正，再之后又引入了"超我"，并赋予超我以虚拟的至高无上的地位。

在《自我与潜意识的关系》一书中，我只讨论了我对潜意识的关注，以及这种关注的性质，但还没有对潜意识本身做过多的论述。当我对幻象进行

---

[1]　这些作品主要收录在《文集》的第 4、8、10 和 16 卷中。

研究时，我意识到潜意识正在经历或产生变化。只有在我熟悉了炼金术之后，我才意识到潜意识是一个过程，心灵是通过自我与潜意识内容的关系而改变或发展的。在个别情况下，这种转变可以从梦和幻象中读出。在集体生活中，它主要在各种宗教制度及其不断变化的象征中留下了沉淀。通过对这些集体转化过程的研究和对炼金术象征的理解，我得出了我心理学的中心概念：个性化的过程。

我研究的一个重点在于，它一早就开始触及一个人对世界的看法，以及心理学和宗教之间的关系。我首先在《心理学与宗教》（1938 年）一书中详细探讨了这些问题，然后，作为这方面的一个直接分支，我在《帕拉塞尔西卡》（1942 年）中也做了讨论。从这个角度来看，本书中的第二篇文章《帕拉塞尔苏斯作为一种精神现象》就显得尤为重要。有关帕拉塞尔苏斯的论述包含了丰富的原始思想，包括对炼金术士提出问题的明确表述，尽管这些都是在后来以结构复杂的形式提出的。通过讨论帕拉塞尔苏斯，我总算要开始谈谈炼金术的性质的问题了，这些与宗教和心理学休戚相关，换句话说，是作为一种宗教哲学形式的炼金术。这是我在《心理学和炼金术》（1944 年）中做的讨论。因此，我终于接近了我 1913 年至 1917 年所体验的一切的基础，因为我当时所经历的过程与那本书中所讨论的炼金术转化过程是一致的。

我应该不断地在脑海里思考潜意识的象征与基督教以及其他宗教的关系的问题，这是再正常不过的了。我不仅为基督教的启示敞开大门，而且我认为基督教对西方人有至关重要的影响。然而，人们需要以一种新的视角来看待基督教，以适应当代精神所带来的变化。否则，它就脱离了时代，对人的整体性没有影响。我努力在作品中体现这一点。我对三位一体的教义和弥撒经文做了心理上的解释，而且，我把它与潘诺波利斯的佐西莫斯这位公元 3 世纪的炼金术士和诺斯底派教徒描述的种种幻象做了比较。[1] 我试图把分析心理学与基督教联系起来，这种尝试最终导致基督以一个心理学人物形象显现。早在 1944 年，在《心理学和炼金术》中，我就能够证明基督像与炼金术士的核心概念之间的相似性，这种相似性就是贤者之石，或点金石。

1939 年，我就关于圣依纳爵·罗耀拉的《精神修炼》举行了一场研讨会。

---

[1] 两项研究均包含在《心理学与宗教：西方与东方》中。

同时，我还认真研究了《心理学和炼金术》。我有一天晚上醒来，沐浴着明亮的灯光，看见床脚下的十字架上有基督的人像。它并不是真人大小，但非常独特，我看到他的身体是发绿的黄金制成的。这景象非常美丽，我被它深深地震撼了。这样的景象对我来说并不稀奇，因为我经常在入睡前看到各种极其生动的场景。

我一直在思考来自《精神修炼》冥想之一的基督之灵。这个幻象走进我的世界，仿佛是在指出我在思考中忽略了一些东西：把基督比作炼金术士非凡之金和绿柱石。[1] 当我意识到这个幻象指向了这个核心炼金术符号，并且我对基督已经有了大体上的炼金术幻象时，我感到很欣慰。

带有绿色的黄金是一种生命品质，炼金术士们在人类身上以及在无机自然界中都看到了这种品质。它是一种生命精神的表达，人的灵魂和宏观世界之子，使整个宇宙充满活力的人类的一种表现。这种精神已经倾注到一切事物中，甚至是无机物中，比如它会存在于金属和石头中。因此，我的这一幻象是基督形象与他在物质上的相似物宏观世界之子的结合。如果我没有被带有绿色的黄金所打动，我很有可能假设我的"基督教"观念中缺少了一些重要的东西，换句话说，我的传统基督形象在某种程度上是有缺陷的，我仍然需要跟上基督教发展的某些部分。然而，对金属的强调向我展示了一种不加掩饰的炼金术观念：基督是精神上鲜活的但肉体上已经死亡的物质的结合。

我在《伊涌》[2] 一书中再次提到了基督的问题，我不再关注各种历史的相似性，而开始关注基督形象与心理学的关系。我也不认为基督是一个被剥夺了一切外在因素的形象，相反，我想展示他所代表的宗教内容在几个世纪以来的发展。对我来说，展示基督是如何被占星术预言的，以及依照他那个时代的精神，在两千年的基督教文明进程中，人们是如何理解他的。这就是我想要描述的，以及几个世纪以来在他周围积累的所有奇特的非主流阐述。

当我深入研究这些问题的时候，那个历史人物——耶稣本人——的问题也出现了。这一点很重要，因为他那个时代的集体心理也可以这样来描述：

---

[1]　更严肃的炼金术士意识到，他们的工作目的不是将贱金属转变为金，而是生产一种"非凡之金"或"哲学之金"。换句话说，他们关心精神价值和心理转变问题。

[2]　同名英文译本出版于 1959 年。

耶稣是荟萃了的原型，是浓缩了的人类的原始形象，是一个几乎不为人所知的犹太先知。人类的古老观念，一方面源于犹太传统，另一方面源于埃及的荷鲁斯神话，在基督教时代开始时就为人们所接受，因为它是时代精神的一部分。它主要是关于人类之子，即上帝之子，他反对神化的奥古斯都，即这个世界的统治者。这个想法紧紧围绕了弥赛亚最初的犹太问题，使之成为一个世界性的问题。

将木匠的儿子耶稣传福音并成为世界的救世主这一事实视为"偶然"是一种严重的误解。他一定是一个有着独特天赋的人，能够如此完整地表达和表现出人们对他所在的时代的普遍期望，尽管是无意识的。没有其他人能传达这样的信息，只有耶稣这个特殊的人才有可能做到。

在那个时代，罗马那无所不在的、能够毁灭一切的力量体现在神圣凯撒身上，由此开启了一个世界，其中无数人甚至各个民族，都被剥夺了他们的文化独立性和精神自主性。今天，个人和文化也面临着类似的威胁，即被大众吞噬的威胁。因此，在许多地方，基督的复活是一股带有希望的浪潮，甚至出现了这个有关宗教幻觉的谣传，表达了对救赎的期望。然而，它所采取的形式与过去没有任何可比性，而是典型的"技术时代"的产物。这就是飞碟现象（不明飞行物）在世界范围内分布的原因。[1]

因为我的目的是要证明我的心理学理论在多大程度上与炼金术相对应（或反过来说也一样），我想在研究宗教问题的同时发现在研究炼金术士的过程中都解决了哪些心理治疗方面的特殊问题。医学上心理疗法的主要问题是移情，在这件事上，弗洛伊德和我完全一致。我能够证明炼金术也有一些与移情相对应的东西——也就是说合体的概念，西尔伯勒已经注意到了它的重要性，我的书《心理学与炼金术》中囊括了这种对应关系的证据。两年后，即1946年，我在《移情心理学》[2]中进一步探讨了这一问题，《神秘合体》[3]一书就是我的研究成果。

---

[1] 参见荣格的《飞碟：现代事物神话》（纽约和伦敦1959年版）及《转型中的文明》。

[2] 收录在《心理治疗实践》中。

[3] 《荣格全集》第14册。

就像所有与我个人或科学有关的问题一样，合体的问题伴随着或预示着梦的到来。在其中一个梦里，这个问题和基督问题都浓缩在一个显著的意象中。

我再一次梦见我的房子有一间我从未进去过的大厢房。我决定进去看看，终于我来到一个大的双门前。当我打开它时，我发现自己所在的房间被设置成了实验室。窗前摆着一张桌子，桌上摆满了玻璃器皿和动物实验室的所有用具。这是我父亲的工作室，然而，他并不在那里。墙上的架子上放着几百个瓶子，里面装着各种各样可以想象到的鱼。我大吃一惊：如此说来现在我父亲要研究鱼类学了！

当我站在那里环顾四周时，我注意到窗帘不时地鼓起，好像在刮大风。突然，一个来自乡下的年轻人汉斯出现了。我叫他看看窗帘后面的房间里有没有开着的窗户。他走了，好长一段时间都不见人影。当他回来时，我看到他脸上露出恐怖的表情。他只说："是的，里面不对劲。里面在闹鬼！"

然后我自己过去了，发现有一扇门通向我母亲的房间，房间里面没有人，且气氛相当诡异。房间很大，天花板上悬挂着两排柜子，五个一排，高出地面两英尺。它们看起来像一个花园里的小亭子，每个亭子的面积约为六英尺，每个亭子都有两张床。我知道这就是我母亲的房间，实际上她已经去世很久了，她把这些床铺好，让来访的鬼魂安睡。他们是成双成对的鬼魂，可以说，是在那里过夜甚至白天也来过的鬼魂。

我母亲房间的对面有一扇门，我打开门，走进了一个大厅，它让我想起了一家大酒店的大厅。房间里摆满了安乐椅、小桌子、柱子、华丽的帷幔等，一支铜管乐队在大声地演奏。我一直听到后面有音乐，但不知道音乐是从哪里传来的。大厅里除了铜管乐队聒噪的舞曲和进行曲外，没有一个人。

酒店大堂里的铜管乐队表现出浮夸的尘世欢愉。没人会想到，就是在同一栋楼里，在这个喧闹的外墙后面的却是另一个世界。大堂梦幻般的形象，实际上，是一幅描绘我的和蔼可亲或世俗欢乐的讽刺画，但这只是外在的一面。而它的背后则完全不同，这在乐队音乐的喧嚣中是无法探究到的：鱼类实验室和供幽灵休憩而建的吊亭，两个都是令人敬畏的地方，在这两个地方神秘的寂静占据了上风。置身二者中间给我一种感觉：这里是夜晚的住所，而大厅代表着白天的世界和这个世界的肤浅。

梦中最重要的意象是"灵魂接待室"和鱼类实验室，前者以某种滑稽的方式表达了"合体"；后者表明了我对基督的关注，在这里他自己就是鱼。我在十几年里一直努力研究这两件事。

值得注意的是，对鱼类的研究是由我父亲完成的。在梦中，他是基督徒灵魂的看护者，因为根据古代的观点，这些都是彼得网获的鱼。同样值得注意的是，在同一个梦里，我的母亲是亡灵的守护者。因此，我的父母似乎都背负着"治愈灵魂"的重担，但是这实际上是我的任务。我父母仍在承担着某件未完成的事情，也就是说，它仍然藏在潜意识中，就这样留给了未来。有人提醒我，我还没有涉及"哲学"炼金术的主要问题，即"合体"，因此没有回答基督教灵魂向我提出的问题。同样重要的是关于圣杯传说的问题，我的妻子把她一生都奉献给了这个问题。[1] 我记得，当我在研究《伊涌》的鱼类符号时，对圣杯和渔夫之王的追求经常出现在我的脑海中。如果不是我不愿意闯入我妻子的领域，毫无疑问，我就必须把圣杯传说纳入我的炼金术研究中。

我印象中父亲是一个受安福塔斯式创伤的病人，一个承受着伤口无法治愈的痛苦的渔王，而炼金术士们正是为了治疗伤痛去寻求灵丹妙药。作为一个"哑巴"的帕西法尔，我在孩提时代就是这种疾病的见证人，而且，和帕西法尔一样，我并不擅长演讲。我只有一点线索，事实上，我父亲从未对基督的兽形象征感兴趣。另一方面，他实际上一直活在基督所预示和应许的苦难中，却从未意识到这是效仿基督的结果。他把自己的痛苦看作个人的痛苦，而其实他是可以向医生请教的，他并不认为这是一般基督徒的痛苦。《加拉太书》中这样说："我活着，但不是我，乃是基督活在我身体里面。"这句话从来没有深入他的思想，因为任何关于宗教问题的思考都会使他感到恐惧。他希望信仰能使他满足，但信仰总是让他失望，这通常就是牺牲智慧换来的结果。"不是所有的人都能领受这训诫，只有受戒的人才能领受……有些阉人为了天国的缘故，把自己变成了阉人。能领受的，就让他领受。"（《马太福音》）

---

[1]　1955 年荣格夫人去世后，玛丽·路易斯·冯·弗兰兹博士接手圣杯研究工作，并于 1958 年顺利完成。参见爱玛·荣格和玛丽·路易斯·冯·弗兰兹合著的《圣杯传奇》。

盲目地接受永远无法解决问题，最多只能导致停顿，并会在下一代付出沉重的代价。

众神的兽性象征表明，神不仅延伸到超人类的范畴，而且延伸到非人类的范畴。动物是他们的影子，可以说，大自然把它自己与神圣的形象联系在一起。"基督之鱼"表明，那些效仿基督的人本身就是鱼，也就是说，潜意识的灵魂需要这种心灵的照料。鱼类实验室是教会"治愈灵魂"的同义词，就像受伤的人会伤害自己一样，治疗师也会治愈自己。值得注意的是，在梦中，决定性的活动是由死者对死者进行的，也就是在意识之外的世界，即在潜意识的世界。

因此，在我生命的那个阶段，我仍然没有意识到自己任务的一个重要方面，我也无法对这个梦作出令人满意的解释。我只能去感受它的意义，在我写《答约伯》之前，我还得克服内心最大的阻力。

这本书的内在根源可以在《伊涌》中找到。我在其中讲过基督教的心理学，约伯是基督的一种先兆。它们之间的联系代表着痛苦这个概念。基督是替神受苦的仆人，约伯也是。在基督的例子中，世界的罪是痛苦的起因，而基督徒的苦难是普遍的答案。这就不可避免地引出一个问题：谁要为这些罪恶负责？归根结底，是上帝创造了世界和它的罪恶，因此他成为基督，以承受人类的命运。

在《伊涌》里有提到神圣形象的光明面和黑暗面。我引用了"神的愤怒"——这是一条敬畏神的诫命，还有"请带我们远离诱惑"。神的矛盾形象在《约伯记》中扮演了重要的角色。从某种意义上说，约伯期待上帝会站在他这边反对上帝，在这一点上，我们看到了上帝悲剧性的矛盾。这是《答约伯》的主题。

驱使我写这本书的也有外力，来自公众和病人的许多问题使我觉得我必须更清楚地表达自己对现代人关于宗教问题的看法。多年来，我一直犹豫要不要这么做，因为我完全可以预料到我将要引发的风暴。但最后，尽管这个问题既紧迫难度又大，我还是禁不住被它吸引，我发现自己不得不给出一个答案。我按问题呈现在我面前的方式来给予解答，即我的解答完全出于个人感情。我有意选择这种形式，是为了避免给人一种印象，即我一心想宣扬某种永恒的真理。《答约伯》只不过是个人絮语，这个说话的人希望并期望自己可以引发公众去思考，我根本不想阐明一个形而上学的真理。然而，神学家们却用这件事来责怪我，因为神学思想家们太习惯于和永恒的真理打交道，他们完全不知道其他真理的存在。当物理学家说原子是这样或那样的组成并画出它的模型时，他并没有将这种理论当成永恒的真理。但是神学家不了解自然科学，尤其是心理学思想。那些分析心理学的材料主要是在表述问题，而这些表述经常以一致的形式出现在不同的时间和地点。

约伯的问题的所有衍生结果同样在梦中被预示，这始于我去看望我那去世已久的父亲。他以前住在乡下，我不知道具体在哪里。梦中我看到一座18世纪风格的房子，房子非常宽敞，有几座相当大的外屋。据说，它最初是一家温泉旅馆，似乎有许多要人、名人和王公贵族都曾在那里居住过。之后，有几个人逝世了，他们的石棺放在房子的地窖里，而我父亲是看守人。

我很快就发现，他不仅是一位看守人，而且还凭借自身条件成为一位杰出的学者，这是他在世的时候从未发生过的事情。我在他的书房里见到了他，奇怪的是，与我年龄相仿的 Y 医生和他的儿子都是精神病医生，当时两人均在场。我不知道是否因为我问过什么问题，或是父亲想自己解释一些事情，不管怎么说吧，他从书架上拿了一本大《圣经》，一本像我图书馆里的梅里安《圣经》那样的对开版本。我父亲拿着的《圣经》是用闪亮的鱼皮装订的，他打开了旧约全书这部分（我猜他翻到了摩西五经）开始解释一段话。他的语速如此之快，看上去学识渊博，导致我完全无法跟上他的节奏。我只注意到他所说的话覆盖面很广，我对其中涉及的知识有一些大致的概念，但无法正确地判断和把握。我发现 Y 医生什么都听不懂，他的儿子开始笑了起来。他们认为我父亲是在胡说八道，他说的不过是些陈词滥调。但我很清楚，这不是由于病态的兴奋，他说的话并不愚蠢。恰恰相反，他的话高屋建瓴，又旁征博引，若是听者愚钝，就无法理解其中的奥义。这涉及一件极为重要的事情，这件事使他着迷。这也就是为什么他讲话如此激烈，因为他思想深刻。我有些恼怒，为他不得不在我们三个这样的白痴面前讲这些话而感到抱歉。

这两位精神病医生代表了一种有限的医学观点，我作为一名医生当然也受到了影响。他们代表了我的两个阴影，即父亲和儿子。

后来场景一变。我父亲和我站在房子前面，对面是一个棚子，可以明显看到那里堆放着木头。我们听到"砰砰"的巨响，好像大块的木头被扔下来或扔来扔去。我以为那里至少有两个工人在忙，但我父亲告诉我，那地方在闹鬼。显然是鬼在吵闹。

然后我们走进房间，我看到房子有很厚的墙。我们爬了一段狭窄的楼梯来到二楼，这里出现了一个奇怪的景象：这里有一个大厅，它是苏丹阿克巴在法塔赫布尔·西格里古城的 divan-i-kaas（议会大厅）的复制品。这是一间高高的圆形房间，墙上有一个走廊，从那里有四座桥通向一个盆形的中心。这个盆形中心的下面是一根巨大的柱子，形成了苏丹的圆形座位。在这个高高的地方，他与那些沿墙坐在走廊里的议员和哲学家们交谈。整个场景就是一个巨大的曼陀罗，它与真正的议会大厅里的场景一模一样。

在梦中，我突然看到一段陡峭的楼梯从中间一直延伸到墙上的一个高处——这个地方已经不同于现实了。楼梯顶上有一扇小门，我父亲说："现在我带你到最高的地方去。"然后他跪下来，额头碰到地板上。我模仿他，同样跪着，内心激动不已。不知什么原因，我的额头不能完全触碰地板，也许还有一毫米的空间，但至少我和他做了同样的姿势。突然间，我知道（也许是我父亲告诉我的），那扇门通向一个单独的房间，那里住着大卫王的将军乌利亚，大卫为了他的妻子拔示巴，命令士兵当着敌人的面抛弃乌利亚。

关于这个梦，我得解释几句。最初的场景描述了我留给"父亲"的潜意识任务是如何完成的。他显然全神贯注于《圣经》（或者说是创世记），渴望表达他的见解。鱼皮表示《圣经》是潜意识里的内容，因为鱼不会说话，也没有意识。我可怜的父亲最终也没能成功地与人交流，有一部分听众听不懂他在说什么，也有一部分人既恶毒又愚蠢。

在这次失败之后，我们穿过街道到了"另一边"，那里是幽灵活跃的地方。幽灵现象通常出现在青春期到来前的年轻人身上，也就是说，我还是不够成熟，潜意识心理过强。印度风格的布景说明了这是"另一边"。当我在印度时，长沙发床的曼荼罗结构实实在在地给我留下了深刻的印象，因为它代表了一个与中心有关的内容。中心是阿克巴大帝的所在地，阿克巴大帝统治着一个次大陆，他像大卫一样是"世界之主"。但站在大卫之上的是他的无辜受害者，是惨遭其抛弃的忠实的将军乌利亚。乌利亚是基督的先兆，他是被上帝遗弃的人神。"我的上帝，我的上帝，你为什么离弃我？"除此之外，大卫还把乌利亚的妻子"据为己有"。直到后来，我才明白有关乌利亚的暗示意味着什么：我将被迫公开谈论《旧约·圣经》中上帝形象的矛盾心理，此外，我的妻子将与我天人两隔。

这些是我潜意识中隐藏的命中注定之事。我只能屈从于命运，也确实应该将额头触碰在地板上，这才是完全的顺从。但是，由于某种原因，我无法完全做到这一点，因此停留在了离地板只有一毫米的地方。我内心的声音在说："很好，但这不是全部。"我心生叛逆，决意不会成为愚蠢的鱼：如果自由人中没有人有这种精神，那么《约伯记》就不会出现在基督诞生前几百年。即使面对神圣的法令，人也总是有某种精神上的保留。否则，哪里会有他的自由呢？如果自由不能对威胁自由的上帝构成威胁，那自由又有什么用呢？

乌利亚住在比阿克巴更高的地方，正如梦中所说，他甚至是"最高的存在"，这种说法仅适用于上帝，除非是谈到拜占庭艺术。我不禁想起佛陀以及他与众神的关系，对于虔诚的亚洲人来说，如来是至高无上的绝对真理。凭借神的力量，人类得以洞察他的造物主。他甚至被赋予了在本质上消灭造物的力量，也就是人的世界意识。今天他可以消灭地球上所有更高级的生命。佛陀已经提出了毁灭世界的思想：通过开悟，因果轮回之链将被打破，这是一条必然会引发衰老、疾病，以及死亡的因果链，从而结束存在于世的幻觉。叔本华对意志的否定，预示着一个已经迫在眉睫的未来问题。这个梦揭示了一种长期存在于人类中的思想和预言，即生物能以一个微小但决定性的因素超越其创造者。

在这次梦境之旅之后，我必须再次回到我的写作中。在《伊涌》里，我着手于一系列需要分别应对的问题。我试图解释基督的出现是如何与一个新纪元的开始，即鱼类的时代相吻合的。基督的生命与客观的天文事件之间存在着同步性，这里指的是春分进入双鱼座。因此，基督是"鱼"（就像在他之前的汉谟拉比是"公羊"），并作为新世代的统治者出现。这就引出了同步性的问题，我在我的论文《同步性：一种通用的连接原则》[1]中讨论了这个问题。

《伊涌》中的基督问题最终让我想到人类学的现象——从心理学的角度来说——自我是如何在个体的经验中表达出来的。我试图在《冯登·沃泽恩·德斯贝乌斯特森》（1954 年）中对此给出答案。[2] 我在此书中关注了意识和潜意识之间的相互作用，从潜意识到意识的发展，以及更大的人格——内在人——对每个人的生命的影响。

这项研究完整地呈现在《神秘合体》中，在这本书里，我再次讨论了移情的问题，但主要是遵循我的初衷，即把整个炼金术范畴作为一种炼金术心理学，或作为深度心理学的炼金术基础。在《神秘合体》一书中，我的心理学终于在现实中占有一席之地，并建立在了其历史基础之上。我的任务就这样结束了，我的工作也完成了，现在它可以说已经站稳了脚跟。当我触底的那一刻，我就触及科学理解的界限，触及超验性和原型本身的本质，关于这些，已经无法再作出进一步的科学陈述了。

当然，这里只是对我工作所做研究的一个简短总结。我要说的的确更多，或者更少。这是一个即兴发挥，就像我在这里所说的一切都产生于当下。那些理解我作品的人可能会从中获益，其他人也许会被迫去研究我的想法。我的生活就是我所做的科学工作，两者是不可分割的。这部著述是我内心发展的表现，因为对潜意识内容的投入塑造了我并造成了我的转变。我的每一部作品都可以看作我人生道路上的一站。

我所有的作品都在表达自己的内心，这些著述的诞生源自一种带有宿命的强迫性。我写的都是我内心深处的东西，我允许感动了我的灵魂说出心声。我从来没有指望过谁对我的作品有任何强烈的反响，或者产生任何有力的共鸣。它们代表着对我们时代的一种补偿，我被迫说出了没人想听的话。因为这个原因，尤其是刚开始的时候，我常常感到极度的孤独。我知道我说的话是不受欢迎的，因为我们这个时代的人很难接受与意识世界相抗衡的力量。今天，我可以说，我非常惊讶自己取得了如此大的成就，因

---

[1] 收录在荣格和保利合著的《对自然和心理的解释》（1954 年纽约和伦敦版）及《心理的结构和动力学》。

[2] 这本书中的文章大多可见于《荣格全集》第八卷、第九卷和第十一卷。

为我得到的成功远远超出了我的预期。我觉得自己已经做了能做的一切，毫无疑问，我本来可以做得更大，也可以做得更好，但很多事情我也无能为力。

八 塔 楼

通过科学研究，我渐渐能够将自己的种种幻象和潜意识的内容建立在坚实的基础之上。然而，文字和纸张对我来说似乎不够真实，还需要其他的一些东西，我要在石头上表现出我内心深处的想法和我所获得的知识。或者换句话说，我要用石头来开诚布公地表达我的信仰。这便是我在博林根为自己建造的"塔楼"的起源。

从一开始我就决定要在水边建造房屋。由于我一直莫名被苏黎世湖上游的美景所吸引，因此我于1922年在博林根买了块土地。它位于圣梅纳德地区，属于教堂用地，以前则属于圣加尔修道院。

起初，我对建造房子并没有一个详细的规划，只是想建一个原始的单层住宅。大概的设想是一个圆形的结构，中心有一个壁炉，四面墙壁上铺着木板。我大致构想了一个非洲小屋，中间有用几块石头围起来的燃烧的柴火，整个家庭的生活都围绕着这个中心。原始的棚屋将一种家庭整体性的观念具象化了，各种小型家畜也养在其中。但我在建造的第一个阶段就改变了计划，因为我觉得它太原始了。我意识到自己只能将它建成一座普通的两层式建筑，而不仅仅是一个地上小屋。所以在1923年，第一个圆房子建成了。完工时，我看到这个塔楼式住宅很符合我的心意。

从一开始，我对这座塔楼就抱有一种强烈的宁静和新生之感。对我来说，它代表着母性的温暖。随后我渐渐地意识到，它并没有将所有需要表达的东西全部展现出来，里面还缺点什么。于是，四年后，也就是 1927 年，为了增加中心式建筑的效果，我加盖了一个塔式的附属建筑。

一段时间之后（中间又间隔了四年），我再次产生了一种缺失感。在我看来，这座建筑还是太原始了，于我是在 1931 年扩建了塔式附属建筑。我想在这座塔上建一个房间，一个独属于我自己的生活空间。我想起了在印度的房子里看到的一切，那里通常都有一个区域——尽管它可能只是房间的一角——被窗帘隔开，居民们可以退隐在那里。他们会在那儿冥想一刻钟或半小时，或者做做瑜伽。在印度，这样一个休息独处的地方必不可少，因为印度人生活得非常拥挤。

在我的休息区里我将完全独处。我一直随身携带着钥匙，这样除非我允许，否则其他人都无法进入。这几年里，我在墙上画过画，这些画表达了所有使我脱离时间、与世隔绝的事物，让我摆脱当下直至永恒的种种。因此，第二座塔楼对我来说成了精神汇集之地。

时间到了 1935 年，我心中又产生了一种渴望，想要拥有一块有围墙的土地。我需要一个更大的空间，可以面向天空和大自然。因此，四年之后，我又在湖边建了一个庭院和一个凉廊，这些构成了建筑的第四个部分，与这所房子其他的三个部分分开。于是，一个四位一体的建筑出现了，这四部分我用了十二年建造完成。

1955 年我妻子去世后，我内心产生了一种责任感，我要重回自我。用位于博林根的这间房屋来打个比方，我突然意识到，建得低凹隐蔽的中间那一小部分，就是我自己！我再也不能躲在"母性"和"精神性"的高塔之后了。在这一年里，我在这个部分的上层又添加了一层，用以代表我自己或我的自我人格。早些时候，我不可能做到这一点，因为我将其视为自以为是的自我强调，现在它标志着老年状态下的意识扩展。就这样，这栋建筑完工了。1923 年，在母亲去世两个月后，我开始建造第一座塔楼。这两个日期蕴含深意，因为我们将看到这座塔楼与死者之间的关联。

从一开始，我就觉得这座塔楼在某种程度上是一个代表着成熟的地方，就像一个母亲的子宫或一个母性的形象，在那里我可以做曾经的自己，现在的自己，以及将来的自己，它让我感觉自己在石头里获得重生。因此，它赋予个体化这一过程以具体形象，是一座永恒的纪念物。当然，在建造过程中我从来没有考虑过这些问题。我总是根据当下的具体需要，分阶段建造这所房子，甚至可以说我是在梦中建造的。直到后来，我才看到各个部分是如何结合成为一个有意义的整体形式的：是一个精神完整性的象征。

在博林根，我身处真实的生活当中，我是最深刻的自己。在这里，我可以是"母亲上了年纪的儿子"。这就是炼金术里充满智慧的表达方式，因为我小时候就已经体验过所谓的"老人""古代"，也就是第二人格，这一人格从现在到将来一直都会存在。他存在于时间之外，是母性潜意识的儿子。在我种种的幻象中，他总是以腓利门的形式出现，在博林根又活了过来。

有时，我觉得自己像是散落在风景和事物之中，我生活在每一棵树上，在波浪拍起的水花中，在云朵中，在来来往往的动物中，在四季的交替中。几十年来，这座塔楼上每一件东西都按自己的形式发展，任何东西都与我相关。一切都有它的历史，我也有——这里是世界和精神腹地的无空间王国。

房间里没有电，我需要自己照看壁炉和火炉。晚上，我点亮那些已经陪伴了我很长时间的灯。房间里也没有自来水，我便从井里抽水，我还自己劈柴做饭。这些简单的行为使人变得简单，但简单又是多么困难啊！

在博林根，我几乎可以听到周围的寂静，我生活在"与自然适度和谐"的环境中。[1]一个又一个想法浮出水面，可以追溯到几个世纪前，还可以相应地预见遥远的未来。在这里，创造产生的痛苦减轻了，创造与游戏紧密地结合在一起。

到了1950年，我用石头建了一座纪念碑，以表达塔楼对我的意义。关于这块石头是如何出现在我身边的，这是一件非常有意思的事。我需要石头来建造所谓花园的围墙，就从博林根附近的采石场订购了一些。当石匠将所有测量值告诉采石场主人时，我就站在旁边，看着后者将这些数值记下来。事实却是，当货船到达并卸下石头时，发现基石尺寸完全是错误的，送过来的不是我要的三角形石头，而是方形石头：其大小足足比订购的尺寸大了一立方多，厚度大约二十英寸。石匠大怒，并告诉驳船人员将其带回去。

---

[1] 一幅古老的中国木刻画的标题，画作描绘了一位个头矮小的老人身处于壮阔的风景中。

但当我看到那块石头时，我说："不，这就是我要的石头。我一定要留下它！"因为我一眼就看出它非常适合我，我想用它做点什么，只是我还不知道具体要做什么。

我首先想到的是炼金术士阿纳尔德斯·德维拉诺瓦（死于 1313 年）的一段拉丁诗句。我把这个刻在石头上，翻译过来是：

> 这是一块卑微丑陋之石，
> 论其价值一文不值！
> 愚者越是鄙夷轻视，
> 智者越是视若珍宝。

这段诗文讲述的是炼金之石，也就是往往为人所不屑的贤者之石。

不久，发生了另一件事。我在石头正面的天然结构中看见一个小圆圈，像是眼睛一般和我对视。我在石头上将它凿出眼睛的轮廓，在中间雕刻了一个小矮人。这就像是瞳孔里的"小人儿"——你在别人的瞳孔里看到的你自己，一种类似于印度神秘主义者迦比尔，或者阿斯科勒皮俄斯的泰莱斯福鲁斯的人。古代雕像上的他，身穿蒙面斗篷，手持灯笼。同时他也是指路人。我把我想到的几句词也刻在了石头上。献词是用拉丁文写的，翻译过来如下：

> 时间如孩童一般——像孩童一样游戏——玩着棋盘游戏——在孩子的王国。他是泰莱斯福鲁斯，漫游在宇宙的黑暗中，像一颗恒星一样发出光芒。他指出通往太阳之门和梦之国度的路。[1]

这些话在我雕刻石头时一句接一句地出现在我脑海中。

在石头的第三面，即面对湖面的那一面，我让石头用拉丁铭文来表达自己。这些话或多或少是引自炼金术。翻译如下：

---

[1] 第一句是赫拉克利特著作的片段；第二句暗指密特拉的礼拜仪式；最后一句涉及荷马（《奥德赛》，第 24 卷第 12 节）。

我是一个孤儿，举目无亲，然而我浪迹天涯。我独自一人，但与自己对立。

我既是青年又是老人。

我既不识父也不识母，因为我必须像鱼一样从深渊中被捕捞出来，或像一块白石从天上掉下来。我在山林中漫游，却藏在人的灵魂深处。

对每个人来说，我终有一死，但我并没有被世世代代的轮回所触动。

最后，按照阿纳尔德斯·德维拉诺瓦的说法，我用拉丁语写下了"为纪念其 75 周岁，荣格于 1950 年制作并安放该石于此，以表感谢。"

石头刻好之后，我一遍又一遍地观赏它，对它充满了好奇，并问自己，我雕刻它的冲动背后隐藏着什么。

那块石头就矗立在塔楼外，就像是对塔楼的解释。它是占领者的展现，但仍然无法为外人所理解。你知道我想在石头背面刻什么吗？"梅林的呐喊！"因为石头所表达的东西使我想起了梅林从世界上消失后在森林里的生活。人们仍可以听到他的叫喊声，因此传说流传至今，但他们无法理解或对其做出解释。

梅林代表了一种尝试，是中世纪潜意识想要创造一个与帕西法尔相对的形象。帕西法尔是一个基督教英雄，而梅林是魔鬼和修女的孩子，是帕西法尔的黑暗兄弟。在 12 世纪，当传说出现的时候，尚且还没有一个前提可以用来理解他的内在含义。因此，他以流亡告终，也因此"梅林的呐喊"在他死后仍会从森林中响起。这个没有人能理解的叫喊声意味着他以未被救赎的形式活着。他的故事还没说完，他仍游荡在外。可以说，梅林的秘密是由炼金术流传下来的，主要是以墨丘利的形象存在。然后梅林又占据了我的潜意识心理学的一大部分，而且至今仍是我心头的一个未解之谜！这是因为大多数人发现，与潜意识共处远远超出他们的能力范围。我反复多次终于懂得，要做到这一点对常人来说多么困难。

第一座塔楼完工的时候，我正在博林根，时间大约是在 1923 年到 1924 年的冬天。我依稀记得当时并没有下雪，所以也可能是在早春。我一个人待了大概一个星期，或许更久。那段时间，周围弥漫着一种难以形容的沉寂。

我记得很清楚，有一天晚上我坐在壁炉旁，把一个大水壶放在火上烧，然后准备用热水洗碗。水开始沸腾，水壶也响了，声音听起来像有许多人在叫，或是弦乐器发出的声音，甚至像一个完整的管弦乐队在演奏。听上去就像复调音乐一样。我平时根本无法忍受这种音乐，但此时却觉得它异常有趣，就好像塔楼里面有一个管弦乐队，外面也有一个。一个现在主奏，过一会儿另一个主奏，好像它们在互相回应似的。

我坐在那里听，不由得出了神。我就这样听了一个多小时，听这自然的旋律。这柔和的音乐包含了大自然所有刺耳的声音，其中自有道理，因为大自然不仅是和谐的，也是极其矛盾和混乱的。这音乐也是如此，一种倾泻而出的声音，有着风和水的风格，这是如此奇妙，简直无法形容。

在另一个寂静的夜晚，我独自一人在博林根（那是在 1924 年的冬末或早春），我醒来时听到了绕塔楼传来的轻柔脚步声。远处的音乐响起，离我越来越近，我还听到有人在笑和说话。我想："谁会在附近徘徊？这是怎么回事？湖边只有一条小径，几乎没有人在上面行走！"正想这件事的时候，我突然醒了，走到窗前打开百叶窗，一切都静了下来。窗外不见一人，也听不见任何声音，没有风，什么也没有。

"真奇怪"，我想。我确定那些脚步声、笑声和谈话都是真实的。但显然我只是在做梦。我回到床上，仔细思考我们的知觉怎么可能欺骗自己，以及为什么会有这样一个奇怪的梦。就在这时，我又睡着了，又开始做同一个梦：我再次听到了脚步声、谈话声、笑声和音乐声。与此同时，我还看到几百个黑衣人，他们可能是穿着星期日礼拜服的乡下男孩，他们从山上下来，从塔楼的两边涌来，周围充满了喧闹的踩踏声、笑声、歌声和手风琴声。我不耐烦地想，"这真是太过分了！我以为那是个梦，现在却变成了真的！"这时，我醒来了。我又一次从床上猛然起身，打开窗户和百叶窗，发现一切都和以前一样：月光皎洁如水，四周一片黑暗，暮气沉沉。然后我想："怎么回事，简直是闹鬼了！"

我于是扪心自问，当一个梦如此持续又真实，同时我又处于一种清醒的状态，这意味着什么？通常我们只在看见幽灵时才会有这种体验。清醒意味着感知现实，因此，梦代表了一个相当于现实的情境，梦在其中创造了一种觉醒的状态。与普通的梦不同的是，在这种梦中，潜意识似乎执意于向做梦者传达对现实的强烈印象，这种印象通过不断地重复来加以强调。这种现实的来源一方面是物质的感觉，另一方面是原型人物。

那天晚上，一切都是那么的真实，至少看起来是如此真实，使我几乎分不清这两个现实，也无法从这个梦本身得出什么结论。那些奏乐的乡下男孩子们排着长队经过，这又是什么意思？在我看来，他们只是出于好奇想要看看这座塔楼。

自那以后我再也没有经历过或梦到过类似的事情，我也不记得自己曾经听说过类似的事情。直到很久以后，我才找到一个解释。我偶然读到了伦沃德·赛萨的17世纪卢塞恩纪事，其中有这样一个故事：在皮拉图斯山的一个高高的牧场上，据说众神之王奥丁直到今天还在那里练习魔法，齐扎特在爬山的时候，有一天晚上被一队奏着音乐唱着歌从他小屋两边涌过来的人扰醒了——这正是我在塔上所经历的。

第二天早上，齐扎特问和他一起过夜的牧民，这到底是什么意思？这个牧民有一个现成的解释：那一定是离世的人，或是被祝福的人，即沃旦的亡灵大军。他说，这些人习惯四处游走去展示自己。

这也可能意味着一种孤独现象，外在的空虚和沉寂通过一群人的形象加以补偿。这将使上述现象与隐士的幻觉归为一类，而隐士的幻觉也是补偿性的。但我们知道这些故事可能建立在什么样的现实基础上吗？也有可能是我对孤独太过敏感，以至于我能觉察到一队"逝者"的经过。

我从来不满足于把这一经历解释为一种精神上的补偿，但若解释成为一种幻觉，在我看来又是在回避现实问题。我觉得有必要考虑它的现实可能性，特别是从上面这个17世纪的故事的角度来考虑。

这似乎最有可能是一种同步现象。这些现象表明，预感或幻觉在外部现实中往往具有某种对应性。事实上，正如我发现的，这与我的经历有着极其相似的地方。在中世纪，一群年轻人的确会时常进行这样的聚会。这些人通常在春季相聚，从瑞士中部行军到洛迦诺，然后在马里奥的卡萨迪费罗会合，再一起进军米兰。在意大利，他们充兵服役，为外国王子而战。所以，我的设想是可能每年春天会定期举行这样一次聚会，年轻人欢歌笑语告别故土。

我们于 1923 年开始在博林根建房，当时我的大女儿来看过这个地方，她喊道："什么，你要在这里建房子？这儿可到处都是尸体！"我自然会想："可笑！哪有这种事！"但是四年后，我们在建造附属建筑时，确实遇到了一具尸骨，埋在地下七英尺深的地方，尸体肘部有老式步枪子弹。从各种迹象来看，尸体显然是在腐朽的状态下被扔进坟墓的。1799 年，曾有几十名法国士兵在林中淹死，后来被冲到了上游湖岸，这具尸体便是其中之一。当年奥地利人炸毁了法国正在攻打的格里诺大桥，这些人就是在那时淹死的。这座塔楼上还保存着这座墓穴开挖后的照片，上面有骷髅和发现日期，写着 1927 年 8 月 22 日。

我安排了一次正规的葬礼，并在士兵的坟墓上鸣枪三声。然后我为他立了一块墓碑。我女儿早就感知到了尸体的存在，她感知这些东西的能力是从我祖母那里继承来的。

在 1955~1956 年的冬天，我在三块石碑上刻下我祖先的名字，并把它们放在塔楼的院子里。我在天花板上画了我自己和妻子家族的徽章图案，还有我女婿家族的徽章图案。荣格家族原本有一只凤凰作为徽章，这只鸟显然象征着"年轻""青春""返老还童"，大概是出于对他父亲的反抗，我祖父改变了徽章图案的元素。他是一位热心的共济会会员和瑞士分会的领导人，这与他在徽章上做出的变化有很大关系。这一点本身并不重要，我提到它是因为它是我思想和生活上的历史联系。

为了保留我祖父的改动，我的徽章不再有原有的凤凰。取而代之的是在一片金黄色的底色上，右上方是一个蓝十字，而左下方是一束蓝色的葡萄，将二者隔开的是一条带有金星的蓝带。[1]这些徽章象征着共济会或玫瑰十字会。正如十字架和玫瑰花代表了玫瑰十字会的对立物（"十字架对玫瑰"），也就是基督教和酒神这两种元素，因此十字架和葡萄是天堂和地狱精神的象征。起着联结象征的是金星，即哲人之金。

玫瑰十字架起源于隐秘派或炼金术哲学。其奠基人之一是迈克尔·梅尔（1568~1622 年），他是一位著名的炼金术士，和杰拉德·多尔内乌斯（16 世

---

[1] 从徽章学的语言翻译而来。

纪末）是同时代人，后者相对名气更小但更加重要，其论文载于 1602 年《炼金术剧场》的第一卷中。这两人住在法兰克福，该地在当时是炼金术哲学的中心。不管怎样，作为帕拉廷伯爵和鲁道夫二世的宫廷医生，迈克尔·梅尔是当地的名人。在邻近的美因茨住着医学博士卡尔·荣格（卒于 1654 年），除此之外，关于他的信息我们知之甚少，因为其族谱在 18 世纪初的高祖父时期就中断了。这位高祖父就是西格蒙德·荣格，美因茨的居民。中断的原因是美因茨的市政档案在西班牙王位继承战争期间的一次围攻中被烧毁，这个推测比较可靠，显然博学的卡尔·荣格博士对这两位炼金术士的著作较为熟悉，因为当时的药理学在很大程度上仍受帕拉切尔苏斯的影响。多诺伊斯是一个直言不讳的帕拉切尔苏斯派人士，他甚至对其著作《德维塔·隆加》做了大量的评论。他比其他炼金术士更注重个体化的过程。鉴于我一生的大部分工作都围绕着对立问题研究，尤其是这些问题的炼金术象征，所有这些在一定程度上也引起了我的兴趣。

当我在几块石板上刻字时，我意识到我和我的祖先之间的宿命联系。我强烈地感觉到自己受到了父母、祖父母和远古祖先留下的不完整和未回答的问题的影响。似乎在一个家庭中有一种非个人的业力，这种业力是由父母传承给孩子的。在我看来，我始终要回答命运向我的祖先提出的问题，而这些问题尚未得到回答，或者说，我必须完成或者继续祖辈未能完成的事情。很难确定这些问题更多的是个人性质的问题还是一般（集体）性质的问题，在我看来应当是后者。如果一个集体的问题无法得到认可，总是作为个人的问题去处理，那么在个别情况下就可能会给人一种印象，即这是个人心理的问题。个人范畴确实受到了干扰，但这种干扰不一定是主要的，很可能是次要的，是社会氛围中不可忍受的变化的后果。因此，产生这种干扰的原因不一定要在个人环境中去寻找，而是应在集体情境中去寻找。迄今为止，心理治疗对这一问题的考虑太少了。

就像任何可以做出自我反省的人一样，我很早就认为我性格的分裂是我个人的私事和责任。诚然，连浮士德也承认说"呜呼，我的胸腔里居住着两个灵魂"，这从某种程度上解决了一些我的问题，但他并没有阐明这种两分法的起因。从某种意义上说，他的洞见似乎在针对我。当我第一次读《浮士德》

的时候，我几乎猜不出歌德那奇怪的英雄式神话在多大程度上是一种集体经历，它先见性地预言了德国人的命运。因此，我个人觉得自己也牵扯其中。当浮士德的傲慢和自我膨胀导致费莱蒙和鲍西丝被害时，我产生了一种罪恶感，就像我曾经参与计划谋杀这两位老者一样。我被这个奇怪的想法吓了一跳，我认为自己有责任为这一罪行赎罪或者防止它重演。

我早年收集到的一些奇怪信息进一步佐证了我的错误结论。我听说我的祖父荣格是歌德的私生子[1]，我之所以对这件恼人的事印象深刻，是因为它立刻证实并似乎可以解释我对《浮士德》的好奇。我确实不相信转世轮回，但我本能地熟悉印度人称之为业力的概念。因为在那些日子里，我对潜意识的存在尚未了解，所以我不可能从心理学上理解自己的反应。我那时候也不知道未来早就已经在潜意识中规划好了，因此有远见的人可以预见未来，即使在今天大多数人已经知晓这一点的情况下，我仍然知之甚少。因此，当凯撒·威廉一世在凡尔赛加冕的消息传来时，雅各布·伯克哈特惊呼道："这就是德国的末日。"瓦格纳的原型已经在敲门了，随之而来的是尼采的酒神体验，这也许更应该归因于狂喜之神奥丁。威廉德国时代的狂妄自大让欧洲分崩离析，成为 1914 年大灾难的前兆。

我年轻的时候（大概是 1890 年）会不知不觉地被这个时代的精神所吸引，不知如何从中解脱。《浮士德》深深扣动我的心弦，直击我内心深处，我不由得将其视为带有个人属性的作品。最重要的是，它唤醒了我心中对对立问题的思考：善与恶、心灵与物质、光明与黑暗。浮士德，一个笨拙愚钝的哲学家，遇到了他自身的黑暗面，他邪恶的阴影，即靡菲斯特，尽管他的消极性格代表了真正的生命精神，而非徘徊在自杀边缘的枯燥学者。我自己的内心矛盾在这里以戏剧化的形式出现，歌德实际上写出了我本人的冲突和解决办法的基本轮廓和模式。浮士德和靡菲斯特在我的内心合二为一成为一个人，而我就是那个人。换言之，我被深深击中，认识到这是我的命运。因此，戏剧中的所有危机都影响到了我个人，我一度心情激动地表示同意，而另一方面我又极力反对。不论解决方法如何，我都不能视其为一件无关紧要的事。后来，我有意识地把我的作品与浮士德所忽略的东西联系起来：尊重人类永

[1]　见上文，第二章。

恒的权利，承认"古代"，以及文化和思想历史的延续性。[1]

我们的灵魂和身体都是由单独元素构成的，这些元素从我们祖先开始世代沿袭。个体心理中的"新"是古老成分的无限变化的重组，因此，身体和灵魂都具有强烈的历史性，在新事物和刚刚形成的事物中找不到合适的位置。这就是说，构成我们祖先的各种成分只有部分安然地存在于这些新事物里。正如我们现代人伴装的那样，我们还远远没有完全终结中世纪、古典主义和原始主义对我们的影响。然而，我们已经跌入了进步的急流之中，它将我们带向未来，这种暴力性越是肆无忌惮，我们离自己的根越是遥远。一旦过去被打破（它通常会被湮没），前进的脚步就无法停止。但是，正是失去了与过去的联系，我们背井离乡，这导致了对文明的种种"不满"和如此匆匆忙忙，我们生活在未来和它黄金时代的空想承诺中，而不是生活在现在，我们的整个进化背景还没有赶上。在一种日益增长的不足感、不满感和焦躁不安感的驱使下，我们仓促地奔向新奇事物。我们不再依靠我们拥有的东西而生活，而是生活在承诺之上，不再生活在今天的光明中，而是生活在未来的黑暗中，我们期待着，未来最终会迎来日出。我们拒绝承认，一切更美好的东西都是以更大的代价换得的。例如，对国家的更多奴役使我们丧失了获得更大自由的希望，更不用说最辉煌的科学发现给我们带来的可怕危险。我们对父辈和祖先所寻求的了解越少，我们对自己的了解就越少，因此我们竭尽全力帮助剥夺个人的根和指导的本能，使他成为群众中的一分子，仅受被尼采称为万有引力的精神所左右。

通过进步，即通过新方法或新手段进行的改革固然令人耳目一新，但从长远来看，却值得怀疑，而且无论如何都会使人付出高昂的代价。它们绝不会增加人们的整体满足感或幸福感，在大多数情况下，它们是裹着糖衣的毒药，例如速度更快的交流，却令人不快地加快了生活节奏，使我们的时间比以往任何时候都少。就像古代大师们曾经说过的那样，魔鬼才会匆匆忙忙。

另一方面，倒退式的改革通常成本更低，而且更持久，因为它们主张回归到过去更简单、更久经考验的方式，并尽可能少地使用报纸、广播、电视

---

[1] 荣格的这种态度可以从他在塔楼大门上的碑文中看出：腓利门神龛——浮士德忏悔所。这个大门被围住后，他在这二座塔楼的入口上面写了同样的话。

八
塔
楼

以及所有据称会节省时间的创新方式。

在这本书中，我花了相当大的篇幅阐述我对世界的主观看法，然而，这并不是理性思考的产物。它是这样一种景象，一个人故意半闭着眼睛，半堵着耳朵，去看和听存在的形式和声音。如果我们的印象太明显，我们就会被束缚在当前的每一个小时和每一分钟，从而无法知道我们祖先的心灵是如何聆听和理解当下的，换句话说，我们的潜意识是如何对它做出反应的。因此，我们仍然不知道我们祖先是否在我们的生活中找到了一种基本的满足，或者是否遭到排斥。内在的宁静与满足在很大程度上取决于个人固有的一脉相承的家族性能否与当前短暂的种种条件相协调。

在博林根的这座塔楼里，一个人仿佛能同时生活在好几个世纪。这个塔楼将长存于世，这一点我没法与之相较。它的位置和风格向后指向很久以前的时代，几乎没有什么能展示现代文明的东西。如果一个 16 世纪的人搬进这所房子，他只会对煤油灯和火柴感到陌生，不然称他对这里了如指掌也不为过。没有什么可以打扰到死者，既没有电灯也没有电话。此外，我祖先的灵魂在这座房子的氛围里也找到了依托，因为我为他们解答了他们的生活曾经留下的问题。我尽我所能写出简要回答。我甚至把它们画在墙上。仿佛有一个沉默的大家庭，延续了几个世纪，一直居住在这所房子里。在这里，我以我的第二人格生活，把生命看作一种永恒的存在和传承。

九　旅　行

1. 北　　非

　　1920 年初，一个朋友告诉我他要去突尼斯出差，问我是否愿意同去，我当即答应了他。我们三月份出发，先去了阿尔及尔，一路沿海岸到达突尼斯，接着前往达苏塞，朋友留在那儿处理工作。

　　我终于来到了一直以来心生向往的地方：一个不讲欧洲语言、没有基督教盛行的非欧洲国家，这里生活着另一个种族，另一种不同的历史传统和哲学在另一种面孔上烙下印记。我一直希望有机会能从外部角度观察欧洲，观察由一个完全陌生的环境投射回来的欧洲形象。诚然，我对阿拉伯语一无所知，对此我深感遗憾，为了弥补这一点，我更加注意观察人们和他们的行为。我经常在阿拉伯咖啡馆里坐上几个小时，仔细聆听周围对话，虽然我一个字也听不懂，但我研究了人们的姿态手势，尤其是他们的情绪表达。我观察到他们与欧洲人交谈时手势的细微变化，某种程度上学会了用不同的视角看待事物，也会观察那些生活在原有环境之外的白人。

　　欧洲人认为东方人淡然自若、冷静疏离，在我看来，这似乎只是他们的面具，面具背后隐藏着一种不安，一种我无法解释的躁动。奇怪的是，我踏上摩尔人的土地时，心中萦绕着一个想法：我一直觉得这片土地的气味很奇怪，但并不知道为什么。那是一股血腥味，好像泥土被血浸透了。在我看来，这块狭长的土地已经承受了三种文明的冲击：迦太基文明、罗马文明和基督教文明。

我离开苏塞，向南到了斯法克斯，从那里进入撒哈拉沙漠，来到沙漠绿洲城市托泽尔。这座城市位居高地，地处高原的边缘，温热微咸的泉水喷涌而出，流过一千条小运河，灌溉着绿洲。高大的枣树树冠好似一个阴凉的绿色屋顶，下面的桃树、杏树和无花果树枝繁叶茂，苜蓿郁郁葱葱。几只翠鸟像宝石一般闪亮，身姿轻盈地穿梭于绿荫之间。在这绿意盎然、凉意阵阵之地，人们身着白衣徜徉其中，情侣们情真意浓紧紧相依，一眼便知是同性伴侣之间的情谊。我突然觉得自己穿越到了古希腊时代，在那里，这种偏好成为一个男权社会和基于这个社会建成的城邦的黏合剂。我清楚，在这里男人和男人说话，女人和女人说话。只有少数几个修女打扮、戴着面纱的人，还看到一些没有戴面纱的。我的向导解释说，这些人是妓女。主街上，看到的都是男人和孩子。

我的向导向我证实了之前的印象，同性恋普遍存在，人们也习以为常，他也立即向我示好。这位热情的向导完全不知道刚才有什么想法一闪而过直击我的内心，这突然启发了我。我感到自己回到了数百年以前，回到了一个更加天真的青少年的世界，即脱离自古以来的朦胧意识的原始状态，并开始意识到自我存在，以此抵御来自北方的威胁力量。

当我还沉浸在这个静态的、亘古未变的梦中时，突然想起了我的怀表，它象征着欧洲人高速的节奏。毫无疑问，这就是挥之不去的阴云，虎视眈眈地笼罩在毫无戒心的灵魂上头。这情景看起来就像一场狩猎游戏，不见猎人的踪迹，而空气中却涌动着隐隐的不安，仿佛能嗅到他身上的气味——这个"猎人"就是时间之神，他免不了把近乎永恒的时光切分细碎成日、时、分、秒。

从托泽尔出发，我去了内夫塔的绿洲。我和我的向导日出后不久就出发了，我们骑着脚力快捷的骡子继续赶路。接近绿洲时，一个全身白衣的骑行者独自朝我们走来。他骑着一匹身披银带的黑色骡子，神态骄傲，并没有和我们打招呼。白衣行者身姿优雅，让人过目不忘。他没有怀表，更不用说手表了，因为他自始至终都是这样一个人，而并不自知。他没有那种欧洲人固有的些许愚蠢。诚然，欧洲人认为自己已不再是昔日的自己，但也不知道自己后来变成了什么样。只有怀表不断告诉他，自"中世纪"以来，时间及其同义词"进步"不知不觉地来到他身边，永远夺走了他的某些东西。他轻装前行，速度逐渐有所加快，朝着模糊的目标不断前进。他以成功的幻象，例如轮船、铁路、飞机和火箭，来弥补失重感和相应的不完备感，而这些都缩短了他能持续的时间，并将他推入了速度和爆炸性加速的另一个现实之中。

我们越是深入撒哈拉沙漠，时间对我来说就愈加显得缓慢，甚至有倒流的危险。空气里荡漾着渐趋升温的热浪，而我像是在梦里一样恍恍惚惚，当我们到达绿洲，第一次看到棕榈树和居所时，我觉得，这里的一切就是它本来的样子，而它一贯如此。

第二天一早，我就被旅店外各种陌生的声音吵醒了。前一天晚上，偌大的广场上还空无一人，现在却挤满了人，到处可见骆驼、骡子和驴子。骆驼呻吟着，用各种不同的语调宣告着他们长期的不满，而驴子则发出刺耳的尖叫声。人们兴奋地跑来跑去，大喊大叫，手上比画着。他们看起来相当野蛮，令人心生恐惧。我的向导解释说当天正在庆祝一个盛大的节日，几个沙漠部族连夜赶来为伊斯兰教修士干两天农活。修士管理着救济穷人的事宜，在绿洲拥有许多田地。人们来这儿开垦一块新的田地，还要修渠灌溉。

在广场的另一端，突然扬起了一团尘土；一面绿旗帜展开，鼓声响起。数百名彪悍的男子手持篮子和宽短的锄头列队前行，长长队伍的最前方是一位德高望重的白胡子老人。他由内散发出常人无法模仿的尊贵气质，仿佛已是百岁高寿。这位便是修士本人，骑着一头白骡子。人们在他周围跳舞，敲着小鼓。场面可以说是野性而疯狂，充斥着嘶哑的喊声，周围尘土弥漫，炎热而躁动。一行人狂热地蜂拥而过，走进绿洲，仿佛要去打仗。

我小心翼翼地跟在这群人后面，我的向导并没有试图鼓励我靠近，直到我们到达"工作"进行的地方。在这里，群情激动的场面有增无减，人们敲着鼓，大声喊叫，工作的地点像一个不安的蚁丘，一切都急匆匆地进行着。男人们一边搬运装满泥土的篮子，一边随着鼓声的节奏跳舞，其他人则以疯狂的速度在地上挖沟筑坝。在这场喧嚣中，修士骑着他的白骡子缓步前行，明显感到他是在赐教于众人，带着他老人独有的庄重、温和而疲惫的姿态。

九
旅
行

而无论他走到哪里，匆忙、喊叫和节奏都会愈加强烈，在此种背景的映衬下，修士淡然自若的身影显得那么与众不同。傍晚时分，人群明显疲惫不堪，不久，他们就在骆驼旁沉沉睡去。晚上，一群狗像往常一样狂吠不止，犹如一场惊世骇俗的音乐会，而结束之后万籁俱寂，直到清晨时分，第一缕曙光现于天际，伊斯兰宣礼师的祷告（总是深深地打动我）才把人们召集起来做晨祷。

这一幕让我知道：这些人脱离了情感，受到了感化，将自身的存在置于情绪之中。他们的意识指引他们在空间中的方位，传递来自外部的印象，同时意识也被内在的冲动和情感所挑动。然而意识不是用来思考的，自我几乎没有自主性。在欧洲，这种情况并没有那么大的不同，但毕竟我们还是更复杂些。无论如何，欧洲人有一定的意志和明确的意图，却缺乏一种生命的张力。

我不想陷入这种原始的魔力，但还是受到了精神上的感染。具体表现就是，我得了感染性肠炎，几天后就痊愈了，多亏了大米汤和甘汞的局部治疗。

种种想法过度消耗了我的精力，我终于回到了突尼斯。从马赛出发的前一天晚上，我做了一个梦，我感到，这个梦总结了整个经历。这理所应当，因为我已经习惯于同时生活在两个层面上，一个是有意识的层面，它试图理解，却无法理解；另一个是潜意识的层面，它想表达某种东西，却只能依赖梦境的形式。

我梦见自己在一个阿拉伯城市里，和大多数这样的城市一样，城里都有一座城堡。这座城市坐落在一片广阔的平原上，四周由墙围住，墙呈方形，城堡有四个门。

城中心的城堡由一条宽阔的护城河环绕着（这在阿拉伯国家不是这样的）。我站在一座木桥前，桥上有一座黑色的马蹄形大门，大门是敞开的。我也想要从里面看到城堡，于是我走上桥。当我走到半路，一个黝黑英俊，有着贵族样貌的阿拉伯男子向我迎面而来，带着几分皇族气质。我知道这个穿白色连帽斗篷的年轻人是住在城堡的王子。他一走到我跟前，就袭击了我，想把我打倒。我们扭打起来，在搏斗中，我们撞在栏杆上，栏杆被撞坏了，我们都掉进了护城河，他想把我的头按到水里淹死我。不，我想，这太过分了。

我于是把他的头按到水里。虽然我对他非常敬佩，但我不想自己就这样被他淹死。我并无意杀他，我只是想让他失去知觉，不能再打斗。

然后梦的场景发生了变化，他和我都在城堡中心的一个拱顶八角大房间。房间里全是白色，显得朴素美丽。低矮的长沙发床靠在浅色的大理石墙上，在我面前的地板上放着一本打开的乳白色羊皮纸书，上面黑色的文字用华丽的书法写成，字不是阿拉伯文，似乎看起来像是西突厥斯坦的维吾尔文字，我曾见过吐鲁番的摩尼教经文片段，所以有所了解。我不知道书的内容，但我觉得这是"我的书"，是我写的。刚才和我扭打的年轻王子坐在我右边的地板上。我对他说："既然我战胜了他，他就必须读这本书。"但他拒绝了。我用胳膊挽住他的肩膀，用一种慈父般的善良和耐心恳劝他读这本书。我知道这是绝对必要的，他终于让步了。

在这个梦中，这位阿拉伯青年是骄傲的阿拉伯人的替身，他们没有打招呼就从我们身边经过。作为城堡的居民，他是自我的化身，或者更确切地说，是自我的使者或信使。因为他所走出的城堡是一个完美的曼陀罗，是一个有四扇大门、方墙围绕的城堡。他想杀死我，这一企图恰恰呼应着雅各与天使斗争的主题，用《圣经》的话来讲，他就像上帝的天使，神的使者，因为他不了解人类，所以想要杀死他们。

事实上，天使应该住在我体内。但他只懂得天使的真理，对人类一无所知。所以他先来做我的仇敌，但我却能与他分庭抗礼。在梦的后半部分，我是城堡的主人，他坐在我的脚下，必须学会理解我的思想，或者更确切地说，学会理解人类。

很明显，我与阿拉伯文化接触的这段经历对我产生了深刻的影响。这里的人不善反思，却比我们更接近生活，他们的情感特性对那些我们自身刚刚克服和遗弃的，或那些我们自认为已经遗弃的历史积淀产生了强烈的启示性影响。这就像童年的天堂，我们想象着我们从中脱颖而出，但只要有一点挑衅，就会觉得受到挫败。事实上，我们对进步的崇拜迫使我们对未来的幻想越发幼稚，也就意味着我们越发想要借此逃避过去。

另一方面，童年的一个特点是，由于天真和无意识，它能比成年勾勒出一幅更完整的关于自我的画景，一幅以纯粹的个性所呈现的完整的人的画景。

因此，看到一个孩子或一个原始人，会唤起成人、文明人的某些渴望，这些渴望与那些尚未满足欲望和需要的人格部分相关，而他们会为了适应人格面具，已从整幅画景中抹去了这些部分。

在这次寻找欧洲环境之外的心灵观察站的非洲旅程里，我无意识中想找到身为欧洲人所受的影响和压力下变得不可见的那部分人格。这一部分与我潜意识所对立，我确实试图压制它。为了遵循它的本性，它希望我失去知觉（把我摁在水下），试图杀死我，但我的目的是通过自身顿悟使它更显于意识，以便我们能找到一个共存的方式。这个阿拉伯人黝黑的肤色标志着他是一个"阴影"，但这不是个人的阴影，而是种族的阴影，这不是与我的人格面具有关，而是与我的人格整体，即自我有关。作为城堡的主人，他必须被视为一种自我的阴影。崇尚理性主义的欧洲人发现了许多与人类格格不入的一些东西，并以此为傲，却没有意识到这种理性是以牺牲生命力为代价的，因而其人格中的原始部分也被迫或多或少地封存于地下。

这个梦揭示了我的北非之旅是如何影响我的。首先，可能存在的一种危险就是，我自身的那种欧洲人意识会蒙受来自潜意识的出其不意的暴力攻击。从意识上讲，我一点儿也没有认识到这种情况；相反，我不禁产生一种优越感，因为每走一步，都会想起自己的欧洲人特质。这是不可避免的，身为欧洲人，我对这些与我截然不同的人有种偏见，并完全把自己与他们区分开来。但我没有料到，我内心的潜意识力量会如此强烈地想要扮演这些陌生人的角色，从而导致了一种暴力冲突。梦境中，那场蓄意谋杀的象征正表达了这种冲突。

直到几年后，我留在非洲热带地区时，才意识到这种冲突的真正性质。事实上，这是"骨子变黑"的第一个迹象，这种精神上的危险某种程度上威胁着在非洲背井离乡的欧洲人，但这种危险程度还没有得到人们的充分认识。"哪里有危险，哪里就有拯救"——在这种情况下，霍尔德林的这句话经常浮现在我的脑海里。拯救在于我们有能力借助于那些警示性的梦境，将潜意识的冲动带到意识中。这些梦表明，我们心中有某种东西，它不仅被动地服从潜意识的影响，而且乐于这种服从，想与阴影为伍。就像童年的记忆会突然以一种极为活泼的情绪控制住意识，使我们感觉完全回到了原来的状态，所以这些看似陌生而又完全不同的阿拉伯环境唤醒了我们对那段广为人知却显然已完全被我们遗忘的史前史的原型记忆。我们时常想起一种已被文明进步所超越而又在某些地方仍然存在的生活的可能性。如果我们天真地以为可以重温它，那么我们无异于将重新回归到那种野蛮时代的生活，所以我们宁愿忘记它。但是，如果它再次以冲突的形式出现在我们面前，那么我们应该将它保留在我们的意识中，并相互检验这两种生活的可能性——我们现有的生活和我们已经遗忘的生活。因为，如果没有充分的理由，显然已经失去的东西不会再次出现在我们面前。在活生生的精神结构中，没有任何事情仅仅是以机械的方式发生的，一切都要与整体的组织相适应，与整体相联系。也就是说，这一切都是有目的、有意义的。但由于意识从未有过整体观，通常不能理解这个含义。因此，我们只能暂时满足于注意到这一现象，并期望未来或进一步的研究，将揭示这种与自我阴影的冲突的意义。无论如何，我当时对这一原型经验的本质丝毫也不了解，对历史上的相似状况更是知之甚少。然而，尽管那时我还没有完全理解这个梦的意义，但它仍在我的记忆中经久不消，让我强烈地渴望下次有机会再度走进非洲。五年之后，这个愿望才得以实现。

2. 美国：普韦布洛印第安人
（摘自未发表手稿片段）

为了发挥批判的杠杆作用，我们总是需要一个外部的观点来支持。在心理学中尤其如此，由于材料的性质，我们比任何其他学科都更受主观影响。例如，如果我们从来没有机会从外部角度审视我们自己的国家，又如何能够意识到民族的特殊性？从外部审视它，意味着从另一个国家的立场来看待。要做到这一点，我们必须对外来的集体心理有足够的了解，在这种了解过程中，我们遇到了构成民族偏见和民族特性的种种不相容之处。任何让我们对别人感到恼火的事情都能让我们更加了解自身。作为一个瑞士人，对英国的种种不适应使我更了解英国。我了解欧洲，了解我们最大的问题，是因为我作为一个欧洲人，难以对欧洲之外的某些事物感到适应。通过我与许多美国人的交往，以及我在美国的旅行，我对欧洲人的性格有了更进一步的了解。我一直认为，对于欧洲人来说，要想了解欧洲，没有什么比某个时候从摩天大楼的顶端俯瞰欧洲更有用了。当我第一次从撒哈拉沙漠来观赏欧洲奇观时，这个文明与我们的文明有着或多或少的联系，就像古罗马对现代的关系一样，我意识到，即使在美国，我仍然完全被白人的文化意识所束缚。于是我心中升腾起一种欲望，那就是透过更低的文化水平，更深入地进行历史比较。

在接下来的美国之行中，我和一群美国朋友去参观了新墨西哥州的印第安人，即那些正在建城的普韦布洛人。然而，"城市"这个词在此有些牵强了。事实上，他们建造的只是村庄，但他们拥挤的房子层层叠叠，也可以体现出"城市"这个词，他们的语言和整个习俗也是如此。在那里我有幸第一次和一个非欧洲人，准确来说，和一个非白人交谈。他是陶斯普韦布洛部落的首领，年纪四十岁到五十岁，是个有智慧的人。他的名字是奥琦维·比亚诺（意为"山湖"）。我很少能和欧洲人有共同语言，却能够和他交谈甚欢。可以肯定的是，他和欧洲人一样沉迷于自己的世界，但那是一个多么美好的世界啊！与一个欧洲人交谈，好似经常会遇到沙洲，即那些早已熟悉而又从未理解的事情；而与这个印第安人交谈，就像在遥远的异域海洋上自由漂浮。同时，谁也不知道哪一个更令人愉快：是看到新的海岸，抑或是发现通往几乎被遗忘了的古老知识的新途径。

"看，"奥奇维·比亚诺说，"白人看起来多残忍啊。他们的嘴唇很薄，鼻子很尖，他们的脸布满褶皱，面容扭曲。他们的眼睛凝视前方，总是在寻找什么。他们在找什么？白人总是想要得到一些东西，他们总是不安分。我们不知道他们想要什么，不理解他们。我们想他们一定是疯了。"

我问他，为什么他认为白人都疯了。

"他们说他们用脑袋思考。"他回答说。

"那是自然。那你认为应该用什么思考？"我惊讶地问他。

"我们用这儿思考。"他说，指了指他的心。

我陷入了长久的沉思。在我看来，人生第一次有人给我勾勒出了一张真正的白人肖像。直到现在，我似乎只看到了一些感伤的、粉饰过的彩色相片。这个印第安人对我们的弱点一击即中，揭露了我们视而不见的真相。我觉得内心升起一团缥缈无形的迷雾，未知又觉得熟悉。从这团迷雾中，出现了一个又一个的形象：先是罗马军团攻入高卢的城市，后有尤利乌斯·凯撒、西皮奥·非利纳斯和庞贝的轮廓鲜明的面容。我看到北海和白尼罗河岸边的罗马雄鹰。我还看到圣奥古斯丁用罗马长矛的矛尖把基督教教义挑给英国人，查理曼大帝逼迫异教徒皈依的光荣场景，接着是十字军成群结队地烧杀抢掠。这莫名刺痛了我，我才意识到，十字军东征那古老浪漫的背后是多么空洞。接着是哥伦布、科尔特斯和其他征服者，他们带着战火、刀剑、酷刑和基督教侵袭了这些地处偏僻的普韦布洛印第安人，他们本只想在太阳——天父的照拂下安稳度日。我也看到太平洋岛屿上的人民大批大批地死去，只因烈火、梅毒，还有的被传教士们逼迫穿上感染了猩红热的衣服。

我就此打住。从我们的观点来看，所谓的殖民、异教徒的使命、文明的传播等，有着另一张猛禽的嘴脸，它残忍又热情地追逐远方的猎物，配得上海盗、劫匪之名。在我看来，那些装饰在我们武器外表的雄鹰和其他猎食动物，都正是我们真实本性的心理表达。

奥奇维·比亚诺对我说的其他一些话一直在我的脑海里徘徊，经久不散。在我看来，这与我们采访的特殊气氛有着密切的联系，如果我不提这一点，我的叙述就不完整了。我们的谈话是在主楼第五层的屋顶上进行的，每隔一段时间，就可以在屋顶上看到其他印第安人的身影，他们裹着羊毛毯子，注视着每日升入晴空的太阳。在我们周围，是由风干砖（土坯）建造的低矮的方形建筑，这些建筑的梯子具有典型的特征：从地面延伸到屋顶，或者在高层之间相连（在早年危险时期，入口通常从屋顶向外开）。起起伏伏的陶斯高原（海拔约 7000 英尺）一直延伸到地平线，那里有几个圆锥形的山峰（古火山），高达一万两千英尺。在我们身后，一条清澈的小溪潺潺流过房屋，对面的河岸上矗立着一座红色土坯房，房屋一个紧挨一个地朝着定居点的中心建造，奇妙地预示了以摩天大楼为中心的美国大都市的远景。逐水逆流行走大概半个小时，一座巨大的孤山映入眼帘，这是座无名山。传说在云雾缭绕的日子里，山里的人会朝着那个方向突然消失，去进行神秘的宗教仪式。

普韦布洛印第安人缄默不语的本事少有人能企及，他们在宗教问题上更是绝对不透露半个字。他们有一个规定，要对自己的宗教活动保密，且严格地执行，我便无望地放弃了任何直接的询问。我以前从未经历过这种秘密的氛围，今天文明国家的宗教都是可以接触到的，它们的圣礼早就不再神秘。然而在这里，空气中弥漫着所有社区成员共享一个秘密的氛围，白人无法领会。这种奇怪的情况使我略略了解了古希腊的艾留西斯城，整个国家的人都知道城邦的秘密，却从未泄露一个字。我理解了波萨尼亚斯和希罗多德所言："我不被准许说出那个神的名字。"我觉得这不是一种故弄玄虚，而是一个举足轻重的秘密，它的暴露可能会导致社会和个人的堕落。保守秘密使普韦布洛印第安人感到自豪，并有力量抵抗占优势的白人，同时也给了他们凝聚力和团结力。我确信，只要他们的神秘不被亵渎，作为一个独立的群体，普韦布洛人仍将继续存在。

当谈到自己的宗教思想时，印第安人的情绪变化令我很吃惊。在日常生活中，他表现出一种自律和庄重，几近于宿命般的沉着。但是，当他谈到有关其秘密的事情时，他就情不自禁地陷入一种令人惊讶的情绪之中，这极大地满足了我的好奇心。正如我所说的，直接询问得不到什么结果。因此，当我想了解本质的内容时，我便做一些试探性的评论，观察他那些我已非常熟悉的情感的动作。如果我偶然提到什么要点，他就保持沉默，或是闪烁其词，但却流露出意味深长的表情，屡屡热泪盈眶。他们的宗教观念对他们来说并不是一些理论（事实上，这必须是非常奇怪的理论才能引起人们流泪），而是与相应的客观现实一样重要而感人的事实。

当我和奥奇维·比亚诺坐在屋顶上时，炽热的太阳越升越高，他指着太阳说："那里升起的不正是我们的天父吗？谁还能说出不一样的话吗？怎么会有另一个神呢？若是没有太阳，我们将失去一切。"他那兴奋情绪明显更高涨了，他挣扎着想说些什么，最后喊道："单单一个人在山上能干什么？没有太阳，他连火也烧不起来。"

我问他是否想过太阳可能是一个由看不见的神塑造的火球？他没有被这个问题惊讶到，更不用说愤怒了。显然，这对他毫无影响，他甚至不认为我的问题愚蠢。对此，他的态度淡淡的。我感觉撞到了一堵无法逾越的墙壁。他唯一的回答是："太阳就是神，这是众所周知的。"

虽然人人都能感受到太阳给人们留下的巨大影响，但看到这些成熟、稳重的男人在论及这里时，情绪总是不受控制，变得激动不已，我觉得新奇而深受触动。

还有一次，我站在河边，仰望着这海拔近 6000 英尺的群山。我不禁在想，这是美洲大陆的屋脊，这里的人们在阳光下生活，就像印第安人裹着毯子站在普韦布洛最高的屋顶上，一声不吭，全神贯注地看着太阳。突然，一个深沉压抑的声音，从我身后冲着我的左耳说："难道你不觉得所有的生命都来自这座山吗？"一个上了年纪的印第安人穿着软帮鞋，悄无声息地来到我跟前，天知道这个问题有多深奥。我瞥了一眼从山上倾泻而下的河流，就明白了产生这一结论的外在形象。显然，所有的生命都来自这座山，因为有水的地方就有生命，没什么比这更明显的了。在他的问题中，我感到一种与"山"这个词有关的情绪逐渐高涨，想到了在山上举行秘密仪式的故事。我回答说："人人都能看出你说的是实话。"

不幸的是，谈话很快就被打断了，所以我没能更深入地理解水和山的象征意义。

我注意到，虽然普韦布洛印第安人不愿意谈论任何有关他们宗教的事情，但他们非常乐意谈论他们与美国人的历史渊源，而且态度热切。"为什么，"山湖说，"为什么美国人不放过我们？为什么他们要禁止我们跳舞？我们想要把年轻人从学校带到基瓦（宗教仪式场地），教导他们信仰我们的宗教，为什么他们要为难我们？我们没有做任何伤害美国人的事！"沉默许久之后，他接着说："美国人想铲除我们的宗教。为什么他们就不能放过我们？我们所做的，不仅是为了我们自己，也是为了美国人。是的，我们这样做是为了全世界。人人都能从中受益。"

他情绪激动，从中我可以看出，他在暗示他的宗教中有一些部分极其重要。于是，我问他："那么，你认为你在你的宗教中所做的一切都有益于全世界吗？"他非常兴奋地回答说："当然。如果我们不这样做，世界会变成什么样子啊？"他意味深长地指了指太阳。

我感觉得到，我们的谈话变得越来越微妙，愈加接近部落的神秘部分。"毕竟，"他说，"我们是生活在世界之巅的民族；我们是天父太阳的子民，我们的宗教信念就是帮助我们的天父每日东升西落。我们这样做不仅是为了我

九 旅 行

们自己，也是为了全世界。如果我们终止这种仪式，十年后，太阳将不再升起。世界将陷入永恒的黑暗。"

然后，我意识到"尊严"，也就是每个印第安人身上那种平静安然的气质，是如何养成的了。这源于他那太阳之子的身份，他的生命在宇宙层面上是有意义的，因为他帮助万物的守护者——天父，每日东升西落。与之相比，我们由理性规划而成的价值判断、生命意义是多么的肤浅。出于纯粹的嫉妒，我们不得不对印第安人的天真无邪一笑置之，并为自己的聪明才智而自我陶醉，否则我们会发现自己是多么的贫穷和落魄。知识并不能使我们精神富足，它使我们离神话世界越来越远，而我们本就诞生在这个世界里。

如果我们暂时抛开欧洲的理性主义，来到那片荒凉高原上，置身于山间清新的空气（高原的一侧是广阔的大陆草原，另一侧是太平洋）；又如果我们也把自己对世界的透彻了解放在一边，转换视角，望向那浩瀚无涯的天际，它的背后有什么，我们一无所知，如此，我们内心就能理解普韦布洛印第安人的观点了。他立刻相信"所有的生命都来自这座山"，他同样确信自己生活在广袤无边的世界之巅，离神最近。他比其他人更先听到神的意志，他的仪式之举将最快传到遥远的太阳。山脉的圣洁、耶和华在西奈的启示，尼采在恩加丁所得的灵感，所有这一切都说着同一种语言。一种仪式行为竟可以神奇地影响太阳，这样的想法在我们看来是荒谬的，但经过仔细研究，这种想法不仅不是不合理的，而且比我们最初想象得要更为熟悉。我们的基督教和其他宗教一样，附带地渗透着这样一种观念，即一些特殊的行为或某种特殊行为可以影响到神，例如通过某些仪式或祷告，或通过一种取悦神的德行。

人类的仪式行为回应了上帝对人的作用，不仅如此，回应还是可能意在"激活"，一种魔幻的胁迫形式。人觉得自己有能力对上帝的强大影响作出有效的回应，并且他能够回馈一些对上帝来说至关重要的东西，这会引发某种自豪感，因为这会使人的尊严上升到形而上的因素。"上帝和我们"即使只是一个潜意识的暗示，这种两者的对等无疑也支撑了普韦布洛印第安人那令人羡慕的安然静穆之态。有如此意识之人的确可以称得上是适得其所了。

3. 肯尼亚和乌干达

出自造物主之手的东西都是好的。

——卢梭

1925 年我去参观伦敦温布利展览，我当时对展会上英国统治下各部落的出色评述印象深刻，并决心不久就要去热带非洲旅行。

那年秋天，我和两个朋友，一个英国人和一个美国人，启程前往蒙巴萨。我们乘坐一艘沃尔曼轮船，前往非洲各殖民地驻地，船上还有不少英国青年。从船上的气氛可以明显看出，这些乘客并不是去游山玩水的，迎接他们的是未知的命运。船上氛围的确也是热情欢快，但明显可以感到基调还是严肃的。事实上，我甚至在返航之前就听说了几个同船行人的命运。在接下来的两个月里，一些人丧命在这片热带地区，死于热带疟疾、阿米巴痢疾和肺炎。死去的人中，有一位年轻人，在船上时曾坐在我对面同桌进餐过。另一位是阿克利博士，他是以中非大猩猩保护委员会的创始人身份而闻名，我在这次航行前不久在纽约还见过他。

蒙巴萨至今在我的记忆中仍是环境湿热之地，周围的棕榈树和杧果树树林绿荫遮蔽，欧洲人、印度人和黑人群居于此。这里整体环境优美，是一个天然良港，那里有一个古老的葡萄牙样式堡垒高高耸立俯视整座城。我们在那里待了两天，快到傍晚的时候，我们乘坐窄轨火车离开，前往位于内陆的内罗毕，很快就进入了热带的夜晚。

沿着沿海地带，我们经过许多黑人村庄，人们围坐在火堆边聊天。不久，火车开始爬坡，居民点也消失不见。夜晚降临，四周变得漆黑一片，天气渐渐转凉，我睡着了。当第一缕阳光宣告白昼来临之际，我也醒来。火车包裹在一团红色的尘土之中，正绕着一个陡峭的悬崖转弯前进。我们头顶上方一块嶙峋的岩石上，有一个消瘦的棕黑色身影一动不动地站着，倚着一根长矛，俯视着火车。他身旁耸立着一棵烛台状的巨型仙人掌。

此情此景令我着迷，那是一幅全然陌生的画面，我从未经历过，但另一方面，又有一种似曾相识的强烈感觉。我感觉，我好像经历过这一刻，并一直知道这个世界与我只有时间上的距离。这一刻我仿佛回到了我年轻时代的土地，仿佛我认识那个黑皮肤男子，而他已经等了我五千年。

在我穿越蛮荒非洲的整个旅程中，这种奇妙经历的情感基调一直伴随着我。除此之外，我只记得一次对这类无迹可寻的共知现象的认识。那是我和我的前任主任尤根·布勒教授第一次观察到一种超心理学现象的时候。以前我就以为如果我发现这么神奇的事情，我会感到茫然不知所措。但当它发生的时候，我却一点也不惊讶，我觉得这是非常自然的，我甚至可以认为这是理所当然的，因为我早就知道了。

看到那个孤独的黑皮肤猎人，我不知道我心里的哪一根弦被拨了一下。我固执地认为，千万年来，他的世界也是我的世界。

带着些许茫然，我在中午时分到达了内罗毕，那里海拔 6000 英尺。当有人从低地的冬雾中走出来时，有一束耀眼的光线使我想起了恩加丁岛上的阳光。令我吃惊的是，聚集在火车站的一群"男孩"戴着老式的灰白色羊毛滑雪帽，我在恩加丁见人戴过这种帽子，或者我自己也戴过。人们之所以喜欢这种帽子，是因为上翻的帽檐可以像遮阳板一样放下来，在阿尔卑斯能很好地抵御寒风，而在这里，则可以抵御酷热。

我们从内罗毕出发，乘坐了一辆小型福特车去游览阿西平原，那里是一个很大的野生动物保护区。从这片广阔热带草原上一座低矮小山上放眼望去，一片壮丽的景象尽收眼底。在地平线的边缘，我们看到了成群结队的动物：瞪羚、羚羊、角马、斑马、疣猪等。它们一边吃草，一边将头上下活动，像缓慢流淌的河流一样向前移动。除了猛禽的哀鸣声外，几乎什么声音都没有。我体会到一种永恒初始的寂静，这个世界一如既往，处于非存在的状态，因为在此之前，没有人知道这里还有一个世界。我离开了我的同伴继续前行，直到他们消失在视线中，而我独自品味着这份纯粹的孤独。彼时，我仿佛成了第一个认识到这个世界的人，也意识到，人并不了解是谁第一次真正创造了这个世界。

在那里，意识的宇宙意义，对我来说变得异常清晰。炼丹术士们说："凡自然留下缺憾之处，艺术使之完美。"人类，确切地说是我，以一种无形的创造行为给予世界一种客观存在，从而给世界打上完美的印记。我们通常把这种行为完全归之于造物主，而没有考虑这样做时，我们把生命看作一台计算到毫厘的机器，这台机器和人类的心理一样，毫无意义地运行着，遵守着预先确定的已知规则。在这样一个了无生气的发条式幻想中，没有人类、世界和上帝这样的戏剧上演；没有"新的一天"通向"新的海岸"，只有沉闷的计算过程。我想起了我的普韦布洛老朋友。他认为他的普韦布洛印第安村庄的存在是为了帮助他们的天父——太阳，每日东升西落。我曾羡慕他的这个信念，因为充满了意义，我也一直在寻找我们自己的神话，却毫无希望。现在我知道它是什么了，而且更加明白了：人类是完成创造不可或缺的一部分。事实上，人类本身就是世界的第二个创造者，只有人才将它的客观存在给予这个世界，倘若没有这个客观存在，人就不会被听到、被看见，只能于亿万年中默默地吃饭、生育、睡觉、点头，长夜漫漫，空洞黑暗，直到那不知是否存在的尽头。客观存在和意义产生于人类意识的创造，人类也在伟大的存在之旅中找到了自己无法撼动的地位。

我们乘坐当时还正在修建的乌干达铁路，到达了临时终点站"Sigistifour"（第64站）。小工也来帮我们卸下沉重杂多的行李。我在一个装着补给品的箱子上坐了下来，每一个箱子都沉得足够一个工人头顶搬运一次的，我点燃了一根烟斗，默默想着：不管怎么说，我们总算到了有人烟居住地带的边缘，从这里可以看到羊肠小径无尽延伸，穿过整个大陆。过了一会儿，一个上了年纪的英国人，显然是个擅自占地的人，和我一起坐下，也拿出了一根烟斗。他问我们要去哪里？当我大致描述了我们的目的地时，他问道："这是你第一次来非洲吧？我在这里已经待了四十年了。"

"是的，"我告诉他。"至少非洲这个地区，我是第一次来。"

"那我可以给你提个建议吗？你知道，先生，这里的国家不是人类的国度，而是神的国度。所以，如果有什么事发生，你就坐下来默默祷告，不用去担心。"接着，他站了起来，一句话也没说，就消失在了我们身旁拥挤的一大群黑人之中。

他的话多少有些道理，我试图想象说这些话时，他是怎样的心理状态。显然，他经验中的精髓部分在此：在这里掌控一切的不是人类而是神——换句话说，不是人类的意志和意图，而是不可预测的神旨在掌权。

当我们的两辆车准备出发时，我还没有结束思考。我们一行八人加上一堆行李，我们尽可能地坚持住了。在接下来的几个小时里，我们一路颠簸，让我没有任何思考的余地。下一个定居点比我想象得要远得多：卡卡梅加斯，一个特区（地区专员）的所在地，也是一个非洲步枪队驻军总部，这里还有一所医院和一个小疯人院，这我倒是没想到。傍晚刚到，黑夜就突然降临。突然，一场热带风暴袭来，闪电、雷声和大暴雨瞬间把我们从头到脚淋了个透，小溪也翻滚成汹涌的洪流。

午夜过后半小时，天空开始放晴，我们到达卡卡梅加斯。此时，我们已精疲力竭，当地的地区专员在他的客厅里用威士忌热情地招待了我们。壁炉里的火苗欢快地跳跃着。这间漂亮的房间中央有一张大桌子，上面摆着一些英文杂志，如果不告诉我是在非洲，我很可能以为这个地方是苏塞克斯郡的一所乡间别墅。我疲惫不堪，不知道自己是从现实来到了梦境，还是从梦境来到了现实。然后我们还得搭帐篷——这是第一次。幸运的是，什么都没少。

第二天早上我醒来时有点发烧，得了喉炎，不得不卧床休养一天。正是由于我这病情，我有幸认识了"脑膜炎鸟"（鹰鹃），这倒也值得纪念，这种鸟很奇特，它能唱出正确的音阶，但会略过最后一个音符又从头开始。当一个人发烧的时候听到这些，就神经紧张到了极点。

香蕉园里另一种长着羽毛的栖息动物会发出的叫声，是由两个最甜美、最悦耳的笛声组成，结尾却伴随着一个可怕的难听音符。"大自然留下的缺憾……"然而，"钟雀"的歌声却表现出一种纯粹的美。当它歌唱的时候，仿佛有一阵钟声在地平线上飘荡。

第二天，在地区专员的帮助下，我们召集了一些挑夫，加上三名土著士兵做护卫。现在我们开始长途跋涉前往埃尔贡山，不久，我们就在地平线上看到了它那一万四千英尺高的火山口壁。这条小路穿过相对干燥的热带稀树草原，草原上覆盖着伞形相思树。整个地区密密麻麻布满了六到十英尺高的圆形小土堆——那是老白蚁巢。

沿路有一些供旅客使用的休息室——圆形草皮屋顶夯土小屋，都敞开着，里面空荡荡的。晚上，人们在入口处放了一盏点着的灯笼，以防有人闯进来。我们的厨师没有灯笼，但作为补偿，他有一间属于自己的小茅屋，对此他非常满意。但这一点几乎要了他的命。前一天，他在他的小屋前宰杀了一只羊，那是我们花五个乌干达先令买来的，并为我们的晚餐准备了美味的羊排。晚饭后，我们围坐在炉火旁抽烟时，听到远处有奇怪的声音。声音越来越近了，听起来时而像是熊的咆哮声，时而像是狗的狂吠声，然后声音又变得尖锐，像尖叫和歇斯底里的笑声。我的第一反应是：这就像是巴纳姆和贝利剧院的一个滑稽演出。然而，没过多久，场面变得更加恐怖：我们被一大群饥饿的土狼从四面八方团团包围住，它们显然闻到了羊血的味道。他们上演了一场令人毛骨悚然的音乐会，在火光中，可以看到它们那虎视眈眈的大眼睛在高高的象草上闪闪发光。

尽管我们对土狼的本性了如指掌，据说它们不会攻击人类，但我们并没有完全把握，突然从休息室后面传来一声可怕的尖叫声。我们抓起武器（一支九毫米口径的曼利彻步枪和一把猎枪）朝那些闪闪发亮的灯光方向射了几发子弹。就在这时，我们的厨师惊慌失措地冲到我们中间，含糊不清地嘟囔着说刚刚有一只"疯狗"窜进了他的小屋，差点要了他的命。整个营地一片混乱。这种激动的情绪，似乎吓坏了那群土狼，然后它们就连着大声狂吠了几声，离开了现场。那几个挑夫继续笑了很长一段时间，之后，后半夜就这样平静地过去了，没有再发生什么事。第二天一大早，当地首领带着两只鸡和一篮子鸡蛋来给我们送礼。他恳求我们再待一天，一起去猎杀那些土狼。他说，前一天那些土狼把一个还在小茅屋熟睡的老人给拖出来吃掉了。非洲真是一片神秘的土地！

天一亮，挑夫们的宿舍里又传来了哄笑声。他们似乎在重演那晚发生的事情。其中一个扮演熟睡中的厨师，一个士兵扮演爬行的土狼，带着杀意靠近沉睡的厨师。这出戏不知重复了多少遍，但总能博得观众哄堂大笑。

从那时起，厨师就得了"疯狗"这样一个绰号。我们三个白人已经有了自己的"标签"。我的朋友，那个英国人，被称为"红脖子"——在当地人看来，所有的英国人都是红脖子。这位衣着光鲜的美国人被称为"衣冠楚楚的绅士"。因为我那时已经是白发了（那时我五十岁），所以我被称为"老人"，被认为是百岁老人。在那些地方，高龄是很罕见的，我很少见到白发苍苍的老人。"老人"也是一个荣誉称号，授予我这样的称号，也是由于我是"布吉苏心理探险队"队长，这是伦敦外交部给我的一个称号。我们确实访问过布吉苏，但和埃尔贡尼人在一起的时间要长得多。

总之，黑人的确善于判断人的品性。他们洞悉世事的途径之一在于他们的模仿天赋。他们能以惊人的准确度模仿人们的表达方式、手势、步态，因此，无论出于什么意图和目的，他们都能模仿得惟妙惟肖。我发现他们对他人情感本质的理解令人惊讶。我总是爱抽出时间和他们聊天，通过这种方式，我学到了很多东西。

我们这种半官方式的旅行果然很有裨益，因为我们发现这样更容易招募挑夫，而且我们还得到了士兵的护送。护送绝不是多余的，因为我们要经过一些非白人管辖的地区。一个下士和两名列兵陪同我们前往埃尔贡山。

我们没办法帮酋长猎杀那些土狼，所以探险活动结束后，我们又继续赶路。一路地势平缓地向上倾斜，第三纪熔岩层的迹象渐渐增多。我们穿过了一片一片壮丽的丛林，那里长着一些巨大的南迪火焰树，它们正摇曳着那红艳的花朵。硕大的甲虫和五彩缤纷的大蝴蝶装点了那些空地和丛林的边缘。随着我们深入灌木丛时，好奇的猴子们摇动着树枝，好一个天堂般的世界！然而，我们走过的大部分道路仍要穿过平坦的热带草原和深红色的土壤。我们大多都是沿着蜿蜒曲折又峰回路转的原生小径行走。我们沿路来到了南迪地区，穿过了南迪森林，这是一片相当大的丛林区域。我们顺利到达了埃尔贡山脚下的一座休息室，这几天来，这座大山在我们头顶上方越来越高。于是，从这里沿着一条狭窄的小路开始攀登。我们受到了当地酋长的热情迎接，他是本地土著大夫的儿子。他骑着一匹小马，这是我们迄今为止所见到的唯一一匹马。从他那里我们得知，他的部落属于马赛人，但他们常年在埃尔贡山的山坡上居住，与世隔绝。

有一封乌干达总督写给我们的信早就被送在那儿，等着我们来，信中请我们保护一位途经苏丹返回埃及的英国女士。总督知道我们的行程一致，由于我们已经在内罗毕见过这位女士，我们知道她会是一位意气相投的同伴。此外，我们还欠总督很大的人情，因为他在许多方面帮助过我们。

我提到此事是为了暗示原型影响我们行为的微妙模式。我们是三个男人，那纯粹是一种偶然。我邀请了我的另一个朋友加入我们，这就出现了第四个人，但当时的情况使他无法接受我的请求。此事足以产生一个潜意识或命定的组合：三位一体的原型，它需要第四个人来使它完整，正如我们在这一原型的历史中一再看到的那样。

当机会来临时，我倾向于欣然接受，所以我欢迎这位女士加入我们的三个男人的小组。她顽强无畏，事实证明，她可以有效地平衡我们过于单面的阳刚之气。当我们中的一个人得了严重的热带疟疾时，我们都很感激她运用了自己在第一次世界大战期间充当护士获得的经验。

爬了几个小时后，我们到达了一块美丽的大空地，一条清澈凉爽的小溪将其一分为二，瀑布高约十英尺。瀑布底部的水池成了我们的浴池。我们的露营地大约在三百码外，位于一个平缓干旱的山坡上，被伞状的金合欢树荫遮挡着。附近——也就是大约十五分钟的步行路程之外，是一个本土村庄部落，里面有几间小茅屋和一片荆棘树篱围着的一个小院子。这个村庄里有人帮我们挑水，是一位妇人和她两个半成年的女儿，她们身上除了一条贝壳腰带外，几乎全身赤裸。她们的皮肤呈巧克力色，非常漂亮，身材纤瘦，步态如贵族般悠闲。每天早晨，我总能听到她们从小溪走上来时脚镯发出的轻柔叮当声，极为悦耳，然后很快看到她们从高高的黄色象草丛中走出来时摇曳的步态，头上的水还能保持平衡，这对我来说是一件赏心悦目的事。她们佩戴着脚镯、铜手镯和铜项链、铜制或木制的小圆环形耳环，下唇都用骨片或铁钉穿孔。她们很有礼貌，每逢见到我们，总是害羞而迷人地冲我们微笑。

有一个事我要简单说一下，我从来没有和一个土生土长的当地女人说过话，因为这里的人们期望我这样做。就像在南欧，男人和男人说话，女人和女人说话。否则，就意味着谈情说爱了。如果哪个白人乐于此道，这不仅有损他的声誉，而且冒着"变黑"的严重风险。我观察了几例，颇有教育意义。我经常听到当地人对某个白人评头论足，说："他是个坏人。"当我问为什么时，回答总是："他睡了我们的女人。"

在埃尔贡尼族人中，男人们忙于放牧和打猎；女人们则要负责一片耕种盛产香蕉、甘薯、高粱和玉米的田地。她们把孩子、山羊和鸡都养在家人住的圆形小屋里。她们的尊严和自然天成来自他们在经济活动中的作用，她们是非常活跃的商业伙伴。妇女平等权利这一概念是这种伙伴关系失去意义的

荣
格
自
传
：
记
忆
、
梦
、
思
考

时代产物。原始社会被潜意识的利己主义和利他主义所控制，两种态度都应该得到应有的重视。这种无意识的秩序一旦打破，发生任何紊乱，必须通过有意识的行为来补救。

我很高兴回忆起我的一位重要情报人，他为我提供关于埃尔贡尼族家庭关系的信息。他是一个非常英俊的年轻人，名叫吉布罗特，是一个酋长的儿子，风度翩翩、举止出众，我赢得了他的信任。可以肯定的是，他很乐意接受我的香烟，但他并不像其他人那样贪婪地想要各种各样的礼物。他时不时地来拜访我，告诉我各种有趣的事情。我觉得他心里有事，有什么诉求，不知何故却说不出来。直到我们认识一段时间后，他才邀请我去见他的家人，这使我大吃一惊。我知道他还没有结婚，他的父母也去世了。他所谓的家庭其实是他姐姐的家，他姐姐给人当小老婆，生了四个孩子。吉布罗特非常想让我去看望她，这样她就有机会见到我了。显然，她在他生命中扮演了母亲的角色。我同意了，因为我希望通过这种社交方式来了解当地的家庭生活。

"夫人在家"——我们抵达的时候，她从小屋里走出来，非常自然地和我打招呼。她是个漂亮的女人，说是中年，也就是三十岁左右。除了必备的贝壳腰带之外，她还戴着手镯和脚镯，大长耳垂上还挂着一些铜饰品，胸前还戴着几片小兽的皮毛。她把她的四个孩子锁在小屋里，他们透过门缝向外窥视，兴奋地咯咯笑着。在我的请求下，她把他们放了出来，但过了好一会儿，他们才敢大胆走出来。她和她弟弟一样，举止优雅，她弟弟因终于如愿以偿了，脸上露出了笑容。

我们并没有坐下，因为地上净是鸡粪和羊粪，除了尘土飞扬的地面，没有其他地方可坐。我们之间的交流像是传统的半家庭式的客厅聊天形式，无非是围绕着家庭、孩子、房子和花园等话题。大老婆有六个孩子，房子与她的相邻。这个"姐姐"的地界大约在八十码外。在两个女人的小屋中间，好比在一个三角形的顶端，是丈夫的小屋，在那后面大约五十码远的地方，有一个小木屋，住着大老婆已成年的儿子。两个女人都有自己的"领地"。我的女主人显然为她的那一份感到骄傲。

我觉得，她的举止表现得泰然自若，在很大程度上是建立在她对完整自我的认同上的，她的个人世界由孩子、房子、小家畜、自己的"领地"组成，最后，但也是很重要的一点，即她那颇具吸引力的体形。提到丈夫只是一种暗示的方式，似乎他有时在这儿，有时不在这儿。此刻他正待在连她也不清楚在哪儿的某个地方。显然毫无疑问，我的女主人是安定的化身，对丈夫来说是个名副其实的临时住所。问题似乎不在于他是否在那里，而在于她是否保持完整的存在，为她那赶着畜群四处游牧的丈夫提供一个地磁中心。在这些"单纯"的灵魂内心发生了什么是没有意识的，因此是未知的，我们只能从他们和"发达的"欧洲之间的差异所比较的证据中去推论。

我问自己，白人女性日益男性化是否与其失去自然完整性（"领地"、孩子、家畜、自己的房子、炉火）有关？这是否是对她贫穷的补偿？白人男性女性化是否是进一步的后果？政体越理性，两性之间的差异就越模糊。同性恋在现代社会中发挥着巨大的作用，这部分是恋母情结的结果，部分是有目的性的现象（防止繁殖）。

在世界末日到来之前，我和我的同伴们有幸体尝了非洲的世界，那里的美丽令人难以置信，同样，苦难也令人难以置信。我们的营地生活后来也成为我一生中最值得回味的插曲之一。我享受着这个原始国家的"神圣的和平"。我从未如此清楚地看到过"人和其他动物"（希罗多德）。现在，我与"万魔之母"的欧洲相隔数千英里。而这里没有电报，没有电话，没有信件，没有访客，魔鬼够不到我。我的精神力量获得了解放，幸福地涌回了原始的广阔天地。

我们每天早上都有机会与当地人闲聊，他们整天蹲坐在我们营地周围，兴致勃勃地看着我们做事。我的领队叫易卜拉欣，他带着我渐渐学会了闲聊的礼节。所有的男人（女人从不走近）都得席地而坐。易卜拉欣给我找来一个酋长的四脚红木小凳子让我坐。然后，我开始发言，并提出发言的顺序。大多数当地人都讲着一种还算说得过去的洋泾浜斯瓦希里语，而我也能勉强与他们交谈，不过大多时候要借助一本小词典。这本小书不断受到赞赏，我有限的词汇量倒是让我不得不言简意赅。这种谈话常常像是一种有趣的猜谜游戏，因此这样的闲聊氛围很受欢迎。这些谈话很少持续超过一个小时或一个半小时，因为明显可以看出这些人疲倦不堪，他们会用夸张的手势抱怨："唉，我们太累了。"

我自然对当地人的梦很感兴趣，但一开始我没法让他们告诉我。我给了他们一些小礼品，香烟、火柴、安全别针以及他们渴望得到的其他东西，但没什么用。我解释不清他们为什么会羞于讲自己的梦，我怀疑原因是恐惧和不信任。众所周知，黑人害怕被拍照，他们担心给他们拍照的人是在夺取他们的灵魂，也许他们同样也害怕那些了解他们梦的人可能给他们带来伤害。顺便说一下，这不适用于我们的小工，他们是沿海的索马里人和斯瓦希里人。他们有一本阿拉伯关于梦的解析的书籍，他们每天都在途中查阅。如果他们对解释有疑问，就会来找我咨询。

　　有一次，我们和一个老土著闲聊。他是一名老医生，穿着一件蓝色猴皮制成的华丽斗篷，像是一件珍贵的展品。当我问起他的梦时，他眼中泛着泪花，回答说："在过去，医者通过做梦，知道会不会有战争或疾病，有没有雨水，畜群应该赶在哪里。"他的祖父仍然保持这样做梦的习惯。但自从白人来到非洲，再也没有人做这样的梦了。梦不再被人们需要了，因为现在英国人什么都知道！

　　他的回答告诉我这里的医师已经失去了存在的理由，因为"英国人知道得更多"，给部落提供建议的神灵的声音已经不再需要了。从前，医者曾与诸神或命运的力量谈判，并向他的人民提供建议。他曾发挥的影响很大，就像在古希腊，阿波罗神殿女祭司皮提亚的话一样拥有最高权威。现在，医者的权威被地区专员的权威取代了。生命的价值现在完全属于这个世界，在我看来，在黑人意识到自然力量的重要性之前，这似乎只是一个时间问题和黑人种族的生命力问题。

　　我们的这位医者非但不是一个威严的人，准确地说还是一个容易动情流泪的老人。面对一个遭受破坏、被时代所淘汰而又无法修复的世界日益瓦解的现实，这样的老人就是一个活生生的化身。

　　在许多场合，我把谈话引向内在精神，特别是在仪式和庆典活动上。关于这些，我只有一点证据。在一条熙熙攘攘的乡村街道中央，一间空茅屋前，我看到一个方圆几码大小的地方，被打扫得很干净。中间放着一条贝壳腰带、手镯和脚镯、耳环、各种陶罐片和一根掘土木棒。我们所能了解到的只是这些：有个女人曾死在这间小屋里，关于丧葬什么的，却只字未提。

聊天的过程中，人们非常肯定地向我保证，他们西边的邻居是"坏"人。如果有人死在那里，就通知隔壁村子，晚上遗体被放到了两个村庄的中间地带。邻村各种各样的礼物送到同一个地方，第二天早上尸体就不知去向了。很明显，这似乎暗示了另一个村庄的人吞食了死者。他们说，这样的事情在埃尔贡尼人中从来没有发生过。可以肯定的是，他们的尸体被放在了灌木丛中，鬣狗在那里过夜"照顾"过。事实上，我们从未发现任何埋葬死者的迹象。

然而，有人告诉我，当一个人死后，人们会把他的尸体放在小屋中间的地板上。医者绕着遗体走圈，把手里的牛奶从碗里洒到地上，喃喃地说："阿依克·阿迪斯塔，阿希斯塔·艾克！"

早些时候的一次令人难忘的谈话中我得知了这些话的含义。谈话结束时，一位老人突然高声说道："早晨，太阳一升起，我们便走出茅屋，吐口唾沫到手上，对着太阳举起双手。"我让他把这种仪式详细地描述给我。他们用手捂住嘴，用力吐唾沫或吹气，然后掌心向上向着太阳。我问这是什么意思，为什么他们会往手上吹气或吐唾沫。我追问这些都是徒劳的，他们说："我们一直都是这么做的。"别指望能有任何解释，我意识到他们实际上只知道他们做了这件事，而不知道他们在做什么。他们自己也不知道这一行为的意义所在。我们也会进行一些像给圣诞树点蜡烛、藏复活节彩蛋这样的仪式，但我们也不明白自己到底在做什么。

老人说这是所有民族都有的真正宗教，所有基维隆多人，所有布干达人，所有的部落，从山上和更广无边际的地方凡目光可及之处，都会祭拜"阿迪斯塔"，也就是太阳升起的那一瞬。只有此时，太阳才是神。西边紫色天空初生的第一弯精致的金色新月也是神，而只有在此刻才是如此，其他时候则不是。

显然，埃尔贡尼人的仪式的意义在于，在太阳升起的那一刻，有人向太阳神献祭。如果献礼是唾沫，那么在当地人看来，它是包含个人法力、治疗能力、魔法和生命的物质。如果是呼吸，那么它在阿拉伯语、希伯来语、希腊语中，表示风和精神。所以这行为是说：我把我的灵魂献给上帝。这是一句无言的、实为的祷告，也可以这样说："主啊，我将我的灵魂交付在你手中。"

除了"阿迪斯塔"，我们还进一步了解到，埃尔贡尼人也要敬拜住在地上的神灵，亦是魔鬼。他是恐惧的创造者，是一股在夜间等待旅人的寒风。老人吹着口哨，旋律是北欧的谎言之神洛基的旋律，生动地表达了埃尔贡尼人是如何在高而神秘的灌木丛中爬行的。

总的来说，人们认定，造物主创造了一切美好的事物，他已超越善恶。他很良善，他所做的一切都是美善的。

我问："但是那些弄死你家牛的邪恶动物呢？"他们说："狮子其实是善良的，而且还好看。""那你们那些可怕的疾病呢？"他们说："你躺在阳光下，就好了。"

这种乐观给我留下了深刻的印象。但我很快发现，到了晚上六点钟，这种乐观情绪就突然消失了。从日落时分开始，就是一个不同的世界了，一个邪恶、危险、恐惧的黑暗世界。乐观主义的心态消失不见，而对鬼魂的恐惧心理和那些宣称可以保护人们免受邪恶之害的巫术却大行其道。没有任何内在矛盾可言，乐观情绪在拂晓时又卷土重来。

在尼罗河源头，我发现了一个深刻的激动人心的经历，这让我想起了古埃及的奥西里斯神的两个侍者——荷鲁斯和塞特。显然，这里有一种非洲原始经验，它和尼罗河的圣水一起流向地中海沿岸：阿迪斯塔，即日出，像荷鲁斯一样的光明原理；阿依克，即黑暗的原理，恐惧的滋生者。在为死者举行的简单祭礼中，医者的话语和他洒的牛奶将对立的二者统一起来，同时，他也在为这两个原理作祭献，因为这两个原理在其统治时期起，即白天和黑夜的统治时期，就具有同等的力量和意义，各自持续十二个小时。然而，最重要的是这一刻，即随着热带地区典型的突发性，每当第一缕光线像箭一样射出，夜就进入了充满生命的光明之中。

这些纬度地区的日出现象，每天都让我不知所措。日出的壮观不在于太阳从地平线上升起的壮丽景象，而在于随后发生的事情。我养成了一个习惯，在黎明前带着帐篷坐在金合欢树下。我面前有一个小山谷，在这个小山谷的底部，有一片深色的、几乎是墨绿色的丛林地带，山谷对面的高原高耸在丛林之上。一开始，光明和黑暗之间的对比会非常强烈。然后，物体呈现出轮廓，沐浴在光线中，整个山谷似乎弥漫着明亮耀眼的光芒。上方的地平线也变成了亮白色。渐渐地，光线愈加强烈，似乎渗透到了物体肌理中，物体从内部被照亮，最后它们像彩色玻璃碎片一样呈现半透明状，闪闪发光。一切都变成了火焰般的水晶体，钟雀的叫声在地平线上回荡。此刻，我感觉自己仿佛置身于一座寺庙神殿之中。那是一天中最神圣的时刻。我陶醉在这片壮丽之景中，陶醉在那无法满足的喜悦之中，或者更确切地说，陶醉在一种永恒的喜乐之中，以至于心醉神迷。

在我的观察点附近有一个高高的悬崖，上面住着大狒狒，每天早晨，都会静静地坐在悬崖上，几乎一动不动地对着太阳，而在接下来的一天里，它们在森林里喧闹、游荡，发出尖叫和叽叽喳喳的声音。和我一样，它们似乎在等待日出，让我想起了埃及阿布辛贝神庙中的大狒狒，它们表现出崇拜的姿态，讲的是同一个故事：在遥远的时代，人们敬拜伟大的神，因为他如同天空中的一道亮光，从黑暗中升起，救赎了世界。

那时我便明白，从灵魂最初的起源开始就有一种对光明的渴望，以及一种无法抑制的从原始黑暗中崛起的冲动。当伟大的夜晚降临，一切都散发出深深的沮丧，每个灵魂都被一种无法形容的对光明的渴望所占据。这种被压抑的感觉可以在原始人的眼睛里，也可以在动物的眼睛里发现。动物的眼睛里有一种悲伤，我们永远不知道这种悲伤是与动物的灵魂紧密相连，还是一种伤感的信息，向我们诉说那种无意识的存在。这种悲伤也反映了非洲的情绪，反映了非洲那种孤独的感受。这原始的黑暗是母性的奥秘，这就是为什么清晨的日出对当地人来说意义非凡。光出现的那一刻如同神出现一样，那一刻它带来救赎和解脱。说太阳是神，模糊和忘记了那一刻的原型经验。当地人会说："我们很高兴幽灵出没的夜晚已经过去了，但这已经是一种理性化了的结果。"事实上，一片完全不同于自然之夜的黑暗笼罩着大地。这是一个精神的原始之夜，与千百万年来一贯如此的今日此时一样。对光的渴望就是对意识的渴望。

我们在埃尔贡山的愉快之旅接近尾声。我们怀着沉重的心情收起帐篷，向自己保证还会再来。我无法让自己去想，这将是我第一次也是最后一次经历这种不期而至的喜悦。从那时起，人们在卡卡梅加斯附近发现了黄金，采矿便开始了，茅茅运动在那些淳朴无辜而又友好的当地人中兴起，我们也在文明之梦中骤然觉醒。

我们沿着埃尔贡山的南坡徒步旅行。渐渐地，风景的特征发生了变化。平原的边缘耸立起一排排连绵起伏的山峦，上面布满了茂密的丛林。那里居民的肤色显得更加黝黑，他们的身体变得更笨重，缺少了马赛人的那份优雅。我们进入了布吉舒的领地，在布南巴利的休息室里待了一段时间。它位于高海拔地区，我们可以看到广阔的尼罗河谷的壮丽景色。我们从那里继续前往姆巴拉，两辆福特卡车等在那里接我们，把我们带到了维多利亚湖畔的金贾。我们把行李装上一列窄轨火车，火车每两周去一次基奥加湖。我们登上了一艘锅炉烧木头的明轮汽船，在发生了几起事故之后，把我们带到了马辛迪港。在那里，我们又换乘了一辆卡车，到达了马辛迪镇，镇子位于高原，这个高原把基奥加湖和阿尔伯特·尼安扎分隔开来。

在从阿尔伯特湖到苏丹雷杰夫的路上的一个村庄里，我们有一次非常激动人心的经历。当地的酋长，是一个高个子，还很年轻的人，带着他的随从出现了。他们是我见过的最黑的黑人。这群人确实有些不让人放心，尼穆勒的首领派三个当地人给我们做护卫，但我发现他们和我们自己的小工一样一点也不让人觉得轻松自在。毕竟，他们的每支步枪只有三发子弹。所以说他们的出席只是政府方面的象征性姿态。

酋长提议他要在晚上跳支舞，我欣然同意了。我希望这些嬉闹爱玩的人能把他们更好的天性表现出来。夜幕降临，我们都昏昏欲睡时，我们听到了鼓声和号角声。很快，我看到大约六十个人，他们手持着闪光的长矛、棍棒和刀剑。妇女儿童远远地跟在他们后面，甚至还有婴儿，趴在母亲后背。这显然是一个盛大的社交场合。尽管气温仍在九十三华氏度左右徘徊，但还是燃起了一堆篝火，妇女和儿童围成一圈，男人们在他们周围又围成一圈，就像我曾经观察到的一群受惊的大象一样。我不知道我应该为这次的盛大场面感到高兴还是焦虑。我四处寻找我们的小工和政府派给我们的士兵，他们已经完全从营地消失了！为了表示善意，我分发了香烟、火柴和安全别针。男声合唱团开始高唱起来，旋律铿锵有力、鼓舞人心，又不失和谐，唱歌的同时合唱队员摆动起双腿。妇女和儿童围着篝火欢快地起舞；男人们朝向火堆起舞前进，手里挥舞着武器，接着又后退，然后在野蛮的歌声、鼓声和号角声中再次向前。

这是一个狂野而又激动人心的场景，沐浴在火光和神奇的月光下。我和我的英国朋友也加入了舞蹈行列，和舞者们混在一起。我挥舞着我仅有的武器犀牛鞭，和他们一起跳舞。从他们喜气洋洋的脸上，我可以看出他们是赞同我们加入其中的。他们的热情倍增，大家一起跺脚、唱歌、叫喊，大汗淋漓。渐渐地，舞蹈和鼓声的节奏加快了。

在这样的舞蹈中，伴随着这样的音乐，当地人很容易陷入一种并不真实的癫狂状态。现在就是这样，快到十一点钟的时候，他们的兴奋情绪快要失控了，整个场面突然变得非常奇怪。舞者们像是变成了一个狂野的部落，我开始担心它将会如何收场。我向酋长做了手势，示意是时候该停下来了，他和他的族人应该去睡觉了。但他一直想要"再来一个"。

我记得我的一个同乡，撒拉辛的一个堂兄，曾在西里伯斯的一次探险中，就是在这样的一次舞蹈中被一支舞偏的长矛击中。所以，我不顾酋长的请求，把大家召集在一起，给他们分发了香烟，然后做了个睡觉的手势。然后我威胁性地挥舞着犀牛鞭，但同时又笑了，因为没有更好的语言，我用瑞士德语大声地向他们喊叫，够了，他们现在必须回家睡觉了。人们很明显能看出来，我在某种程度上是在假装愤怒，但这似乎恰到好处。大家哄堂大笑起来，蹦蹦跳跳，向四面八方散去，消失在黑夜中。很长一段时间，我们听到远处他们欢快的号叫声和鼓声。最后，一切终于归于宁静，而此时，我们都已精疲力竭，于是，很快就睡着了。

我们的长途跋涉在尼罗河畔的里贾夫画上了句号。在那里，我们把我们的行李装在一艘停靠在里贾夫的蒸汽轮船上，水位若是再浅一些，恐怕船就无法停泊了。此时此刻，我感觉我所经历的这一切使我精神负担沉重。万千思绪在我脑中不停涌现，我痛苦地意识到，我消化新印象的能力将很快接近极限。我要做的就是回顾我所有的观察和经历，去发现它们之间的内在联系。我把所有值得注意的东西都写下来了。

在整个旅程中，我的梦都固执地遵循着忽略非洲的策略。我所做的梦完全还是家乡的场景，因此似乎在说，如果允许把潜意识过程人格化至这种程度，非洲之旅就不是真实的，而是一种前兆性或象征性的行为。即使是旅行中最令人印象深刻的事件也被严格地排除在我的梦之外。在整个探险过程中，我只梦到过一个黑人。他的脸似乎很熟悉，但我要想很久才能确定我以前在哪里见过他。最后我想起来：他曾是我在田纳西州查塔努加的理发师！一个美国黑人。在梦中，他拿着一个巨大烧红的卷发棒顶在我的头上，打算把我的头发弄卷，也就是给我做一头黑人式的卷发。我已经能感觉到那股灼热，醒来时有种恐惧感。

我把这个梦当作来自潜意识的一种警告，它在提醒我，原始的事物是一种危险。那时候我显然离"变黑"太近了，我患上了沙蝇热，这可能降低了我的精神抵抗力。为了显示黑人对我的威胁，我的潜意识唤起了我对我美国的黑人理发师十二年前的记忆，只是为了避免任何有关现在的记忆。

顺便说一句，我梦中的这种奇怪的行为与第一次世界大战期间注意到的一种现象是相一致的。战场上的士兵梦到的远不是战争而是他们的家园。军队精神病医生认为，当一个人开始幻想太多的战争场面时，应该把他从前线撤离出来，这是一个基本原则，因为这意味着他已丧失抵御外界印象的心理防御能力。

和我置身非洲这种苛刻的环境情况一样，在我的梦境中，有一条内部界线也成功地保存了下来。这些梦其实与我的个人问题息息相关。我唯一能从中得出的结论是，在任何情况下，我的欧洲人人格都必须保持完整。

令我惊讶的是，我开始怀疑我这次进行的非洲探险带着一种秘密目的，即逃离欧洲及其那内生的复杂问题，即便是冒着留在非洲的危险，就像在我之前的许多人所做的那样，在这个时候也有这么多人这样做。这次旅行揭示了它本身并不是对原始心理学的研究（"布吉舒心理探险"，B.P.E.，印章盒上的黑色字母！），而是去探究一个相当尴尬的问题：在非洲荒野中，心理学家荣格会怎么样？这是一个我一直试图回避的问题，尽管我的学术意图是研究欧洲人对原始条件的反应。我清楚地认识到，这项研究与其说是一项客观的科学研究，不如说是一项非常个人化的研究，而且任何深入研究的尝试都触及我自己心理学中可能存在的痛点。我不得不承认，我决定旅行的原因并不是温布利的展览，而是欧洲的气氛对我来说已经变得太紧张了。

在平静的思绪中，我沿着尼罗河一路向北朝向未来，航程在喀土穆结束，再往前就是埃及。因此，我实现了我的愿望和计划，不是从西方，从欧洲和希腊的方向，而是从南部，从尼罗河源头接近这个文化地域。我对埃及文化中复杂的亚洲元素并不太感兴趣，而对闪米特人对它的贡献较感兴趣。沿着尼罗河的地理走向，以及由此而来的时间之流，我可以在这一点上发现一些东西。在这方面，我最大的启示是我在埃尔贡尼人中发现了荷鲁斯原理。当我看到埃及南部大门阿布辛贝神庙狗面狒狒雕塑时，这整个情节，以及它所代表的一切意义，又一次戏剧地浮现在我的脑海中。

荷鲁斯的神话是关于新生神圣之光的古老故事。这个神话一定是在人类文化（即意识）第一次把人类从史前时代的黑暗中解放出来之后才开始薪火相传。因此，从非洲中心到埃及的旅程，对我来说，成了一场有关光明诞生的剧目。这出剧和我、和我的心理有着密切的联系。我意识到了这一点，但觉得无法用语言表达。来到非洲前，我并不知道这片土地会给我带来些什么，但现在摆在我面前的答案，让我觉得很满意，那就是这次旅行是一次个人实现的经历。对我来说，比任何民族学的成果，任何武器、装饰品、陶器或狩猎战利品的收藏都有价值。我原本就想知道非洲会对我产生什么样的影响，而我现在得偿所愿。

4. 印度 [1]

我在 1938 年的印度之行并不是我自己计划要去的，此次旅行是由于印度的英国政府邀请我参加加尔各答大学二十五周年校庆活动。

那时我已经读了很多关于印度哲学和宗教史的书籍，深深相信东方智慧的价值。但我必须要走访那里，才能形成我自己的结论，而我自己内心像瓶中的人体标本一样。印度像梦一样影响着我，因为我一直在寻找自我，寻找自己特有的真实。

---

[1] 从印度返回之后，荣格在《亚洲》杂志（纽约，1939 年 1 月和 2 月号）上撰文——《印度的梦幻世界》和《印度可以教给我们什么》，两篇文章收录在《转型中的文明》中。

我当时正忙着深入研究炼丹术哲学，而这次旅行算是其中的一个间歇期。我对这项研究极其着迷，所以我就随身携带了1602年版的《炼丹术大全》的第一卷，里面有杰拉杜斯·多内乌斯的主要著作。在航行过程中，我把这本书从头到尾研读了一遍。因此，这种属于欧洲思想基础层面的材料，经常与我对外国思想和文化产生的印象形成有趣的对比。两者都源自潜意识的原始心理体验，因此产生了相同的、类似的，或者至少是可比较的见解。

　　印度让我第一次直接体验到了一种异域的、高度差异化的文化。在我的中部非洲之旅中，一些全然不同的元素稳居主场之位，文化并没有占主导地位。至于北非，我在那里从未有机会与一个能够用语言表达自己文化的人交谈。然而，在印度，我则有机会与印度思维方式的代表人物交谈，并将其与欧洲人的思维方式进行比较。我曾与迈索尔的马哈拉贾赫的宗教师苏布拉曼尼亚·耶尔进行了多次交谈，曾有一度我是他的常客，我也与其他很多人交谈过，但很可惜，他们的名字我都不记得了。另一方面，我刻意避开所有所谓的"圣人"，我之所以这样做，是因为我必须遵循自己的真理去行事，而不是接受别人给我的，那些自己无法获得的东西。如果我试图向圣人学习并接受他们的真理，我会觉得这是一种偷窃行为。即便是在欧洲，我也不能借用东方的任何学说，但我必须根据我的内心告诉自己的，或大自然带给我的东西来塑造我的生活。

　　在印度，我主要关心的是邪恶的心理性质问题。这个问题融入印度精神生活的方式给我留下了非常深刻的印象，我又从一个新的角度看待这个问题。在与一个有修养的中国人的谈话中，我也一次又一次地被这一事实所打动，即这些人能够将所谓的"恶"同化，而不会"丢脸"，在西方，我们做不到这一点。对东方人来说，道德问题似乎并没有像对于我们那样占据第一位。对东方人来说，善与恶是自然界中所蕴含的有意义的东西，只不过是同一事物的不同程度而已。

　　我发现，印度人的灵性中，善与恶并存。基督徒向善而屈从于恶、印度人觉得自己已超脱了善与恶，并寻求通过冥想或瑜伽来达到这种状态。我的相反意见是，在这种态度下，善与恶都不会呈现出任何真实的轮廓，这就产生了某种停滞。一个人不会真正地相信恶，也不会真正地相信善。善或恶，充其量被视为我的善或我的恶，在我看来，无论是善还是恶，都给我们留下了一个矛盾的说法：印度的灵性缺乏恶善观，或是被矛盾所累，因此它需要的是涅槃，从对立面和万物中超脱出来。

印度人的目标不是道德的至善至美，而是达到涅槃。他希望自己从大自然中超脱出来，为了这个目标，他在冥想中寻求无意象和空虚的状态。另一方面，我希望能坚持对自然和心灵意象的生动观照。我既不想脱离他人，也不想脱离自我和自然，因为它们在我看来都是最伟大的奇迹。我认为自然、心灵和生命就像毫无遮掩的神性，我还能有什么愿望呢？对我来说，存在的至高无上的意义就在于它存在的这一事实上，而不在于它不存在或不复存在。

对我来说，不存在不惜一切代价的超脱。我无法从我没有拥有、没有做过或经历过的任何事情中超脱出来。只有当我竭尽所能，当我全身心地投入一件事中，并且全力以赴地参与其中时，我才有可能获得真正的超脱。如果我退出，我实际上是在肢解我心灵的相应部分。当然，我或许也有充分的理由不让自己沉迷于某种特定的经历中。但是后来我不得不承认自己的无能，我必须认识到，我可能忽视了去完成一些至关重要的事情。这样，我就可以清楚地认识到自己的无能，从而弥补自己缺乏积极行动的不足。

一个人如果没有经历过情欲的炼狱，他就永远无法战胜情欲。情欲就像近在咫尺的邻居，起火时随时都有可能烧毁我们自己的心房。每当我们放弃、忽视或忘记过多的东西时，总会有一种危险来临，那就是我们忽视的东西会更加迅猛地卷土重来。

在科纳拉克（奥里萨邦），我遇到了一位梵学学者，他欣然提出要和我一起去参观庙宇和神殿。有一座塔从底部到顶部都布满了做工精美的淫秽雕塑。对这一不同寻常的现象，我们聊了很长一段时间，他向我解释说这是一种实现精神净化的手段。对此，我并不认同，用手指了指一群年轻的农民，他们站在纪念碑前看得目瞪口呆，欣赏着这些壮观的景象，因为这样的年轻人现在几乎没有经历过精神净化，而更有可能是他们的脑袋里充满了性幻想。于是，他回答说："但这正是问题的关键。如果他们不先完成他们的业力，怎么可能获得精神净化呢？这些被人们公认的淫秽形象之所以出现在这里，正是为了唤起人们的佛法意识，否则这些没有意识的小伙子就会把它忘掉的。"

我觉得，青年男子可能会像非发情期的动物一样忘记他们的性欲，这是一个奇怪的想法。然而，这位圣贤却坚定地认为，他们和动物一样没有意识，实际上需要及时训诫。为此，他说，在他们踏入寺庙之前，外部的装饰会提醒他们时时想着佛法，因为除非他们意识到自己的佛法并去践行，否则他们无法获得精神净化。

　　当我们进入寺庙殿门的时候，我的同伴指着两名"诱惑女郎"，那是两个舞女的雕像，有着诱人的臀部曲线，她们微笑着向所有进入的人打招呼。"你看到这两个跳舞的女孩了吗？"他说，"她们在这里的意义是一样的。当然，这不适用于像你我这样的人，因为我们已经达到了一种超越这些的意识水平。但是对于这些乡下小伙子来说，这是一种不可或缺的教诲和训诫。"

　　当我们离开庙宇，沿着林迦小巷走去时，他突然说："你看到这些石头了吗？你知道它是什么意思吗？我要告诉你一个大秘密。"我很惊讶，因为我以为这里的每一个孩子早就明白这些石雕上的意象实际上是男子的阴茎。但是，他非常严肃地对我耳语道："这些石头是人的私处。"我原以为他会告诉我，它们象征着伟大的湿婆神。我呆呆地看着他，但他只是自鸣得意地点点头，好像在说，"是的，就是这样的。毫无疑问，以你们欧洲人的那种无知是不会这么想的！"当我把这个故事告诉海因里希·齐默尔时，他高兴地喊道："我终于听到了一些关于印度的真实情况，也算有所不同！"

　　当我参观桑吉佛塔时，佛陀在那里讲经，我内心涌现出一种强烈的情绪，在我遇到一件事、一个人或一种思想而我仍没有意识到其含义的时候，这种情绪就会经常涌现。这些佛塔坐落在一座岩石小山上，有一条由大石板铺成的别致小径可以到达山顶，这条小径还穿过一片绿色的草地。佛塔是坟墓或文物的储存圣地，呈半球形，就像两个巨型饭碗倒扣叠立在一起，就像佛在《大般涅槃经》中讲述的那样。英国人以极为崇敬的精神完成了修复工程。在这些建筑中，最高大的一座被一堵围墙环绕着，围墙上有四扇精致的大门。你从其中的一扇门进入，路径转向左边，然后就进入一个围绕佛塔的顺时针环道。佛像就在四个基点处矗立着。当你绕完一圈后，你就进入了同一个方向上更高的第二圈环道。平原上遥远的景色，佛塔本身，寺庙的废墟，以及这个圣地那份孤寂的宁静，让我着迷。我告别了我的同伴，沉浸在此时此刻这种无法自拔的情绪之中。

过了一会儿，我听到远处传来颇有节奏的锣声。一群日本朝圣者一个接一个地走了过来，每人敲着一面小锣。他们奏着古老的妙哉莲花生中"唵嘛呢叭咪吽"祷词的节奏，锣点正好落在最后一个字"吽"上。到佛塔外时，他们低下头深深鞠了一躬，然后穿过大门。进门之后，他们又一次在佛像前鞠躬，吟着合唱般的圣歌。他们绕了两圈，在每一尊佛像前唱着赞歌。当我注视着他们的时候，我的思想和灵魂与他们同在，我内心的某种东西默默地感谢他们，因为他们如此奇妙地帮助我抒发了那些难以名状的情感。

我的这种强烈情绪事实上表露了桑吉山对我来说有某种重要意义，在那里，我看到了佛教全新的一面。我将佛的生命理解为现实中的自我，而它已经突破了自我，并希求拥有个体生命。对佛来说，自我高于一切神，它是代表人类存在乃至整个世界本质的一个一元世界。自我既体现了固有存在方面，也体现了其可知性方面，没有它，世界就不存在。佛看到并掌握了人类意识的宇宙起源的尊严，因此，他清楚地看到，如果一个人熄灭了这道光，世界将陷入虚无。叔本华的伟大成就在于他也认识到了这一点，或者独自重新发现了这一点。

基督像佛一样，是自我的化身，只是意义完全不同。两者都代表着对世界的超越：佛是出于理性的顿悟；基督是注定要牺牲的。在基督教中，受苦更多，而在佛教中，所见和所做更多。这两条路都是对的，但印度人认为，佛是更完整的人。他是一个历史人物，因此更容易让人理解。基督既是历史上的人，又是神，因此更难理解。从根本上说，他连自己都不明白，他只知道他必须牺牲自己，这条路是从内心强加给他的，他的牺牲像是命运的安排。佛安度此生，颐享天年，而基督作为基督所进行的活动可能只持续了不超过一年。

后来，佛教经历了与基督教相同的演变：佛在某种程度上变成了自我发展的形象，他成了人们模仿的榜样，而实际上，他曾鼓吹，通过克服因缘链，每个人都可以达到大彻大悟，从而变成佛。同样地，在基督教中，基督是一个典范，他以其完整的人格存在于每一个基督徒心中。但是，历史的潮流导向人们效法基督，在这种情况下，个人并不再追求自己的命定之路从而去实

九 旅 行

现自我完整，而是试图模仿基督所走的道路。同样，在东方，历史潮流导向人们虔诚地模仿佛。佛本应成为一个被模仿的榜样，这一点本身就是对佛的思想的一种削弱，就像对耶稣基督的效法是基督教思想演变中命定停滞的先兆一样。正如佛，凭借他的顿悟，远远领先于梵天诸神，所以基督也向犹太人呼求："你们是神"（《约翰福音》第10章第34节）；但人们无法理解他的意思。相反，我们发现，所谓的基督教西方，远远没有创造一个新的世界，而是正在大步走向毁灭我们现有世界的可能性。[1]

印度方面授予了我三个博士学位，分别来自阿拉哈巴德、贝拿勒斯和加尔各答，这三个城市分别代表了伊斯兰教、印度教和英属印度医学和科学界。这有点好得过头，我觉得自己需要静修。因为我在加尔各答得了痢疾，不得不在医院里待了十天，给了我"静修"的机会。这是一座神圣的岛屿，屹立于一片汪洋大海之中，这里总会给人带来新印象思潮，我在其中找到了一个立足之地，在那儿我可以静观万事及那令人惊错愕然的喧嚣纷扰。

回到旅馆，我的身体还算健康，我做了一个很特别的梦，我想把它记录在此。我发现自己和一大群苏黎世的朋友在一个不知名的岛上，大概就在离英格兰南部海岸不远的地方。这座岛很小，几乎无人居住。它也很窄，是一块约二十英里长南北走向的狭长地带。岛南端的岩石海岸上有一座中世纪的城堡。我们这一群观光游客站在城堡的庭院中央，面前矗立着一座富丽堂皇的钟塔，透过大门可以看到一道宽阔的石阶，我们只能勉强看到它的尽头落在一个圆柱大厅上方。微弱的烛光渐渐照亮了这个大厅。我有幸得知，这就是圣杯城堡，今晚这里将举行"圣杯庆典"。这个消息似乎带着某种私密性，因为我们当中有一位德国教授，酷似蒙森老前辈，就对此事毫不知情。我和他交谈甚欢，他的学识和聪明才智给我留下了深刻的印象。只有一件事让我不安：他不断地讲述着逝去的过去，并且用旁征博引的语言讲授了英国与圣杯故事及法国起源的关系。显然，他不知道这个传说的意义，也不知道它活生生地存在，而我对两者都非常清楚。而且，他似乎没有觉察到我们眼前的真实环境，因为他表现得就像在教室里给学生讲课。我试图提醒他注意环境的特殊性，但他并没有察觉。他没有看到楼梯，也没有看到大厅里的喜庆

---

[1] 关于效法基督问题，请参见《心理学与炼金术》第一部分。

气氛。

　　莫名地感到有些无助，于是我开始环顾四周，发现我站在一座高大城堡的墙边，墙的下半部分搭有一种棚架，不是用普通的木头做的，而是用黑铁巧妙地做成了一种葡萄藤架，上面有树叶、缠绕的卷须和葡萄，看起来很美观。横枝上每隔六英尺就有一些小房子，同样是铁制的，像鸟舍一样。突然，我发现树叶里有动静，起初，我以为是有老鼠，但后来我清楚地看到一个似铁一般的、戴着帽子的小精灵，从一个小房子窜到另一个小房子，我惊讶地对教授说："快看，你能不能……"

　　就在那一刻，画面中断，梦境变了。我们——还是和以前一样的一群人，但唯独少了教授，来到了城堡外面，在一片没有树木、四处都是岩石的地方。我知道一定会发生什么事，因为城堡里没有圣杯，而且那天晚上还要举行庆典。据说圣杯在那座海岛的北部，藏在一座无人居住的小房子里，那是那里唯一的房子。我知道我们的任务是把圣杯带到城堡。我们大约有六个人出发，向北走去。

　　经过几个小时的艰苦跋涉，我们到达了岛上最窄的地方，我发现这座小岛实际上被一个海湾一分为二。在这条海峡最狭窄的地方，水面大约有一百码宽。太阳已落山，夜幕降临了。我们疲倦不堪，只好就地扎营。这一地区无人居住，荒无人烟；放眼望去，没有树，也没有灌木，只有草和岩石。没有桥，也没有船。天气很冷，我的同伴们一个接一个地睡着了。我思量了一下该怎么办，最后结论是，我必须要一个人游过海峡去拿圣杯。我脱去了外衣。就在这时候，我醒了。

　　从本质上讲，这是欧洲人出现的梦境，但当时我几乎还没摆脱印度式的强烈印象。大约十年前，我就发现在英国的许多地方，圣杯的神话仍然是一个活生生的事实，尽管围绕这个传统已经积累了大量的学术成果。当我意识到这一诗意的神话与炼丹术中有关"唯一虚空、灵丹妙药、圣贤之石"的说法是一致的时候，这一事实给我留下了更深刻的印象。白天被遗忘的神话在夜晚继续讲述，而那些被意识贬低为平庸和荒谬琐碎之物的强大形象又经由诗人重新认识，并在预言中复活。因此，即使形式改变，他们也会被有思想的人认出来。过去的伟人并没有如我们所想的那样死去，他们只是换了名字而已。"小而轻，力无穷"，戴着面纱的卡比尔走进了一座新房子。

　　这个梦无情地抹去了我对印度的所有强烈印象，并把我带回到西方人长期被忽视的问题，这些问题以前表现为对圣杯和哲人之石的追求。我被带出了印度人的思想世界，并受到提醒，印度并不是我的目标，它只是我前进道路上的一部分，不可否认，它是一段很重要的旅程，它将使我更接近我的目标。就好像那个梦在问我："你在印度干什么？倒不如为你自己和你的同伴寻找救世主吧，这才是你现在正急切需要的。因为你危在旦夕，你们都面临着一种迫在眉睫的危险，它将毁灭几个世纪以来所建立起来的一切。"

　　锡兰[1]是我旅程的最后一站，我觉得它不再是印度了，那里已经有了南海的气息，还有几分天堂的感觉，让人不禁流连忘返。科伦坡是一个熙熙攘攘的国际港口，平时晴空万里，但每天五点到六点之间，总会有一场倾盆大雨从天而降。我们很快就离开了这座城市，朝内陆丘陵地带进发。古老的皇城——康堤笼罩在一层薄雾中，温和的湿度促使这里的植被生长得枝繁叶茂。达拉达·马利加瓦寺，藏有佛牙舍利，地方虽小却散发着特殊的魅力。我在藏经室里停留了相当长的一段时间，在那里和僧侣交谈，研读刻在佛经上的经文。

　　在那里，我目睹了一场难忘的晚祷会，年轻的男男女女在祭坛前撒着一堆堆的茉莉花，同时低声吟唱着什么。我以为他们是在向佛祷告，但是给我做向导的和尚解释说："不，佛已经不在了，他已圆寂，我们不能向他祷告了。"他们唱着："这生命啊，就像这些美丽的花一样短暂易逝。愿我的主与我分享这次奉献的福祉。"

　　仪礼的前奏是一个小时的鼓乐会，是在坛场，就是在印度寺庙中被称为侍候厅的地方举行。鼓手有五个人，广场的四角各站一个，第五个年轻人，站在中间。他是独奏，也是一个非常优秀的鼓手。他赤裸上身，深褐色的身体闪闪发光，身上系着红色的腰带，白色的长裙伸到脚边，头戴白色头巾，胳膊上戴着闪闪发光的手镯，走到金佛跟前，手持双面鼓，演奏"献祭乐"。他用身体和手臂的优美动作，独自奏出一段奇异的旋律，但在艺术上堪称完

---

　　[1]　神明，或天界，或守护天使。

美。我从后面看着他，他站在坛场的入口前，那里摆着小油灯。鼓声表达的是腹部和腹腔神经丛的古老语言，腹部不做"祈祷"，但促生出"功德"语或冥想的话语。因此，这不是对一个不存在的佛的崇拜，而是已经觉醒的人类所作的众多自我救赎行为之一。

接近初春的时候，我启程回国，由于怀着太多的印象和感思，我根本不想下船去看孟买。相反，我埋头于我的拉丁文版炼丹术文献中。但是，印度并非未给我身上留下任何印迹，它留下的印迹从一种无限性延伸到另一种无限性。

5. 拉文那和罗马

在 1913 年我第一次访问拉文那时，我就认为，加拉·普拉西狄亚（Galla Placidia）的陵墓不但引人入胜，还有着重要价值。二十年后，第二次参观时，那种感受依然如故。我在加拉·普拉西狄亚墓中又一次陷入一种奇怪的情绪。我又一次深深地被感动了。我是和一个熟识的人同去的，我们直接从陵墓进入东正教洗礼堂。

在这里，首先让我印象深刻的是那弥散在整个房间里柔和的蓝色光线，但是我一点也不奇怪。我并不试图去解释它的来源，因此这种没有任何可见来源的奇迹之光并没有困扰我。我有些惊讶，因为我记得第一次参观时所看到的那些窗户的地方，而现在取而代之的是四幅很大的镶嵌壁画，美得令人难以置信，而我似乎已经全然忘记了。我发现我的记忆如此不可靠，感到很烦恼。南面的镶嵌画代表约旦河的洗礼式；北部的第二幅画，是以以色列儿童渡过红海的路线为主题；东面的第三幅，不久就从我的记忆中渐渐淡忘了，这可能表明乃缦已经在约旦治好了麻风病。我书房里有一本梅里安古版《圣经》，书中就有一幅关于这个主题的插画，很像这幅镶嵌画。洗礼堂西侧的第四幅镶嵌画，给我的印象最为深刻。我们最后看的这一幅，描绘的是基督向正沉入海浪下的彼得伸出了一只手。我们在这幅镶嵌画前停留了至少二十分钟，并讨论了洗礼的原始仪式，尤其是它奇趣的古朴观念：将其视为与死亡的真正危险相关的启蒙运动。这种启蒙思潮常常与死亡的危险联系在一起，因此可以用来表达死亡和重生的原型思想。洗礼最初是指真正的水中没顶，至少暗示了溺死的危险。

我对彼得溺水这幅镶嵌画的记忆最为独特，直到今天其中每一个细节都历历在目：蔚蓝的大海，画中的人物碎片，从彼得和基督的嘴里所出的经文，我试图解读其中的奥义。我们离开洗礼堂后，我立马就去了阿利纳里购买镶嵌画的照片，但没有找到。时间紧迫（这只是一次短暂的拜访），所以我把买照片的事推后，想着可以从苏黎世订购照片。

回家之后，我找了一个要去拉文那的熟人帮我买照片。他也找不到，因为他发现我所描述的镶嵌画并不存在。

同时，我已经在研讨会[1]上谈到了洗礼的最初概念，并且在此我还提到了我在东正教洗礼堂中看到的镶嵌画。我对这些画的记忆仍然很清晰，和我一同去过那儿的那位女士一直不相信她"用自己的眼睛所见"的东西竟然不存在。

我们都知道，很难确定两个人是否，以及在多大程度上同时看到过同一事物。然而，在这个例子中，我能够确定，至少我们所看到的东西的主要特征是相同的。

在拉文那的这段经历可谓是我一生中最奇怪的事情之一，这很难解释。加拉·普拉西狄亚皇后（450年）的一个故事可能会给其带来一些启示。严冬时节，她从拜占庭渡海前往拉文那，途中风雨交加，她就发誓，如果她平安抵达，她将建造一座教堂，并在其中再现海上的凶险情景。她信守这一誓言，在拉文那修建了圣乔万尼大教堂，并用镶嵌画装饰。在中世纪早期，圣乔万尼大教堂连同其中的镶嵌画一并被大火烧毁，但在米兰的安布罗西亚纳教堂，人们仍然可以在船上找到表现加拉·普拉西狄亚这一人物主题的素描画。

从第一次拜访起，我就受到加拉·普拉西狄亚这个人物的影响，我常常想知道，这个受过良好教育、一丝不苟的女人怎么会跟一个没什么教养的野蛮王子生活在一起。在我看来，她的陵墓是最后的一份历史遗产，通过它我可以了解到她的个性。她的命运和她的整个生命对我来说都是活生生的存在；

---

[1]　1932年密宗瑜伽研讨会。

她极具个性的人格，就是我灵体的恰当体现。[1]

一个人的灵体具有强烈的历史特征。作为潜意识的人格化，她回到史前，体现出过去的内容。她向个体提供了那些他应该知道的有关史前史的元素。对个体来说，灵体是过去存在的、仍然活在他体内的一切生命。与她相比，我总觉得自己是一个真正没有历史的野蛮人，就像一个从虚无中冒出来的生物，既没有过去，也没有未来。

在我与灵体交流对质的过程中，我实际上对所见镶嵌画作中所表现出的那些危险有过一次小接触。我差点淹死，这相同的事情发生在我身上，也同样发生在彼得身上，他大声呼救，耶稣救了他。法老军队的命运本可能就是我的命运。像彼得和乃缦一样，我最终安然无恙地脱离了危险，种种潜意识内容的整合对我人格的完善做出了重要的贡献。

当人们将先前的潜意识内容与意识整合在一起时，在自己内心发生的事情几乎无法用语言来描述，只能体验。这是一个主观的事情，完全无法讨论。我们对自己、对我们自己的行为方式有一种特殊的感觉，对这一事实既无法去怀疑，且怀疑也没有任何意义。同样，我们向他人传达了一种特殊的感觉，这也是不容置疑的事实。据我们所知，还没有更高的权威可以消除这些印象和观点之间可能存在的所有差异。整合的结果是否发生了变化，以及这种变化的本质是什么，仍然取决于主观信念。可以肯定的是，这个事实并不能通过科学来验证，因此以正式角度来看，在这个世界也没有它的任何位置。然而，这仍然是一个事实，在实践中非常重要，并且具有无限后果。无论如何，现实主义的心理治疗师以及对治疗感兴趣的心理学家几乎不能忽视这类事实。

由于我在拉文那洗礼堂的经历，我确信，有些内在的东西似乎是外在的，而外在的东西似乎又是内在的。洗礼堂的真正的墙壁，虽然我的肉眼一定看见过，却被某种完全不同的景象所覆盖，这些景象与未曾改变的洗礼堂一样完全真实。但在那个瞬间，哪个是真实的？

我并不是唯一遇到此种情况的，但当这种事情发生在自己身上时，人们会不由自主地把它看得比听到或读到的东西更加严肃地去对待。一般来说，

---

[1] 荣格本人将这种幻境解释为潜意识短暂的新创造，源于他对原型起源的想法。在他看来，这种具象化的直接原因在于他的阿尼玛对加拉·普拉西狄亚的投射。

一听到这类奇闻逸事，人们立即会想到各种各样的解释来解决这个谜团。我得出的结论是，在我们确立关于潜意识的任何理论之前，我们需要更多地关于潜意识的亲身经验。

在我的一生中，我旅行过很多地方，我本来很想去罗马，但觉得无法企及这座城市可能留给我的印象的高度。庞贝古城就已经足够了，这种印象几乎超过了我的接受能力。我在1910年至1912年对此做了一些研究，对古代古典心理学有了一些了解之后，我才得以参观庞贝古城。1912年，我乘船从热那亚前往那不勒斯。船接近罗马所在的纬度时，我站在栏杆旁。从远处望去，罗马城就坐落在我眼前，它依旧烟火缭绕，古代文化就是从那里传播开来的，在基督教和西方中世纪的错综盘结的根基之中自成一派。在那里，古典主义仍然活在它的辉煌和残酷之中。

我总是想知道那些去罗马的人是否可能会去，比如巴黎或伦敦这些地方。当然，罗马和其他城市一样，在审美上是一种享受，但是，如果你每走一步，都被深藏在那里的灵魂所触动，如果一堵墙和一根柱子的残垣断壁带着一张立即可被辨别的面目凝视着你，那就另当别论了。即使在庞贝城，以往未曾预见的景象也展现了出来，意想不到的事情变得有意识了，随之问题也提出来了，而这些问题超出了我的处理能力范围。

1949年，在我晚年的时候，我想弥补这一遗憾，但在买票时，我却突然晕倒了。从那以后，去罗马旅行的计划就彻底搁置了。

十　幻　象

1944 年初，我伤了脚，这次意外之后，我的心脏病又发作了。在潜意识状态下，我经历了多次谵妄，看到了种种幻象，这些一定是我接受吸氧和樟脑注射，徘徊在死亡边缘时发生的。那些幻象画面巨大无比，我觉得自己快要死了。后来，护士告诉我："当时您好像被一道明亮的光芒所包围。"她又补充说这种现象有时在病人临终时才会出现。我的确已经达到了自己最大的极限，不知道我是在做梦还是处于狂喜的状态。不管怎么说，奇怪的事情开始发生在我身上。

我似乎处在高高的宇宙太空，从远处向下，我看到了地球沐浴在灿烂的蓝色光芒中。我还看到了深蓝色的大海和大陆。离我脚下很远的地方是锡兰，前面的远处是印度次大陆。我的视野无法囊括整个地球，但它的球形轮廓清晰可辨，在那美妙的蓝光中闪耀着银光。从许多角度来看地球像是彩色的，或者带有深绿色的斑点，就像氧化的银器一般。在左边远处是阿拉伯的沙漠，颜色黄里带红好像大地的银色染上了透着红的金黄色调。紧跟着看到的是红海，然后再远一点的某处，正如地图的左上角一样，我能辨认出地中海的一小部分。我的目光主要集中在那儿，其他一切都显得模糊不清。我也能看到白雪皑皑的喜马拉雅山，但那个方向云雾缭绕。右边的情况我视而不见。我知道我即将离开地球。

后来我发现一个人要在太空那么高的高度才能看到大约一千英里外的广

阔视野！从这么高的地方看到的地球是我所见过的最为雄伟壮丽的景象。

观察片刻之后，我转过身来。我原是背对着印度洋，面朝北方。后来我觉得我转向了南边，新的事物进入了我的视野。不远处，我看到太空中有一块巨大的黑色石头，像是陨石，和我的房子差不多大，甚至更大。石头漂浮在太空中，我自己也漂浮在太空中。

我曾在孟加拉湾海岸看到过类似的石头，是一块块黄褐色的花岗岩，其中一些已经被凿成庙宇。那块空中的石头就是这样一块巨大的黑石。有一个入口通向一个小前厅。在入口的右边，一位黑皮肤的印度教教徒盘腿静坐在石凳上。他穿着一件白色长袍，我知道他在等我。有两级台阶通向这个前厅，往里的左边是通往圣殿的门。墙上有无数的小壁龛，每个都有一个碟状凹面，里面装满了椰子油和小灯芯，它们形成一圈明亮的灯火围绕着这扇门。当年我参观锡兰康迪的圣牙庙时，曾经亲眼看到过这种景象：大门四周燃烧着几排这样的油灯。

当我走近通往巨石入口的台阶，一件奇怪的事情发生了：我有一种感觉，一切都在消逝；我所关注、希望或想到的一切，整个尘世存在的幻影都消失了，或离我远去——这是一个极其痛苦的过程。不过，还是有些东西留了下来，好像我现在要把我所经历的和所做过的一切，以及发生在我身边的一切都随身带走。我也可以这么说：这一切与我同在，我就是这一切，或者说我是由这一切组成的。我由自己的历史组成，我非常确定地感觉到：这就是我。"我就是一切过往种种、业已完成之事的总和。"

这段经历让我有一种极度匮乏的感觉，但同时又感到非常充实，我已无欲无求。我以一种客观的形式存在，我就是我的过去，我的生活。起初，被剥夺或被掠夺的毁灭感占了上风，但突然间，这一切都变得无关紧要。一切似乎都过去了，剩下的只是既成事实，与往昔的一切没有了任何关系。我也不再对那些渐渐失去或被夺走的事物感到惋惜。恰恰相反：我拥有我感受过的一切，这就是一切。

另一件事引起了我的注意：当我走近神殿时，我确信我即将进入的是有光亮的房间，在那里我将遇到所有与我在现实中相互依附的人。在那里，我终会明白，这也是一个既定事实，那就是我或我的生命适合列入哪个历史环节。我会知道在我之前发生了什么，我为什么会出现，我的生命在哪里流动。在我看来，我的生活就像一个没有开始也没有结束的故事。我觉得自己像是一个历史片段，是一个节选，前面和后面的文本都不见了。我的生活似乎是从一连串的事件中剪取出来的，许多问题仍然没有得到回答。为什么要选择这样一个过程？我为什么带着这些特殊的假设？我是怎么做的？接下来会发生什么？我确信只要我一进入巨石神庙，就会得到所有这些问题的答案。在那里我会明白为什么一切是如此而非它样；在那里，我会遇到一些人，他们知道我的问题的答案：过去是什么，将来会怎样。

在我考虑这些的时候发生了一件事，引起了我的注意。从下面，从欧洲的方向浮现出一个形象。那是我的医生，H 医生——或者更确切地说，是他头上缠着金链或金桂冠的形象，我立刻知道："啊哈，这是我的医生，当然，就是那个给我治病的医生。但现在他正以他的原始形态出现，那就是科斯的国王。[1] 在现实中，他是国王这个原始形态的短暂化身，而原始形态从一开始就存在。现在他正以最初的形式出现。"

想必我现在也是我的原始形态，虽然这一点我并没有观察到，只是简单地认为这是理所当然的。他站在我面前与我进行了静默的思想交流。H 医生受地球委派给我带来个信息，告诉我有人抗议我离开。我没有权利离开地球，必须回去。我一听到这话，幻觉就消失了。

我倍感失望，现在看来一切都是徒劳的。这个痛苦的脱落过程徒劳无功，我不被允许进入神殿，不能加入所属群体之中。

事实上，直到整整三个星期之后，我才真正下定决心重新生活。其间，我无法进食，因为我厌恶所有的食物。我在病床上看到的城市和山峦，在我看来就像是一幅满是黑洞的窗帘，或是一张破烂的报纸，上面印满毫无意义的照片。我深感失望，内心想到："现在我必须再次回到'盒子系统'了。"因为在我看来，在宇宙的地平线之外，一个三维的世界被人为地建立起来，每个人都独自坐在一个小盒子里。现在我要再一次让自己相信这很重要！生活和整个世界对我来说犹如一座监狱。我必须再次发现这一切的意义，这让

---

[1]　科斯在古代是著名的阿斯克利皮奥斯神庙所在地，也是希波克拉底的出生地。

幻

象

我备受困扰。我曾经很高兴能把一切都抛诸身后，而现在却又和他人一样被一根线悬挂在盒子里。当我在太空中漂浮时，我一直处于失重状态，没有任何东西在拖拽我。现在这些都将成为过去！

我对我的这位医生有着强烈的反抗情绪，因为他使我重获新生。同时，我也很担心他。"看在老天的分上，他的生命危在旦夕！在我看来，他是以他的原始形态出现的！任何人达到这种状态，就意味着他将死去，因为他已经属于'更大的群体'！"突然间，我想到了一个可怕的想法，那就是 H 医生将代替我死去。我尽力和他谈这件事，但他不明白我的意思。我就生他的气了，"为什么他总是装作不知道自己是位科斯国王？他已经具有了他的原始形态？他还想让我相信他对这些事一无所知！"这让我很恼火。我妻子责备我对他态度不好。她是对的，但当时我对他很生气，因为他相当固执，拒绝谈论我所看到的我们之间发生的一切。"该死的，他应该小心脚下。他没有权利这么鲁莽！我想告诉他好好照顾自己。"我坚信他的生命处于危险之中。

事实上我成了他最后一个病人。1944 年 4 月 4 日，我还记得确切的日期，自从我生病以来，我第一次被允许从床上坐起来，就在这一天，H 医生卧病在床，之后再也没有起来。我听说他一直发烧。不久之后他死于败血症。他是个好医生，有些才华，否则我就不会把他看作科斯国王了。

在那几周里，我的生活节奏不怎么正常。白天我总是感到沮丧和虚弱，还会自怨自艾，几乎不敢稍作动作。我终日郁郁不乐，心想："现在我必须回到这个单调乏味的世界。"到了晚上，我便睡着了，我的睡眠会持续到午夜左右。然后我会醒过来，在床上躺上大约一个小时，但情绪完全不一样。我好像处在一种狂喜中，觉得自己漂浮在太空里，在宇宙的子宫（巨大的空寂之中）里安然无恙，幸福感充盈着内心。"这是永恒的幸福，"我想，"难以形容，简直太美妙了！"

我周围的一切似乎都被施了魔法。晚上的这个时候护士会给我送来一些加热过的食物，因为我那个时候才吃得下，才会吃得津津有味。有一段时间，我觉得那个护士是一个老犹太女人，比实际年龄大得多，她还会为我准备犹太节日菜肴。我望向她时，似乎她头上有一个蓝色的光环。我本人似乎是在安石榴园，[1] 园中正在举行提弗雷思和马尔丘斯的婚礼；又或者我是犹太教士西门·本·约斋，这里正在举行他在来世的婚礼。这场神秘的婚礼完全符合犹太神秘哲学的传统。我无法描述这有多美妙，只能不停地想："这就是石榴园！这就是马尔丘斯和提弗雷思的婚礼！"我不知道我到底在其中扮演什么角色。归根结底，那就是我自己，我就是婚礼。我的至福是一个幸福的婚礼。

石榴园渐渐地消失了，变了模样。随后是洋溢着节日氛围的耶路撒冷，在那儿正在举行羔羊的婚礼。我无法详细描述它的具体情况，只看到到处都是无法形容的喜悦。天使在场，一片光明。我自己就是"羔羊的婚礼"。

这个场景后来也消失了，出现了一个新的形态，即最后的幻象。我沿着一条宽阔的山谷走到尽头，从那里开始看到一排平缓的山峦。山谷的尽头是一个古典圆形剧场。它雄伟壮观，坐落在绿色的风景中。在这个剧场里，人们正在庆祝圣婚。男女舞者走上舞台，在一张铺满鲜花的长椅上，宙斯和赫拉完成了神秘的婚仪，就如同《伊利亚特》中所描述的那样。

所有这些经历都是辉煌灿烂的。一夜又一夜，我漂浮在一种最纯粹的幸福状态中，"到处都是创造的种种形态"[2]。渐渐地，各种主题混杂在一起，然后又逐渐消逝。通常幻觉持续一个小时左右，然后我又会睡着。早晨一到，我便会感觉：灰色的早晨又来了，现在灰色的世界带着它的盒子来了！多么愚蠢，多么可怕而又荒唐！那些内心世界是如此的美丽，相比之下，这个世界则显得荒谬无比。当我的健康逐渐恢复，它们变得越来越模糊，第一次幻象出现之后不到三个星期，一切就完全停止了。

这些幻象中产生的情感的美丽和强烈无法言传，它们是我所经历过的最壮观绮丽的事。白天和夜晚的反差如此巨大，我被折磨得焦头烂额，一切都让我恼火，一切都太物质化、太粗糙又太笨拙，在空间和精神上都让人受到极大的限制。这一切都是一种禁锢，其原因无法测知，然而它有一种催眠的力量，有一种说服力，仿佛它是现实本身，即便如此，我仍清楚地看到了它

---

[1] 《安石榴园》是摩西·科尔多维罗（16世纪）的一部古老的神秘主义著作的标题。在密教教义中，提弗雷思和马尔丘斯是神显现的十个层次中的两个，在这十个层次中，上帝从他的隐藏状态中显现出来。它们代表了神性中的男女原则。

[2] 参见《浮士德》第二部分。

的空虚。虽然我又恢复了对这个世界的信仰，但我从来没有完全摆脱过这样的印象：生命是存在的一部分，是在一个特别为它而建的三维盒状宇宙中实现的。

还有一件事我记得很清楚。一开始，当我产生石榴园幻象时，我对护士说如果我伤害她，请她原谅我。我说，房间里的圣洁可能对她有害，她当然不会理解我。对我来说，圣洁的存在有一种神奇的气氛，我担心这对其他人来说可能是难以忍受的。我明白为什么有人说圣洁的气味，圣灵的"芳香"，就是这种气味。房间里有一股无法形容的圣洁之气，其表现就是神秘合体。

我从来没有想过会有这样的经历。这不是想象的产物。这些幻象和经历是完全真实的；它们没有任何主观性；它们都具有绝对的客观性。

我们回避"永恒"这个词，但是我可以把这种经历描述为一种非时间状态的狂喜，在这种状态中，现在、过去和未来合为一体。所有当时发生的事情都被整合成一个具体的整体。没有什么是随时间而分布的，也没有什么可以用时间概念来衡量。这种体验最好被定义为一种感觉状态，但它不能由想象产生。我怎么能想象前天、今天和后天的我同时存在？有些事情尚未发生，有些事情肯定会出现，还有些事情已经完成，但这一切都是一个统一体。感觉唯一能把握的就是一个总体，一个闪光的整体，同时包含着对某种开始的期待，对现在发生的事情的惊讶，以及对已经发生的事情的结果的满意或失望。人被纳入一个无法形容的整体，却能够以完全客观的态度进行观察。

后来我又一次体会到了这种客观性。那是在我妻子死后，我在一个梦里看到了她，那是一个幻象。她站在离我不远的地方，直直盯着我。她正值大好年华，大概三十岁左右，穿着我表姐多年前为她做的衣服。这也许是她穿过的最漂亮的衣服。她的表情既不能说是快乐也不是悲伤，而是客观的明智和理解，没有丝毫的情感反应，仿佛她已经超越了情感的迷雾。我知道那并不是真的她，而是她为我制作或遣送的肖像。肖像包含了我们的初识，我们五十三年的婚姻生活，以及她生命的结束。面对如此完整的影像，我们竟相对无言，因为这一切几乎让人无法理解。

我在这个梦和幻象中所体验到的客观性是一个完整个体化的其中一部分，它意味着与评价和我们所说的情感联系的分离。总的来说，情感纽带对人类是非常重要的，但是这些纽带包含着投射，所以为了实现自我和客观，撤回这些投射是必要的。情感关系是一种欲望的关系，被强迫和约束所玷污；是对另一个人的某种期待，使他和我们自己都不得自由。客观认识隐藏在情感关系背后的吸引力，似乎是一个关键秘密。只有通过客观认识，方能实现真正的结合。

病愈后，我的工作便开启了一段卓有成效的阶段。我的许多主要作品都是在那时完成的。我所拥有的洞察力或是对万物归宿的愿景，给了我勇气去进行新的构想。我不再试图表达自己的观点，而是屈服于我的思想之流。于是，一个又一个的问题暴露，并逐渐成形。

这次患病也带给我一些其他的东西，我可以将其表述为对事物本来面目的肯定：对于一切无条件的肯定，即在没有主观抗议的情况下，接受我所看到和理解的存在条件，接受我自己的本性，不论我本性如何。生病之初，我有种感觉，我的情绪出了问题，在某种程度上我要为这些问题负责。但是，当一个人踏上个体化之路，当一个人过着自己的生活时，他必须接受错误，没有错误生活就不完整。我们一刻都不能保证自己不会犯错误或不会跌入致命的危险之中。我们可以设想前方必有路，但那将是死亡之路。死后再也不会有事情发生，无论如何，至少不会再有正确的事情发生。那些走了既定道路的人，已经与死人无异。

病后我才明白，坦诚接受自己的命运对于一个人来说多么重要。只有这样我们才会形成一个完整的自我，当不可理解的事情发生时，人才不会崩溃；一个久经时间考验的自我，能够忍受真理，能够应对世间万象、命运无常。如此说来，经历失败也就是经历胜利。这样，没有什么会受到扰乱——无论是内在的还是外在的，因为一个人自己的连续性经受住了生命和时间的洪流。但只有当一个人不去寻根问底地干涉命运的安排时，这一切才会实现。

我还认识到，人必须接受自己内在的想法，接受它们作为自我现实的一部分。当然，真与假的范畴总是存在的，但因为它们不具有约束力，所以排在第二位。思想的存在比我们对它们的主观判断更重要，但这些判断也不应被压制，因为它们也是存在的思想，是我们整体性的一部分。

幻
象

十一　死后生活

　　我所要讲的来世或死后生活完全是一种回忆，是一些我曾经生活过的画面，是震撼过我的思想。这些记忆在某种程度上也是我著述的基础，因为后者从根本上说不过是我不断反复回答"今生"和"来世"之间相互作用的尝试。然而，我从来没有明确地写过死后的生活，因为那样我就不得不详细记录我的思想，可我没办法做到。尽管如此，我还是想谈谈我自己的想法。

　　即使是现在，我所做的也不过是讲故事，讲述"神话故事"，也许一个人必须接近死亡才能获得谈论死亡所需的智慧。我倒不是说我希望人死后会有来生。事实上，我不想助长人们这种想法。不过，我必须声明，在现实中去思考这种性质的生命，虽然我并不希望如此，也没有在这方面做任何努力，这种渴望在我体内恣意蔓延。我不能断言这些想法是真是假，但我知道它们确实存在，如果我不出于某种偏见压制它们的话，它们是可以表达出来的。偏见往往会削弱并损害精神生活的全部现象。由于我对精神生活知之甚少，所以我觉得自己无法用超凡的知识来加以纠正。批判理性主义显然已经将死后生活，以及其他许多神话概念一并消除。这种情况之所以会发生，是因为现在大多数人几乎完全把自我和自己的意识等同起来，并认为自我就是自己所认知的样子。然而，凡是稍有心理学常识的人都能看出这种认识是多么的局限。理性主义和教条主义是我们这个时代的顽疾，它们妄称可以回答一切问题，但人们仍会发现有太多事因目前有限的观点而无法解释。我们对空间和时间的概念只有近似的正确性，因此对于偏差是大是小还存在很大的空间。有鉴于此，我特别注意有关精神的奇异神话，同时认真观察我所经历的种种事件，不论它们是否符合我的理论假设。

不幸的是，人类神话的一面如今却被忽视了，再也无法创造出寓言，也因而错失了很多。因为谈论那些难以理解之事也很重要且有益，就比如我们坐在炉边抽着烟斗，讲述一个有趣的鬼故事。

关于死后生命的神话或故事其意如何，或者背后隐藏着什么样的现实，我们自然也无从知晓。我们亦无法解释，除了这些故事作为神人同形的投射所具有的不可怀疑的价值之外，还有什么其他价值。换言之，我们必须清楚地记住，对于超出我们理解范围的事物，我们不可能获得确定性。

我们无法想象另一个由完全不同的法则统治的世界，原因是我们生活在一个特定的世界里，而这个世界塑造了我们的思想方式，塑造了我们的基本精神状态。我们被固有的结构严格地限制，因此我们的整个存在和思想都被这个世界所束缚。当然，神话中的人要求"超越一切"，但科学中的人却不允许这样的事情发生。对理智来说，我所有关于神话的论述都是无谓的猜测。然而，对于情感来说，它是一种有治愈效果、有价值的活动；它赋予存在一种我们不愿意失去的魅力，也没有什么理由让我们去放弃神话的魅力。

超心理学认为，逝者显形（或以幽灵为形，或借以他物），并向人们传达只有自己才理解的事物，这是对来世具有科学价值的证明。但是，即使确有这样证据充分的案例发生，仍让人不禁发问，如幽灵或其声音是否与死者一致，或者是否是一种精神投射，以及所讲述之事是否真的来自死者或来自潜意识中可能存在的知识。[1]

撇开反对这些问题的任何确定性的合理论据不谈，我们不应忘记，对大多数人来说，假定他们的生活将在目前的存在之外还有一个无限的连续这一点意义重大。人们会生活得更为理智，感觉更良好，内心更平静。一个人可以支配的时间将会长达数百年，可以拥有一段难以估量的时间长度。那么，如今毫无意义的疯狂和匆忙又有什么意义呢？

---

[1] 关于潜意识中的"绝对知识"，参见《心理结构与动力学》中的"同步性：一个普遍的联系原则"。

当然，这种推理并不适用于所有人。并不是所有人都渴求人生的永恒，也有人一想到坐在云端弹琴一万年，就不寒而栗！也有相当一部分人饱经生活的打击，或者对自己的存在感到厌恶，他们想要的是生命的完全停止而不是生命的继续。但对大多数人来说，人生永恒的问题是如此紧迫，如此直接，也如此难以消除，我们必须努力提出某种见解，但是怎么做呢？

　　对此我的假设是，我们可以借助潜意识，比如梦，向我们提供的启示做到这一点。通常我们会忽略这些启示，因为我们确信这个问题不易回答。针对这种可以理解的怀疑主义，我提出以下考虑。如果有什么我们不理解的事物，我们必然把它当作一个智力问题而放弃。例如，我不知道宇宙是出于什么原因而产生的，而且永远也不会知道。因此，我必须放弃这个问题，认为它是一个科学或智力方面的问题。但是，如果在梦中或在神话传说中，有人向我提出这个问题，我则应该予以注意。我甚至应该在这些暗示的基础上建立一个概念，尽管它将是一个我明知永远也无法证明的假设。

　　一个人应当能够说，他已竭尽全力去形成死后生命这一概念，或者创造出一些关于它的形象，尽管他终究还是要承认自己的失败。不做这样的尝试才是一个重大的损失，因为他所面对的问题亘古未变：一个蕴含丰富神秘生命的原型，它试图加入我们的个体生命中，以使之完整。理性给我们设定的界限过于狭窄，而且限制过多，只允许我们生活在一个已知的框架之中，就如同我们似乎知道生活能延续多久那样。事实上，我们日复一日地生活在我们意识的界限之外，尽管我们未察觉到，但潜意识的生命依然在我们体内发展着。批判性理性的统治地位越强大，生命就越贫瘠，但是我们所能意识到的潜意识越多，创造出的神话越多，我们就越能使生活变得完整。高估的理性与政治专制主义有共同之处：它们的统治会造成个人的贫瘠。

　　潜意识可以帮助我们传递思想和情感，作出比喻性的影射。它还能以其他方式告诉我们一些从逻辑上讲我们不可能知道的事情。请思考一下常常成为现实的同步现象、种种预感和梦境。我记得第二次世界大战期间，我从博林根回国，随身带着一本书却丝毫看不进去，因为火车开动的那一刻，我整个人沉浸在一种溺水的景象中。这是我对服兵役时发生的一次事故的记忆，在整个旅程中我都无法摆脱它。这让我觉得不可思议，我想："出什么事了？

会不会真的发生意外了？”

我在埃伦巴赫下车后步行回家，路上仍然为这段记忆所困扰。我次女的孩子们都在花园里。他们一家人和我们住在一起，因为战争从巴黎回到了瑞士。孩子们站在那里显得异常焦虑不安，当我问："怎么了，出什么事了？"孩子们告诉我说，当时最小的男孩阿德里安掉进了游艇码头的水里。那里水很深，他不怎么会游泳，差点淹死。他哥哥把他捞出来了。这一切发生在我在火车上被记忆侵袭的时候。既然潜意识这次能给我启示，又何尝不能启示其他的事情？

一次我妻子娘家有人去世之前，我也有过类似的经历。我梦见我妻子的床是一个有石墙的深坑。那是一座坟墓，带有一种古典的古老气息。然后我听到一声深深的叹息，就好像有什么人马上要断气了。一个像我妻子的人影从坑里坐了起来，向上飘去。这个人影穿着一件白色的长袍，上面编织着奇怪的黑色符号。我惊醒了，并叫醒我的妻子，看一看时间，是凌晨三点钟。这个梦太奇怪了，我立刻想到它可能意味着死亡。七点钟传来消息，说我妻子的一个表妹在凌晨三点去世了。

往往先有感知，而后才会成为事实。我曾经做过一个梦，在梦中我参加了一个花园聚会。我在那里看到我妹妹，这使我大吃一惊，因为她几年前就去世了。我的一位已故朋友也在场。其余的人都还活着。不一会儿，我看见我妹妹身边有一位我很熟悉的女士。即使在梦中我也得出结论，那个女人将要不久于人世。"她已经有了标记，"我想。在梦中我知道她是谁，我也知道她住在巴塞尔。但是当我一醒来，尽管整个梦在我脑海里还历历在目，我绞尽脑汁却也想不起来她是谁。我把我在巴塞尔的所有熟人想了个遍，看看这些记忆中的形象有没有哪个能对应上的。可一个也没有！

几个星期后，我接到一个消息，我的一个朋友因一场事故去世了。我立刻反应过来，她就是我在梦中见到但一直无法辨认的那个人。我对她的记忆非常清晰，也非常详细，因为她在去世前一年里一直是我的病人。然而，在我努力追忆梦中的那个人时，唯独她的形象没有出现，虽然她的肖像理应出现在前列。

如果有人有相同的经历（我还会讲述其他类似的事），他会获得对潜意识

荣格自传：记忆、梦、思考

的潜力和技艺的某种尊重。只是，人们必须保持其批判态度，并意识到这种信息可能也有主观意义。它们可能符合现实，也有可能不符合。然而，我已经知道，我根据这些潜意识的启示所形成的观点是非常有益的。当然，我不打算写一本关于它们的启示录，但我会承认我已经拥有了一个鼓励我更深入地研究这个领域的"神话"。神话是科学的最早形式。当我谈到死后的事情，我所谈是出于内心的冲动，而且仅限于告诉你与这个主题有关的梦和神话。

自然，有人会从一开始就辩称，关于死后生命延续的神话和梦不过是补偿性幻想，而这些幻想是我们天性中固有的，所有生命都渴望永恒。对此，我唯一能引证的论点就是神话本身。

然而，有迹象表明，至少有一部分心灵不受时空法则的约束。著名的J.B.莱茵实验为此提供了科学依据。[1] 还有许多自发性的先知先觉、非空间感知的案例，等等（我从我自己的生活中举了一些例子）。这些实验证明，心理有时在时空因果规律之外发挥作用。这表明我们对空间和时间的概念，以及因果关系的概念也是不完整的。一个完整的世界图景将需要增加另一个维度，只有这样，所有现象才能得到统一的解释。因此，理性主义者至今仍坚持认为超心理学的体验并不真的存在，他们的世界观会因为这个问题成立或崩塌。如果这样的现象发生了，理性主义的宇宙图景就没有了价值，因为它不完整了。那么，现象世界背后可能存在另一个有价值的现实就成了一个不可回避的问题，而我们必须面对这样一个事实：我们的世界及其时间、空间和因果关系，与它背后或其下的另一个秩序有关，在这个秩序中，无论"这里、那里"还是"从前、往后"都不重要。我坚信，至少我们心灵存在的一部分是以空间和时间的相对性为特征的，这种相对性似乎随着与意识的距离成比例地增加，直到一种非时间性和非空间性的绝对状态。

不仅是我自己的梦，偶尔也有别人的梦，帮助我塑造、修正或证实我对死后生活的看法。我特别重视我的一个学生，一个六十岁的女人，她在死前两个月做了一个梦。她曾到过来世，梦里正在上课，她死去的女性朋友们坐在前排的长椅上。空气中笼罩着一种期待的氛围。她四处寻找老师，却找不到。后来很明显，她自己就是老师，因为人死后马上就要讲述自己一生的全

---

[1] 参见《超感官知觉》（波士顿 1934 年版）；《心灵的触角》（纽约 1947 年版）。

部经历。已经死去的人对刚刚死去的人带来的生命体验极为感兴趣，就好像发生在人世间、空间和时间上的行为和经历是决定性的。

无论如何，这个梦描述了一群尘世间难以找到的极不寻常的听众：人们对人类生活的最终心理结果非常感兴趣，而这些结果根本就不是什么了不起的事情，更像是我们从中得出的结论。然而，如果这些"听众"存在于一种相对非时间的状态中，此时"终结""事件"和"发展"已经成为一个值得怀疑的概念，那么他们最感兴趣的可能正是他们自身条件所欠缺的东西。

在做这个梦的时候，这位女士害怕死亡，她尽最大努力避开任何关于死亡的想法。然而死亡之事，尤其对一个年老的人来说，是重大的兴趣所在。摆在老人面前的是一个明确的问题，他有义务回答这个问题。为此，他应该产生一个关于死亡的神话。因为理性向他展示的，是他必将走进黑暗的坟墓。然而，神话可以为他召唤出其他的形象，帮助他丰富生活在死亡之地的图景。如果他相信这些神话，或者以某种程度的信任来欢迎这些神话，那么他和那些不相信的人一样，要么是对要么是错。但是当一些人绝望地走向虚无时，另一些人把信仰放在原型中并沿着生命的轨迹前行至死亡。可以肯定的是，两者都处于不确定之中，但其中一类与自己的本能背道而驰，而另一类则顺从本能而行。

潜意识中的形象也有很多不知道的事，为了获得信息，他们需要人的帮助或与意识接触。当我开始研究潜意识时，我会发现自己与莎乐美和以利亚的形象密切相关。他们在消失不见大约两年后又出现了。令我大吃一惊的是，他们完全没有变化，言谈举止一如往常，好像什么事也没发生过。事实上，在此期间发生了我生命中最不可思议的事情，因此我不得不从头开始，把发生的一切都告诉他们，并向他们解释。当时我对这种情况感到非常惊讶。后来我才明白发生了什么事：在这段时间里，这两个形象又陷入了潜意识之中并隐藏了起来——我也可以把它说成是隐藏在了永恒之中。他们失去了与自我和自我不断变化的环境之间的联系，因此对意识世界发生的事情一无所知。

很早以前，我就知道有必要向学生教授潜意识的形象，或是另一个常常与潜意识不易区分的群体，即"逝者的灵魂"。我第一次感受到这一点是在1911年我和一个朋友骑自行车穿越意大利北部的途中。回家路上，我们从帕维亚骑自行车到马焦雷湖下游的阿罗纳，在那里过夜。我们原打算沿着湖边蹬着自行车，然后穿过提契诺，一直走到费多，在那里我们要坐火车去苏黎世。但在阿罗纳，我做的一个梦打乱了我们的计划。

在梦中，我置身于过往几个世纪杰出人物的灵魂的集会中，那种感觉与我后来在 1944 年的黑岩神庙里对"显赫的祖先"的感觉相似。我的谈话是用拉丁语进行的。一位戴着卷曲长假发的绅士对我说话，问了一个很难回答的问题，我醒来后再也记不起这个问题的大意了。我听得懂他的话，但语言问题让我不足以用拉丁语回答他。我对此深感羞耻，便醒了过来。

就在我醒来的那一刻，我想起了我当时正在写的那本书《潜意识心理学》，并因我没有回答上来的那个问题感到强烈地自卑。我立刻坐火车回家，投入工作中。如果我继续骑自行车旅行，就会再浪费三天时间，我不可能让这种事发生。我必须努力，才能找到答案。

直到几年后，我才明白了这个梦和我的反应。这位戴假发的绅士是一种祖先的灵魂，或者说是死人的灵魂，他向我提出的问题毫无结果！问题提得为时过早，我还没有达到那个水平，但我有一种模糊的感觉，即通过写书，我将回答人们提出的问题。这是我的精神祖先们提出的问题，他们希望并期待学习到他们在尘世未曾发现的东西，因为答案是在随后的几个世纪里才被创造出来的。如果问题和答案早就存在，而且一直存在，我就不需要付出任何努力，因为这一切在其他任何世纪都可能唾手可得。自然界中似乎确实存在着无限的知识，但只有当时机成熟时，意识才能理解它。这个过程，大概就像个体心理所发生的事情：一个人可能会对某种东西略知多年，但只有在某个特定的时刻才能清楚地掌握它。

后来，当我写《向死者的七次布道》时，死者又一次向我提出了一些关键性问题。他们说："（我们）从耶路撒冷回来，在那里找不到所要的。"这话当时使我大吃一惊，因为按照传统观念，死人是知识的拥有者。人们认为死人比我们知道得多，因为基督教教义教导我们，在来世我们将"直面相对"。然而显然，死者的灵魂"只知道"他们在死亡那一刻所知道的，除此之外什么都不知道。因此，他们努力干涉到生活中，以便分享人类的知识。我常常有一种感觉，他们正站在我们的身后，等待着听到我们将给他们什么答案，以及对命运的回答。在我看来，他们似乎是依靠活着的人来获取他们问题的答案，也就是说，依赖于那些幸存下来并生活在一个变化的世界中的人：似乎全知，或者可以说，全意识，不是由他们支配的，而是只能流入活人的心灵，流入一个以躯体为依托的灵魂。因此，活人的头脑似乎至少在一点上比死人的头脑更有优势，即获取明确和决定性的认识的能力。时间和空间中的三维世界就像一个坐标系统，在这里被分为纵坐标和横坐标的东西可能会出现在"别处"，即无空间无时间的状态里，作为一个具有许多侧面的原始形象，也许像是围绕一个原型的认知的弥散云团。然而，如果要对离散内容进行任何区分，就必须要有一个坐标系统。在我们看来，任何这样在一个弥漫的无所不知的状态下的行动，或者在没有时空界限的无主体意识状态下的行动，都是不可想象的。认知，就像人类繁衍，预设了一个对立：一个此与彼、上与下、前与后的对立。

如果死后有意识的存在，那么在我看来，它必须在人类所达到的意识水平上继续存在，在任何时代，这一水平都有一个可变的上限。有许多人在他们的一生中和在死亡的那一刻都落后于他们自己的潜力，更重要的是落后于其他人在他们的有生之年所带来的知识。因此，他们即使在死后仍寻求获得他们在生前未能获得的那份觉悟。

我是通过研究关于死者的梦得出这个结论的。有一次我梦见我去看望一位两周前去世的朋友。在生活中，这位朋友除了对世界的传统看法外，从来没有支持过任何东西，而且一直坚持这种不加思考的态度。而在梦中，他的家在一座类似巴塞尔附近的特林格山的小山上。一座古老城堡的城墙围绕着一个广场，广场由一座小教堂和几座较小的建筑物组成。它让我想起了拉帕斯威尔城堡前的广场。那是在秋天，古树的叶子变成了金色，整个景色被柔和的阳光改变了。我的朋友和他的女儿坐在一张桌子旁，她在苏黎世学过心理学。我知道她在跟他讲心理学，他津津有味地听着，并随便挥了挥手，好像是在对熟人说："别打扰我。"这句问候同时也是一种道别。这个梦以一种我当然无法理解的方式告诉我，现在他需要去把握他的精神存在的现实，这是他一生中从未能够做到的。

对于灵魂在死后的演化，我还有另外一次体验。那是在我妻子死后大约一年，一天晚上我突然醒来，我记得梦里我和她在法国南部普罗旺斯，我们共度了一整天的时光。她在那里专心研究圣杯。这对我来说似乎很重要，因为她在完成这方面的工作之前就已经去世了。从主观的角度来解释，我的女性形象还没有完成她必须做的工作，没有产生任何有意义的成果，我很清楚，我的工作还没有完成。但是，想到我妻子死后仍在继续为她进一步的精神发展而努力（然而这可能是设想出来的），这对我来说意义重大，并为我带来了某种程度的安慰。

当然，这类想法是不准确的，并且会给人以假象，好比一个物体投影到一个平面上，或者反过来说，就像从三维物体中构造出一个四维模型。他们使用三维世界的术语来向我们展示自己。数学煞费苦心地为通过经验理解的关系创造表达方式。同样，对于训练有素的想象力来说，通过逻辑原理和经验数据，即以梦境为证据，来建立无形的形象也很重要。所采用的方法就是我所说的"必要陈述法"，它代表了解释梦所采用的放大原理，但也可轻而易举地被简单整数所隐含的陈述所证明。

"一"，作为第一个数，是一个个体。但是，它也是一个"整体"，即一元、合而为一、独特性和非二元性。它不仅是一个数字，而是一个哲学概念，一个上帝的原型和属性，是一个单子。人类的智力应该作出这些陈述，但与此同时，智力也受其统一性概念及其含义的决定和限制。换句话说，这些说法并不是随意的。它们受合一性的性质支配，因此是必要的陈述。从理论上讲，对下面的每一个数的概念都可以进行同样的逻辑运算，但在实践中，这一过程很快就结束了，因为复杂程度迅速增加，数量变得太多而难以处理。

每一个单位的数都会引入新的属性和新的修改。因此，四次方程可以解，而五次方程不能解，这是数字四的一个性质。因此，数字四的必要陈述是：除其他外，它是一个顶点，同时也是前一次阶数的终点。因为每增加一个单位，就会出现一个或多个新的数学特征，这些陈述就变得极其复杂，以致无法再加以表述。

自然数的无穷级数对应于无限多的个体生物。这个序列同样由个体组成，甚至它的前十个成员的特征也代表了从单子中派生出来的抽象宇宙生成论。然而，数的特性同时也是物质的特性，因此某些方程可以预测物质的行为。

因此，我认为，数学陈述（即自然中隐含的陈述）也同样能够指向自身之外不可表达的现实，例如，那些受到普遍接受或以其出现频率为特征的想象产物，就像所有的原型母题一样。正如数学方程式中的某些因素，我们无法说出它们对应的是什么物理现实，所以对于某些神话产物，我们一开始并不知道它们所指的是什么精神现实。在对气体的问题进行精确研究之前，控制热气体湍流的方程早已存在。类似地，我们长期以来一直拥有神话，它表达了某些潜意识过程的动态，尽管这些过程只是在最近才被冠上了称呼。

我认为在任何地方所获得的最高觉悟，形成了死人所能达到的知识的上限。这可能就是为什么尘世生活如此重要，为什么一个人在死亡之际"带走"的东西如此重要。只有在这里，在充满对立冲突的尘世生活中，意识的总体水平才能提高。这似乎是人的形而上学的任务，如果没有"神话解释"，人无法完成这一任务，神话是潜意识认知与意识认知之间自然而不可或缺的中间阶段。的确，潜意识比意识知道得多，但它是一种特殊的知识，永恒的知识，通常不涉及此时此地，也不以理智的语言表达。只有当我们让它的陈述自我放大，正如上面数字例子所显示的那样，它才进入我们的理解范围，只有这样，一个新的层面才能被我们觉察到。这个过程重复出现在每一次对梦的成功分析中，很有说服力。这就是为什么不要对梦中的陈述有任何先入为主的教条主义观点极其重要。一旦发现某种"解释的单调性"，我们就知道，我们的方法已经变得教条化，因而毫无成效。

虽然没有办法证明灵魂在死后继续存在，但仍有一些经验值得我们深思熟虑。我把它们当作某种启示，并不认为它们具有使人顿悟的意义。

一天晚上，我躺在床上，想起了一个朋友的突然去世，他的葬礼是前一天举行的。我深感忧虑。突然我觉得他在房间里。在我看来，他站在我的床边，要我和他一起去。我不觉得这是幽灵，相反，那是我内心对他的视觉形象，我把它解释为一种幻象。但老实说，我不得不问自己："我有证据证明这是一个幻象吗？假设这不是一个幻象，假设我的朋友真的在这里，而我却断言他只是幻象，这难道不令人厌恶吗？"然而，我也没有证据证明站在我面前的是个幽灵。然后我对自己说："从任何一方面来说我都没有证据！与其把他解释成一个幻象，不如放下怀疑，为了实验的目的，姑且认为他是真实的。"

十一　死后生活

我刚想到这儿，他就走到门口，招手叫我跟着他。我就这样要和他一起去玩耍了！这可是我没料到的。我不得不再一次把我的论点重复了一遍。直到那时，我才在想象中随他而去。

他领我出了房子，穿过花园和马路，最后到了他的家（实际上他家离我的书房有几百码远）。我进去后，他领我进了他的书房。他爬上一个凳子，给我看了第二层书架上的第二本红皮的书。然后幻觉消失了。我并不怎么熟悉他的书房，也不知道他有什么书。当然，我也不可能从下面辨认出他从上面书架第二层指给我的书的名字。

这种经历在我看来奇特无比，第二天早上我就去找他的遗孀，问我是否可以在我朋友的书房里找些东西。果不其然，我看到有一张凳子立在书架下面，甚至在我走近之前，就已经看到了那五本红皮装订的书。我站在凳子上以便能读到书名。这些书是爱弥尔·左拉小说的译本。第二卷的标题是《逝者的遗产》。我对书的内容不太感兴趣，只有标题与这段经历有着极其重要的联系。

对我来说同样重要的是我母亲去世前的梦。我住在提契诺的旅馆时，她去世的消息传来。我被深深地震撼了，因为它来得很突然。她去世的前一天晚上，我做了一个可怕的梦。我在一片茂密阴暗的森林里，奇怪巨大的石头立在原始丛林中，场景显得粗犷而原始。突然，我听到一声刺耳的哨声，几乎响彻整个宇宙。我的膝盖开战。接着，灌木丛中传来了撞击声，一只硕大的猎狼犬突然窜了出来，张着可怕的大嘴。一看到它，我血管里的血液就凝固了。它从我身边飞奔而过，我突然明白：荒野猎人命令它夺去一个人的灵魂。我惊恐万分地醒来，第二天早上便收到了母亲去世的消息。

很少有一个梦如此震撼我，因为从表面上看，它似乎在说魔鬼前来抓她。但准确地说，梦中说的是那个荒野猎人，或绿帽人，在那天夜里带着他的狼群外出打猎，正是在一月份的南风风暴季节。那人应该是沃坦，我的日耳曼人祖先的神，把我的母亲聚集到她的祖先那里，消极地讲，这是返回"野蛮的部落"，但也可以说是返回到受祝福的人中，是有积极意义的。基督教传教士把沃坦变成了魔鬼。沃坦本身是一个重要的神，是墨丘利或赫耳墨斯，正如罗马人所认识到的那样，他是一个自然的灵魂，在圣杯传说中又得到重生，成为炼金术士追求的奥秘。因此，这个梦是在说，我母亲的灵魂被带进了超越基督教道德的那一部分更大的自我领域，被带进了解决冲突和矛盾的自然和精神的整体之中。

我立刻回家，在夜班火车上悲痛万分，但在我的心里，却似乎并不觉悲伤，原因很奇怪：在整个旅程中，我不断地听到舞曲、笑声和欢闹声，仿佛车上在庆祝一场婚礼。这与梦给我留下的毁灭性印象形成了强烈的对比。这里有欢快的舞曲，欢快的笑声，我不可能完全沉浸在悲伤之中。悲痛的情绪一次又一次地让我不知所措，但片刻之后我会发现自己又一次被欢快的旋律所淹没。我一方面感到温暖和快乐，另一方面又感到恐惧和悲伤，我就在这两种反差情绪之间来回摇摆。

如果我们假设死亡在某个时刻是从自我的角度来表现的，而在下一个时刻是从心灵的角度来表现的，这个矛盾便可以得到解释。在第一种情况下，死亡似乎是一场灾难，这是它常常留给我们的印象，好像邪恶和无情的力量夺走了一个人的生命。

因此，死亡确实是一种可怕而残忍的行为，假装不是这样是没有意义的。这不仅从肉体层面来讲是一个残酷的事件，在精神层面更是如此：一个人从我们身边被带走，剩下的是冰冷的死亡。任何一种关系都无法希存，因为所有纽带在这一击之下全部断绝。那些理应长寿的人在风华正茂之年早早夭折，而那些百无一用的人反而却能颐养天年。这是一个残酷的现实，我们无法回避。对死亡之残酷和无常的实际体验让人如此痛苦，我们因而得出结论：不存在仁慈的上帝，也不存在正义和善良。

然而，从另一个角度来看，死亡似乎是一件令人快乐的事。在永恒的角度，这是一场婚礼，一种神秘的结合。灵魂获得了它所失去的那一半，因而它获得了完整。在希腊石棺上，欢乐的元素是由跳舞的少女代表的，在伊特鲁里亚的坟墓上则是宴会。虔诚的犹太秘术拉比西蒙·本·约斋临终时，他的朋友们说他在庆祝他的婚礼。时至今日，许多地区的习俗是万灵节那天在墓地举行野餐。这样的风俗表达了死亡确实是一个喜庆的场合。

1922 年 9 月，在我母亲去世的几个月前，我做了一个预示她即将去世的梦。我印象很深，梦里还有我父亲。自从我父亲 1896 年去世后，我从来没有梦到过他。现在他出现在我的梦中，仿佛刚从遥远的旅途中回来。他看上去精神焕发，已经摆脱了父权专制的威严模样。我和他一起进了我的书房，我感到非常高兴，想知道他这段时间都在干什么。我还特别高兴地期待把我的妻子和孩子介绍给他，带他参观我的房子，告诉他我所经历的事，以及我在此期间的成长变化。我还想跟他讲一讲我最近出版的心理类型的书。但我很快意识到这一切都是不合时宜的，因为我父亲看上去心事重重。显然他想从我这里得到什么。我能直接感觉到，所以便没有谈论我自己的事。

然后他对我说，既然我怎么说也是个心理学家，他想请教我有关婚姻心理学的问题。我本打算给他长篇大论地讲讲婚姻的复杂性，但这时我醒了过来。我无法明确解释这个梦，因为我从来没有想过它可能与我母亲的死有关。直到1923年1月她突然去世，我才意识到这一点。

我父母的婚姻并不幸福，充满了考验、困难和磨人的历练。两人都犯了许多夫妻会犯的错误。我的梦是我母亲死亡的先兆，因为我父亲在离开了26年之后，希望向心理学家询问有关婚姻问题的最新见解和信息，因为他不久后就会恢复这种关系。显然，在他那永恒的状态下，他没有获得更好的理解，因此不得不求助于活着的人，因为活着的人享有时代变迁带来的好处，可能会对整个事情有一个全新的认识。

这就是梦的信息。毫无疑问，通过探究它的主观意义，我本可以发掘更深的理解，但为什么我在母亲去世前梦见了它，而我却没有预见到她的死亡呢？这个梦显然是指我父亲，随着我长大成人，我越来越同情他。

由于潜意识作为时空相对性的产物，拥有比只有感官感知的意识更好的信息来源，因此对于死后生活的神话，我们只能依赖于梦的微弱启示和潜意识的类似自发启示。正如我已经说过的，我们不能向这些影射赋予知识的价值，更不用说证明了。然而，它们可以作为神话放大的适当依据；它们为探索性的智力提供了维持其活力所必需的素材。如果切断神话想象的衔接世界，心灵就会沦为教条僵化的牺牲品。另一方面，过多地传播这些神话的萌芽，对弱小和易受暗示的头脑来说是危险的，因为他们会把模糊的启示误认为是实质性的知识，并将纯粹的幻觉实体化。

关于来世的一个流传甚广的神话是由灵魂转世的思想和形象所形成的。

在一个知识文化高度复杂、比我们古老得多的国家，我当然指的是印度，灵魂转世的想法与我们关于上帝创造世界或者存在着灵魂导师的观念一样自然而然。有教养的印度人知道我们不赞同这些观念，但是他们不以为然。东方关于灵魂的观点认为，生与死的轮回是一种无止境的延续，如同一个毫无目的、一直向前的车轮。人活着，获得知识，死而再生循环往复。只有在佛陀的帮助下，才有了一个目标的概念，即克服尘世的存在。

西方对神话的需求需要一个有起点和目标的进化宇宙形成论。西方人反对有始有终的宇宙生成论，正如他不能接受静止的、自足的、永恒的事件循环的观点。另一方面，东方人似乎能够接受这一观念。显然，人们对世界的本质没有一致的看法，正如当代天文学家在这个问题上无法达成普遍共识一样。对西方人来说，一个静止的宇宙是无法忍受的，他必须假定它有意义。东方人不需要做出这样的假设，相反，他自己就体现了这一假设。西方人认为人的存在是为完善世界的意义，而东方人则努力在人的身上实现意义，把世界和存在从自身剥离出来（佛学）。

我想说两者都是对的。西方人大多是外向型的，东方人则多是内向型的。前者投射意义，认为它存在于物体中，后者在自己身上感受意义。但意义既有外在的，也有内在的。

重生的观念与业力是分不开的。关键的问题是业力是否是个人的。如果是的话，那么一个人投生时所注定的命运便会携带前世的成绩，既而存在个人的延续性。然而，如果不是这样，即出生意味着一个非个人的业力，也就是业力会再次投生，则不会有任何个人的连续性。

佛陀曾两次被弟子问道，人的业力是否是个体的。每次他都避而不答，他说，知道这一点无助于人们把自己从存在的幻觉中解放出来。佛陀认为，对他的弟子来说，思考因缘链更有用，也就是说思考关于生老病死，以及痛苦的因果。

我无法回答这样一个问题：我所生活的业力是否是我过去生活的结果，或者是我祖先的成就？他们的传统是否在我身上汇集？我是否是这些祖先的生命的结合？我是否是这些生命的再次体现？我曾经是否以某种人格存在过，我是否在那一生中取得了足够的进步，使我在今生能够寻求到解决办法？我不知道。佛陀没有回答这个问题，我想大概他自己也并不确定。

完全可以想象，我可能在前几个世纪就生活在这个世界上，遇到了一些我还不能回答的问题，我必须重生，因为我没有完成交给我的任务。当我死的时候，我的所作所为会随我而去，这就是我的想象。我会带走我所做过的一切。同时，重要的是要确保我最后不会空手离开。当佛陀曾试图阻止他的弟子浪费时间在无用的猜测上时，应该也有同样的想法。

我存在的意义在于，生活向我提出了一个问题。或者，反过来说，我自己就是向世界提出的一个问题，我必须做出我的回答，否则我就得依赖于世人的答案。这是一个超个人的生命任务，我只能通过努力克服困难来完成。也许这个问题也曾困扰我祖先，但是他们无法回答。难道这就是为何我对《浮士德》的结论中没有给出任何解决方案这一点印象极为深刻吗？抑或是对尼采提出的令基督教徒感到迷失的酒神精神感兴趣？或是痴迷于我的日耳曼和法兰克先祖中活跃的瓦坦－赫尔墨斯提出的充满挑战性的谜语？

我所感觉到的是我祖先生活的结果，或者是在以往个人生活中获得的业力，也许同样可能是一个非个人的原型，它今天对每个人都施加了很大的压力，尤其紧紧跟随在我身后，例如，几个世纪以来神圣三位一体的发展及其与女性原则的对抗；或是对诺斯底派关于邪恶起源问题的悬而未决的答案，或者换句话说，对基督教上帝形象的不完整性问题的回答。

我还认为，如果因为个人的成就，使一个问题进入世界，那他就必须提供某种答案。例如，我提出问题的方式和我的回答可能不令人满意。既然如此，有我业力的人或我自己必须重生才能给出一个更完整的答案。只要世界不需要这样的答案，我就不会重生，我有权享受几百年的平和，直到再次需要一个对这些问题感兴趣并能重新处理这项任务的人。我想，我离世后可能会有一段时间的休息，直到我生前所做的工作需要重新开始。

业力的问题对我来说是模糊的，个人重生或灵魂轮回也是如此。我"以自由和开放的心态"仔细聆听了印度的重生教义，并环顾我自己的经验世界，看看是否在某处，以某种方式存在一些真实的迹象指向灵魂转世。当然，我没有把西方相对众多的关于轮回信仰的见证考虑在内。对我来说，信仰只证实了信仰的现象，而不是信仰的内容。为了接受它，我必须看到经验性的启示。直到几年前，我在这方面还没有发现任何令人信服的迹象，尽管我一直在密切关注。然而最近，我在自己身上观察到一系列的梦，这些梦似乎描述了一个已经死去的熟人的转世过程，但我从来没有在别人身上遇到过这样的梦，因此没有任何比较的依据。由于这种观察是主观和独特的，我只想提及它的存在，而不想再深入探讨它。然而，我必须承认，这段经历之后，我对转世问题的看法有所不同，尽管我没有资格提出明确的意见。

如果我们假设生命继续在另一个世界存在，我们就无法想象出除了精神存在之外的任何其他形式的存在，因为精神的生命不需要空间和时间。精神的存在，尤其是我们在此关注的所有内在形象，为所有关于来世生活的神话推测提供了素材，我把生命想象成图像世界的延续。因此，精神可能是来世或死亡之境所在的存在。

从心理学的角度来看，来世生活似乎是老年精神生活的逻辑上的延续。随着年龄的增长，沉思、反省和内在形象自然在人的生活中扮演着越来越重要的角色。"老年人要做异梦。"[1] 当然，这是假定老人的心理没有变得呆滞或完全僵化——"妙药制备得太迟，因为耽搁，疾病已入膏肓"。[2] 到了老年，人开始让记忆在脑海中展开，在沉思中或从过去的内在和外在形象中认识自己。这就像是为来世的存在所做的准备，就像柏拉图认为哲学是为死亡做准备一样。

内心的影像让我不会迷失在个人反思中。许多老年人太投入于对过去事件的重建中。他们仍然被囚禁在记忆里。但是，如果它是投射性的，并被转化成形象，那么反思就可以是一种以退为进的努力。我试着去看这条贯穿我一生的线，它带我进入世界然后又再次离开这个世界。

总的来说，人们对来世的看法主要是由一厢情愿的认识和偏见构成的。因此，在大多数观念中，来世被描绘成一个令人愉快的地方。这对我来说似乎不那么明显，我几乎不认为死后我们会被带到一个鲜花盛开的美丽草地。如果来世一切都是和谐美好的，那么我们和圣灵之间肯定会有一些友好的交流，在出生前就向我们流露出善与美，然而事实并非如此。为什么逝者和生

---

[1] 参见《使徒行传》：《约珥》。

[2] 病情久拖不决，病情加重时，药物准备得太晚了。

者之间会有不可逾越的障碍？至少有一半与死者见面的报道讲述了与黑暗灵魂的可怕经历，而这似乎是一条规律，即死者的土地保持着冰冷的沉默，不受死者家属的悲伤所影响。

我不由自主产生了一种想法：这个世界太单一了，不可能有一个完全没有对立规则的来世。那里也有自然，那种自然就其状貌而言，也是上帝的自然。我们死后进入的世界将是伟大和可怕的，就像上帝和我们所知道的所有自然一样。我也不能设想痛苦会完全消失。当然，我在1944年从身体的重负中解脱出来的经历，以及对意义的感知给了我最深的幸福。然而，那里也有黑暗和人类温暖的离奇消失。还记得我遇到的那块黑石！石头很黑，是最坚硬的花岗岩。那是什么意思？如果创世之地没有不完美，没有原始的缺陷，为什么还要有创造的冲动，对有待完成的东西有任何渴望？为什么神要对人和造物毫不关心，对关于因缘链的无限延伸也毫不关心？毕竟，佛陀把他的"空"与对存在的痛苦看法对立起来，而基督徒则希望世界末日迅速到来。

在我看来，在来世也存在一定的局限性，但死者的灵魂只能逐渐发现解脱状态的界限在哪里。在"外界"的某个地方，一定存在着决定因素，一个制约世界的必要性，它试图结束死后的状态。这个创造性的决定因素，必然决定什么样的灵魂将再次往生。我想某些灵魂觉得三维存在的状态比永恒更幸福，但也许这取决于他们从人世存在中获得了多少完满性或不完满性。

一旦灵魂达到理解的一定阶段，三维生命任何进一步的诱惑可能都会变得没有更多意义。然后灵魂将不再需要重返人世，获得的更充分的理解已将重新化身成形的欲望毁灭。这时，灵魂便会从三维世界消失，达到佛教徒所说的涅槃。但是，如果一个业力仍有待安排，那么灵魂会再次陷入欲望中，并再次投生，甚至可能因为它意识到还有未完之事方才如此。

就我而言，我的出生源于对理解的热烈渴望，因为这是我天性中最强烈的元素。这种对理解的永不满足的驱动力创造了一种意识，以求得知存在什么和会发生什么，并从不可知的细微暗示中拼凑出神话概念。

我们缺乏具体的证据来证明任何东西都可以永存。我们最多可以说，我们的精神有可能在肉体死亡之后继续存在。我们也无从知道，继续存在的东西是否本身就是有意识的。如果我们觉得有必要对这个问题形成看法，我们可能会考虑从精神分裂现象中学到的东西。在大多数情况下，分裂的情结会以一种人格的形式表现出来，好像这种情结具有自身的意识。因此，精神病患者听到的声音是人格化的。我很早以前就在我的博士学位论文中讨论过这种拟人化情结的现象。如果愿意的话，我们可以将这些情结作为意识连续性的证据。同样有某些令人惊讶的观察结果也支持这种假设，它们发生在大脑急性受伤后以及严重的精神崩溃状态后的深度假死状态下。在这两种情况下，意识的完全丧失都可能伴随着对外界的感知和生动的梦境经历。由于大脑皮层（意识的所在地）此时不起作用，因此至今尚无这种现象的解释。它们可能是至少在主观上（即使在明显的无意识状态下）保持意识能力的证据。[1]

永恒的人、自我与世俗的人在时间和空间上的关系所面临的棘手问题可以通过我的两个梦来阐明。

在 1958 年 10 月，我梦见我从家里看到了两个镜片状、闪着金属光泽的圆盘，它们以一条狭窄的弧线飞过房子，落到了湖边。它们是两个不明飞行物（飞碟）。然后另一个物体直接朝我飞来。它是一个完美的圆形透镜，就像望远镜的物镜。在离我四五百码远的地方，它停了一会儿，然后飞走了。紧接着，又有一个物体飞驰而过：一个带有金属延伸部分的透镜，延伸物通向一个箱子，即一个幻灯。在六七十码远的地方，它一动不动地停在空中，直指着我。我醒来时有种惊讶的感觉。我还在半梦半醒的时候，脑海里闪过一个念头："我们总是认为不明飞行物是我们的投射物，现在发现我们是他们的投影。我被幻灯投射成了卡尔·荣格，但是谁在操纵这个装置？"

我曾经梦到过自性和自我的问题。在早些时候的一个梦里，我正在徒步旅行。我走在一条小道上，穿过一片丘陵，阳光灿烂，视野广阔无边。然后我来到一个路边小教堂。门半开着，我进去了。令我惊讶的是，祭坛上没有圣母像，也没有十字架，只有一束奇妙的插花。但后来我看到，在祭坛前的地板上，一位瑜伽士在面对着我盘腿打坐沉思。当我更仔细地看他时，我意识到他长着我的脸。我吓了一大跳，醒来时我想到："啊哈，原来是他在冥想我。他做了一个梦，我就是他的梦。"我知道当他醒来时，我就不复存在了。

---

[1] 参见"同步性：一个共同的连接原则"，在《心灵的结构和动力学》中。

我在 1944 年生病后做了这个梦。这是一个寓言：我的自性隐退到冥想中，冥想我的尘世形态。换一种说法：为了进入三维的存在，它呈现出人类的形状，就像有人为了潜入大海而穿上潜水服。当它放弃来世的存在时，自性就呈现出一种宗教的姿态，就像梦中的教堂所展示的那样。在尘世中，它可以经历三维世界的种种体验，并通过更大程度的意识获得更进一步的领悟。

　　瑜伽修行者的形象或多或少代表了我生前潜意识的完整性，以及就像在梦中经常发生的那样，远东是一种生疏的、与我们相反的精神状态。就像幻灯一样，瑜伽修行者的冥想"投射"了我的经验现实。一般来说，我们都是反向来看这种因果关系：在潜意识产物中，我们发现了曼陀罗符号，也就是说，表达整体性的圆形和四元图形，每当我们想表达整体性时，我们就使用这样的图形。我们的根基是自我意识，我们的世界是以自我焦点为中心的光线区域。从这一点来看，我们看到的是一个神秘的、晦涩难懂的世界，我们永远不知道我们所看到的阴影形式在多大程度上是由我们的意识所造成的，或者拥有自己的现实。肤浅的观察者满足于第一个假设。但更深入的研究表明，通常潜意识的图像不是由意识产生的，而是有其自身的真实性和自发性。然而，我们却认为潜意识图像只是一种边缘现象。

　　这两个梦的目的都是颠覆自我意识和潜意识之间的关系，并将潜意识作为经验人格的创造者来表现。这种颠覆表明，在"另一方"看来，我们的潜意识存在是真实的，而我们的意识世界是一种幻觉，一种为特定目的而构建的明显的现实，就像一个梦，只要我们在梦中，它就似乎是实相。很明显，这种状态非常类似于东方的"虚妄"的观点 [1]。

　　因此，在我看来，潜意识的整体性是所有生物和精神事件的真正精神导师。这是一个追求完全实现的原则，就人而言，它意味着达到全意识。意识的获得，是最广泛意义上的文化，而自我认识是这个过程的核心和本质。东方人无疑为自性赋予了神性意义，而古代基督教则认为，认识自我是通往认识上帝之道。

---

　　[1]　荣格在早年生活中就表现出了对现实轨迹的质疑倾向。当他在孩童时期就坐在石头上，心中想着所坐的石头正在说"我"。参见《庄子》中广为人知的庄周梦蝶的故事。

对人来说，决定性的问题是：人是否与某种无限的事物有关？这是关乎人生命的最重要问题。只有当我们知道真正重要的东西是无限的，我们才能避免把兴趣集中在无用的事情上，以及各种不重要的目标上。因此，我们要求世界承认我们视为个人财富的品质：我们的才华或美貌。一个人越是强调虚假的财富，对本质的东西就越不敏感，他的生活就越不令他满意。因为他的目标有限，他感觉到自身的限制，结果导致心生艳羡与嫉妒。如果我们理解并感觉到在这一生中，我们已经与无限联系在一起，欲望和态度也就会有所改变。归根结底，我们之所以有价值，是因为我们所体现的本质，如果我们没有体现出这一点，我们的生命就被浪费了。在我们与他人的关系中，最关键的问题也是这种关系是否表现了无限的元素。

然而，只有当我们被限制到极限时，才能获得对无限的感觉。对人来说，最大的局限是"自性"，它表现在经验上："我就是那样！"只有意识到我们在自性中的狭隘限制，才形成了与潜意识的无限性之间的联系。在这样的觉知中，我们同时体验到自己是有限的又是永恒的，既是此又是彼。只有认识到我们的个人构成是独一无二的，也就是说，最终是有限的，我们就有能力意识到无限。但只有在彼时方能如此！

在一个只注重不惜一切代价扩大生存空间和增加理性认识的时代，要求人类意识到自己的独特性和局限性是一项最为艰巨的挑战。独特性和局限性是同义词。没有二者，就不可能感知到无限，因此，也就不可能意识到这些仅仅是一种虚幻的认同，这种认同表现为对大量数字的陶醉和对政治权力的贪念。

我们这个时代把全部的注意力都放到了此时此地，从而导致了人类及其世界的魔鬼化。独裁者的出现和他们所造成的一切苦难都源于这样一个事实：人被超级知识分子的短视剥夺了自身的超越性。像他们一样，人也成了潜意识的牺牲品。但人类的任务恰恰相反：要意识到从潜意识中向上喷涌的内容。人既不应该固执于潜意识，也不应该统一于他存在的潜意识元素，进而逃避他的命运，即创造越来越多的意识。就我们所知而言，人类存在的唯一目的是在纯粹存在的黑暗中点燃一盏灯。我们甚至可以假设，正如潜意识会影响我们一样，反过来我们意识的增长也会影响潜意识。

十 一 死 后 生 活

十二　晚期思想

　　我认为，任何关于我的传记，都必须考虑以下几点。诚然，这几点很有可能给人造成过于理论化的印象，但制造"理论"[1]如饮水吃饭一般，是我人生重要的一部分，是我之所以存在于世的重要表现。

1

　　基督教的非凡之处，就在于其教义中预见了神明中存在的转变，这是一种关于"彼岸"的历史性转变过程。这种预言通过讲述发生在天堂的纠纷的新神话来表现，最早在创世神话中有所提及：造物主的敌手以蛇的样貌示人，许诺人类提高他们有意识的知识（善恶兼有），以此来诱惑人类违抗神的旨意。第二个暗示是天使降临，这是潜意识内容对人类世界的一种侵入。天使是独特的物种：他们只能维持原状，不可能有其他变化。天使自身没有灵魂，除了主的思想和直觉之外不代表任何其他事物。所以，堕落的天使必定是"恶"的。他们所制造的"膨胀"效应众人皆知，如今我们亦可以在狂妄自大的独裁者身上一探究竟：正如《以诺记》所言，天使与人类结合，生出巨人种族，最终反倒威胁要吞食人类。

　　然而，神话的第三个阶段，也是决定性的阶段便是上帝以人类的形象所

[1]　希腊语的"理论"一词的原意是"关于世界的看法"，或德语里的"世界观"。

做的自我实现，即《旧约》中神圣的结合这一观念及其结果。早在基督教创立之初，化身为人的理念便得以提炼升华，达到"基督与我同在"的程度。于是，潜意识的整体性渗透到了内在体验的心理领域，人类也就因此意识到进入自身真实形态的一切了。这不仅对人类是决定性的一步，对造物主亦是如此。在那些从黑暗中解脱出来的人看来，他们摆脱了自身的黑暗本质而至上善。

神话自产生以来的千百年间无疑一直保持着重要地位，直到 11 世纪意识进一步转变的征兆出现[1]。自那时起，动荡和怀疑的迹象增多，直到第二个千年结束时，一场世界性的灾难的轮廓变得清晰，这场灾难起初表现为一种对意识的威胁。具体体现为畸形巨人症，简单来说，是一种意识上的狂妄自大，即断言："没有什么比人类和其行为更伟大的了。"超自然性、基督教神话的超验性便消失了，与之一并消失的还有这样一种观念：完整性在来世方可实现。

光之后是阴影，造物主的另一面。这一观念在 20 世纪发展到了顶峰。基督教世界现在切实所要应对的是邪恶的意念、赤裸裸的不公、暴政、谎言、奴役和对良知的胁迫。这些赤裸裸的邪恶尽显于俄国并将在该国持续，但首次大爆发出现在德国。这种罪恶肆虐正表明基督教在 20 世纪受到了多大程度的破坏。面对此种情况，人类无法通过仅仅委婉地说是"善的缺乏"而减轻邪恶。邪恶已成为一种决定性的现实，人类再也不能用迂回曲折的言辞回避它的存在，而必须学会如何应对它，因为邪恶不会自行消失。我们目前还想不出什么办法在不发生可怕后果的情况下，与之共处。

不论何种情况下，我们都需要重新定位，需要思想的转变。接触邪恶可能随之会有屈服于它的严重危险，所以我们必须不再屈服于任何事物，甚至也不应屈服于善。我们屈服的所谓的善失去了其道德特性。这并不是说它有什么坏处，而是说屈服于它可能会招致各种问题。无论麻醉剂是酒精、吗啡，抑或是理想主义，任何一种成瘾都是有害的。我们必须警惕将善与恶视为绝对的对立面。道德行为的标准不能仅仅基于简单的观点，即善良的力量是绝对必要的，而所谓的邪恶可以坚决地避免。对邪恶现实的认识必然使善相对

[1]　参见《伊涌》一书第二章。

十二
晚期思想

化，而邪恶同样将二者转化为一个自相矛盾整体的两部分。

实际上，这意味着善恶不再那么明显。我们必须认识到，无论善恶都代表一种判断。鉴于人类所有的判断都不怎么可靠，我们不能认为我们的判断总是正确的，其实我们很容易成为误判的受害者。道德问题仅在我们对道德评估产生不确定性的这种情况下受到该原则的影响。然而，我们必须做出合乎道德的决定。"善"与"恶"的相对性，绝不意味着这些范畴是无效的，或根本不存在。道德判断总是存在的，并伴随着它特有的心理后果。我已经多次指出，与过去一样，在未来，我们所做的、所想的或意图犯下的错误将对我们的灵魂造成报复。只有判断的内容受不同的时间和地点条件的制约，并因而采取相应的不同形式。因为道德评价总是建立在一个道德规范的表面的确定性之上，它假装精确地知道什么是善什么是恶，但是一旦我们知道基础是多么的不确定，道德决策就变成了一种主观的、创造性的行为。我们只有"屈服于神"，才能确定它的有效性，相信在无意识的部分，必然有一个自发的和决定性的冲动。伦理本身决定善恶，不受这种冲动的影响，只会让我们更加为难。没有什么能使我们免于道德决定的折磨。然而，尽管听起来很残酷，但如果我们的道德决定需要，我们必须在某些情况下拥有自由，避免已知的"道德善"，而去做被认为是邪恶的事情。换言之再次重申：我们绝不能屈服于任何一种对立。印度哲学中"既非此，也非彼"的理念提供了一个有用的模式。在特定的情况下，道德准则不可否认地被废除，伦理选择权留给个人。这个想法本身并没有什么新的东西，在心理学诞生之前，人们也知道这种艰难的选择，并将其归为"职责冲突"。

然而，通常来说个人意识的缺失使得他完全看不到自主决定的潜力。相反，他总是焦急地四处寻找能够引导他在困惑中前进的外部规定和法则。除了人类普遍的缺点之外，这其中很大一部分归咎于教育，它传播了固有的常识，而对私人体验的秘密只字不提。于是，千方百计地把人们心里知道但永远达不到的理想信念或行为教给他们，这些理想被官员们四处宣扬，他们知道自己从来没有达到过这些高标准，也永远达不到。更重要的是，从来没有人质疑过这种教学的价值。

因此，想要对今天所提出的恶的问题有一个答案的人，首先需要自我认识，也就是说，对他自己的整体性有最大限度的了解。他必须毫不留情地知道自己能做多少好事，能犯什么罪，必须提防把一个看成是真实的，把另一个看成是幻觉。二者都是他本性中的元素，如果他希望自己的生活没有异想天开或自欺欺人的话，这两种元素都必然会在他身上显现出来。

然而，总的来说，大多数人无可救药地不具备生活在这个层次的能力，尽管今天也有许多人有能力更深入地了解自己。这种自我认识是最重要的，因为通过它我们可以接近本能所在的人性的基本层或核心。这些预先存在的动态因素最终支配着我们意识的伦理决定。这个核心是潜意识及其内容，关于它，我们不能作出任何最后的判断。我们对它的认识必然是不充分的，因为我们不能从认知上理解它的本质，也不能对它加以合理的限制。我们只有通过科学来认识自然，这就扩大了意识，因此，深化自我认识也需要科学，即心理学。没有人能单凭善意，就像在没有光学知识的情况下，单凭一个手腕就能造出望远镜或显微镜。

今天我们需要心理学来解释我们的存在。在纳粹主义和布尔什维克主义的现象面前，我们感到茫然不知所措，因为我们对人一无所知，或者至少对人只有一个片面和扭曲的形象。如果我们有自知之明，那就不会有这种情况发生。我们面对着可怕的邪恶问题，甚至不知道我们面前有什么，更不用说去对付它了。即使我们知道，我们仍然无法理解"怎么会在这里发生"。一位政治家以光明磊落的天真态度，自豪地宣布，他没有"对邪恶的想象"。非常正确：我们对邪恶没有想象，但邪恶却控制着我们。有些人不想知道这一点，还有一些人被认为是邪恶的。这就是当今世界的心理状况：有些人自称基督徒，认为只要愿意，他们就可以把所谓的邪恶践踏在脚下；另一些人则屈服于邪恶，再也看不到善。今天的邪恶已经成为一种可见的强大力量。一半的人类靠着推理所编造的学说而茁壮成长；另一半则因缺乏与形势相称的神话而生病。基督教国家走到了一个不幸的关口，他们的基督教神性沉睡了，忽略了在几个世纪的过程中进一步发展它的神话。那些表达了神秘思想的黑暗刺激的人被拒绝听其陈述，吉奥奇诺·达菲奥雷、梅斯特·埃克哈特、雅各布·博伊姆和其他许多人一直被大多数人认为是蒙昧主义者。唯一的曙光是教皇庇乌斯十二世[1]和其教义。但我说这话的时候，人们甚至不知道我指的是什么。他们没有意识到一个神话如果不再存活和成长，它就死了。

我们的神话变得沉默，不再回答我们的问题。错误不像《圣经》中所写的那样，而在于我们，我们没有进一步发展它，而是压制了任何这样的企图。神话的原始版本提供了充分的出发点和发展的可能性。例如，基督口中曾说出这样的话："所以你们要像蛇一样聪明，要像鸽子一样无害。"人为什么需要蛇的狡猾呢？这狡猾和鸽子的纯真之间有什么联系？"除非你们变成小孩子……"谁会想到现实中的孩子是什么样的？耶和华凭什么称自己得胜归来骑进耶路撒冷的驴是有理的呢？为什么不久之后，他表现出孩子般的坏脾气并诅咒无花果树？不义的管家的寓言表现了什么样的道德？伪经的耶稣："人子啊，如果你知道你是什么，你就有福了；但如果你不知道，你就违法了，活该受诅咒"？这是何等深刻的见解，对我们自己的困境又有如何深远的意义？[2]最后，当圣徒保罗忏悔道："尽管我本不愿作恶，但却做了"，这又是什么意思？我不想再讨论启示录中的不辩自明的预言，因为没有人相信这些预言，所有议题都让人觉得尴尬。

诺斯底教派提出的一个古老的问题是："邪恶从何而来？"基督教界一直没有给出答案，奥里根（Origen）谨慎提议赎回魔鬼可能会被称为异端。今天，我们不得不解决这个问题。但是我们迷茫困惑，裹足不前，甚至无法厘清头脑，尽管我们如此迫切地需要一个神话。由于政治局势和可怕的、更不用说是毁灭性的科学胜利了，我们被秘密的颤抖和黑暗的预感所震撼，但是我们没有出路，确实很少有人得出这样的结论：这次的问题是人们早已被遗忘的灵魂。

神话的进一步发展很可能始于圣灵在使徒身上的集中显现，这样便使他们成为上帝之子，不仅是他们，还有通过他们以及他们之后获得上帝之子身份的其他所有人，因此，可以肯定的是，它们不只是从地球上所产生的土生动物，还是两次获得新生的人，他们的根是神灵本身，而可见的肉体生命就在这地球上。但是就像基督教救赎神话所说的那样，不可见的、内在的人来

---

[1]　参见《伊涌》一书第七章。

[2]　参贝撒法典。

自基督教，并且会复位到原始的意象的整体性之中，回归于永恒的圣父。

正如造物主是完整的，他的创造物、他的儿子，也应该是完整的。任何东西都不能脱离神圣完整性的概念。但在所有人都不知道的情况下，这一整体的分裂随之而来，出现了一个光明的王国和一个黑暗的王国。这一结果，甚至在基督出现之前，就已经被清楚地预见到了，正如我们在约伯的经历中，或在广泛传播的《以诺书》中所观察到的那样，这本书属于基督教前时期。在基督教中，这种形而上学的分裂显然是长期存在的：撒旦，在旧约中仍然属于耶和华亲密的随从，现在形成了与神圣世界截然相反和永恒的对立面。他不能被连根除掉。因此，早在 11 世纪初，人们就认为是魔鬼而不是上帝创造了世界，这一点并不奇怪。因此，这一基调仍然回荡在基督教历史的后半部分，因为天使堕落的神话已经解释了这些堕落的天使教会了人类科学和艺术的危险知识。对于广岛，这些古老故事的讲述者会说些什么呢？

雅各布·博伊姆的远见天才认识到上帝形象的矛盾性，从而促进了神话的进一步发展。博姆梅[1]所画的曼陀罗符号是分裂神的象征，因为内圈被分成两个背对背的半圆。

因为教条认为上帝完全存在于这三个人之中，他也完全存在于所输出的圣灵的每一部分，因此，每个人都可以分享整个上帝，因此也可以分享亲子关系。上帝形象的复杂对立就这样进入了人类，不是作为统一，而是冲突，形象的黑暗部分与公认的上帝是"光"的观点对立起来。这个过程就发生在我们这个时代，然而有人文学科的官方教师对此几乎没有认识，按道理他们的任务就是要理解这些事情。的确，人们普遍认为，我们已经到了一个重要的时代转折点，但人们却认为，这一巨大的变化与核裂变和核聚变有关，或与宇宙火箭有关。与此同时，人类心理发生的事却通常被忽视。

从心理学的角度来看，上帝的形象是精神基础的表现，而这个形象中的裂痕作为一种深刻的二分法，甚至渗透到世界政治中，对人类来说是一种补偿。这采取了统一的圆形符号的形式，代表了心灵中对立的综合。我指的是全世界关于不明飞行物的传言，我们早在 1945 年就开始听到这种传言。这些谣言要么是基于幻觉，要么是基于实际现象。关于不明飞行物通常的说法是，

---

[1] 后在《原型与集体无意识》中再次出现。

它们是某种来自其他行星甚至来自第四维空间的航天器。

二十多年前（1918年），在我对集体无意识的研究过程中，我发现了一个明显普遍的符号，类似曼陀罗符号。为了证实我的观点，我花了十多年的时间收集了更多的数据，然后才第一次宣布我的发现。[1] 曼陀罗是一个典型的图像，它的出现在各个时代都得到了证实，它象征着自我的完整性。这个圆形的形象代表了精神基础的完整性，或者用神话的术语来说，就是化身在人身上的神性。与博姆梅的曼陀罗相比，现代的曼陀罗追求统一，它们代表着心灵分裂的补偿，或是对分裂将被超越的预期。因为这个过程发生在集体无意识中，所以它在任何地方都表现出来。世界范围内有关不明飞行物的故事就是证据，它们是普遍存在的心理倾向的症状。

只要分析处理使"阴影"有意识，它就会引起对立的分裂和紧张，而对立又反过来寻求统一的补偿。调整是通过符号来实现的。如果我们认真对待他们，或者他们认真对待我们，对立者之间的冲突会使我们的精神紧张到崩溃的地步。逻辑没有第三种选择证明它的价值，看不到有任何解决办法。如果一切顺利的话，这个解决方案似乎是自然而然的。只有这样才能让人信服。它被认为是"恩典"。由于解决方案是在对立的对抗和冲突中产生的，它通常是意识和潜意识因素的深不可测的混合体，因此它是一种象征，一枚被分成两半的硬币，精确地结合在一起。[2] 它代表了意识和潜意识共同努力的结果，并以曼陀罗的形式获得了神的形象的相似性，这可能是完整性概念的最简单的模型，它是作为对立的斗争和和解的代表而在头脑中自发出现的一个模型。最初纯粹是个人性质的冲突，很快就有了这样一种认识：主观冲突只是普遍对立冲突的一个实例。我们的心灵是根据宇宙的结构建立起来的，在宏观世界中发生的事情同样发生在心灵的无穷小和最主观的范围内。因为这个原因，神的形象总是一个强大的对立面的内在经验的投射。这是由一些物体来象征的，这些物体的内在经验已经获得了它最初的冲动，并且从那时起保持着神圣的意义，或者说它的特点是它的超自然性和这种超自然的力量。以这种方

---

[1]　可见于《金花的秘密》（1931年）的评论中。

[2]　"象征"一词的含义之一是主客之间各方执一块的东西，即朋友分手时各执一个钱币的半块。

式，想象从对象的具体化中解放出来，并试图把无形的形象描绘成站在现象背后的东西。我在这里想的是曼陀罗最简单的基本形式——圆，以及圆的最简单（心理）划分：四等分，或者在某些情况下是十字架。

这种经验对人有帮助，或者说是毁灭性的影响。他不能抓住、理解、支配它们，也不能从中解脱或逃脱，因此觉得它们是压倒性的。他认识到它们并不是从他有意识的人格中产生的，所以他称之为法力、魔鬼或上帝。科学使用"无意识"一词，因此承认他对它一无所知，因为当了解任何事物的唯一手段是心灵时，它就无法对心灵的实质一无所知。因此，诸如马那（Mana）、恶魔、上帝等术语的有效性既不能被否定也不能被肯定。然而，我们可以确定，与客观事物的体验相关联的陌生感，显然是心灵之外的，确实是真实的。

我们知道一些未知的，外星的东西，确实来到了我们的面前，就像我们知道我们自己并不是在做一个梦或一个灵感，而是它以某种方式自发产生的。以这种方式发生在我们身上的事，可以说是源自马那（Mana）、恶魔、神或潜意识。前三个术语的最大优点是包含并唤起了"神秘精神"的情感特质，而后者则是平庸的无意识，因此更接近现实。后一个概念包括经验主义领域，也就是我们熟知的平凡的现实。潜意识是一个过于中性和理性的术语，不能给想象以很大的推动力。毕竟，这个术语是为科学目的而创造的，它比先验概念更适合于冷静地观察，这种观察没有任何形而上学的主张，而先验概念是有争议的，因此容易滋生狂热。

因此，我更喜欢"无意识"这个词，因为我知道，如果我想用神话语言表达自己，我也可以同样地说"上帝"或"魔鬼"。当我使用这样的神话语言时，我意识到"马那（Mana）""恶魔"和"上帝"是无意识的同义词，也就是说，我们对它们的了解和对后者的了解差不多是一样的。人们只相信对前三者了解得更多——为了某些目的，这种信仰比科学概念更有用、更有效。"魔鬼"和"上帝"这两个概念的最大优点在于，它们是对相对物体的更好的对象化，即它的人格化。它们的情感品质赋予它们生命和作用。恨与爱，恐惧与崇敬，进入对峙的场景，并将其提升为戏剧。仅仅被"展示"的东西变成了"行动的"。[1] 整个人都受到挑战，带着他的全部现实进入战斗。只有这样，他才能变得完整，只有这样，"上帝才能诞生"，也就是说，进入人类的现实，以"人"的形式与人交往。通过这种化身人的行为，他的自我在内心被"上帝"所取代，而神在外表上变成了人，这符合耶稣的一句话："谁看见我，就看到了天父。"

正是在这一点上，神话术语的缺点变得明显。基督徒对上帝的一般观念是一个无所不能、无所不知、大慈大悲的天父和世界的创造者。如果这个神想要成为人，他就变得不可思议的"空"[2]，以便将他的全部减少到无限小的人类规模。即便如此，也很难理解为什么人类的身体没有被化身粉碎。因此，神学思想家认为，有必要赋予耶稣某些特征以超越普通人的存在。最重要的是他没有原罪的污点。正是因为这个原因而非其他原因，他至少是一个神人或半神。基督教的上帝形象不可能在没有矛盾的情况下化身在经验性的人身上，除非事实上具有所有外在特征的人似乎不适合代表上帝。

这个神话最终必须严肃对待一神论，抛开它的二元论，不管官方如何否定它，它一直坚持到现在，并与万能的善并肩登上了永恒黑暗对手的宝座。在这一系统内必须为库萨的尼古拉斯的哲学复杂性和雅各布·博伊姆的道德矛盾性留出空间，只有这样，才能赋予独一神作为他的整体性和对立面的综合。事实上，符号，就其本质而言，能够如此团结对立，使它们不再分歧或冲突，而是相互补充，赋予生命有意义的形状。一旦经历了这种情况，自然神或造物主神形象中的矛盾心理就不再出现困难。相反，关于上帝必然化身的神话，基督教信息的精髓，可以理解为人类创造性地对抗对立物，以及他们在自我中的综合，他的人格的完整性。造物主神形象中不可避免的内在矛盾可以在作为炼金术士的对立面或作为神秘的自我统一性和完整性中得到调和。在自我的体验中，不再是"上帝"和"人"的对立，就像以前一样，而是上帝形象本身中的对立。这就是神的事奉的意思，就是人可以向神所做的事，光可以从黑暗中显现，造物主可以意识到他的创造，人也可以意识到他自己。

---

[1] 参见《心理学与宗教：西方与东方》中的"大众的转变象征"。

[2] 参见《腓立比书》2:6。

这就是目标，或者说是一个目标，它使人有意义地融入创造的计划，同时赋予它意义。这是一个解释性的神话，几十年来在我心中慢慢形成。这是一个我可以承认和尊重的目标，因此我很满意。

凭借他的反思能力，人从动物世界中被培养出来，通过他的思想，他证明了自然对意识的发展给了了高度重视。通过意识，通过承认世界的存在，从而确认造物主的存在，从而掌握了自然。世界成为一个充满现象的世界，因为如果没有有意识的反思，它就不会是这样的世界。如果造物主是有意识的自己，他就不需要有意识的生物，也不可能是极端间接的创造方法，花费了数百万年的时间在无数物种和生物的发展上，是有目的意图的结果。自然历史告诉我们，在几亿年的吞食和被吞食过程中，物种发生了偶然和必然的变化。人类的生物学和政治史是同一事物的精心重复。但心灵的历史提供了另一幅不同的图景。在这里，反映意识的奇迹介入了第二次宇宙形成。意识的重要性如此之大，以至于人们不禁怀疑，意义的元素被隐藏在所有可怕的、表面上毫无意义的生物混乱之中，最终，在恒温脊椎动物的层次上找到了它的显化之路，它拥有一个分化的大脑，似乎是偶然的、意外的和不可预见的，但不知何故感觉到，并从某种黑暗的冲动中摸索出来。

我不认为在我对人的意义和他的神话的思考中，我说出了一个最终的真理，但我认为这就是在我们的鱼的世代结束时可以说的话，而且也许必须考虑到即将到来的宝瓶座（水瓶座），他有一个人类的形象，在鱼的标志旁边。这是一种由两条相反的鱼组成的对生圆锥形体。挑水者似乎代表了自我。他以一种至高无上的姿态，把罐子里的东西倒进象征着儿子的南鱼座的嘴里 [1]，这是一种仍然无意识的内容。在另一个超过两千年的世代之后，从这种无意识的内容中会浮现出一个未来，它的特征是摩羯座的象征：一个又像羊又像鱼的怪物[2]，象征着山脉和海洋的深处，由两种未分化的动物元素共同生长而成的极性。这个奇怪的存在很容易成为造物主神面对"人"即人类的原始形象。在这个问题上，我内心有一种沉默，因为在我所掌握的经验数据中，有

---

[1] 南鱼星座，它的嘴是南鱼座主星北落师门（阿拉伯语中"鱼的嘴"的意思），位于宝瓶星座下方。

[2] 摩羯座最初又称"羊鱼座"。

我所熟悉的其他人无意识的产物，或是历史文献。如果洞察力不是自己来的，那么猜测是毫无意义的。只有当我们的客观数据与我们在宝瓶座永世的资料相比较时，它才有意义。

我们不知道进入意识的过程能延伸多远，也不知道它将走向何方。这是创世故事中的一个新元素，我们无法找到相似之处。因此，我们无法知道它的内在潜力是什么。我们也不知道智人这个物种的前景，它会重蹈其他物种的命运吗？这些物种曾经在地球上繁衍生息，现在已经灭绝了，生物学没有理由不这样做。

当我们构建一个足以解释人类在宇宙中存在的意义的世界观时，神话陈述的需要就得到了满足，这种观点来自我们的精神完整性，来自意识和无意识之间的合作。无意义抑制了生命的充实，因此等同于疾病。意义使很多事情变得可以忍受，也许还使得一切变得长存永驻。没有科学可以取代神话，任何科学都不能创造神话。因为这并不是说"上帝"是一个神话，而是这个神话揭示了人的神圣生命。不是我们发明了神话，而是它作为上帝的话语传到我们身边，我们无法分辨它与神是否不同，在多大程度上不同。关于这个词，除了它自发地与我们对抗并赋予我们义务的方式之外，没有什么是不能被认为是已知的和人类的。它不受我们意志的任意操作的影响。我们无法解释灵感。我们对它的主要感觉是，它不是我们自己推理的结果，而是它从其他地方来到我们这里。如果我们碰巧有一个先知先觉的梦想，我们怎么可能把它归因于我们自己的能力呢？毕竟，通常我们甚至不知道，直到后来的某个时候，梦境代表了先见之明，或者对远处发生的事情的认识。

这个词发生在我们身上，我们忍受它，因为我们是一个深刻不确定性的受害者：在上帝的复杂对立中，从这句话最充分的意义上来理解，一切都是可能的。真理与错觉，善与恶，皆有可能。神话是或可以是模棱两可的，像德尔斐的预言或像一个梦。我们不能也不应该否定理性，但同样，我们必须坚持这样一种希望：本能会加速帮助我们，在这种情况下，上帝支持我们对抗上帝，正如约伯很久以前所理解的那样。"他者意志"的一切表达都源于人的思想、言语、形象，甚至局限性。因此，当他开始用笨拙的心理术语思考时，他就有一种倾向，把一切都提到自己身上，认为一切都是出于自己的意图和自己。带着孩子气的天真，他认为自己知道自己的一切，也知道"自己身上"具有的是什么，但与此同时，他却因为意识的薄弱和对无意识的相应恐惧而受到致命的阻碍。因此，他完全不能把他仔细得出的结论和从另一个自发涌上他心头的东西分开。他对自己没有客观性，也不能把自己看作一种他发现的存在的现象，无论好坏，他都是相同的。起初，一切都被推到他身上，一切都发生在他身上，只有经过极大的努力，他才最终成功地征服并为自己保留了一块相对自由的区域。

只有当他赢得了通向自由的道路，而且只有在这种情况下，他才有资格认识到，自己正在对抗从一开始就给予他的本能基础，无论他多么想让这些基础消失都未曾如偿所愿。他的这种开始绝不仅仅是他的过去，而是作为与他共存，作为他存在的永恒的基础，而且塑造了他的意识，如同他周围的物质世界一样。

这些事实从外部和内部以压倒性的力量袭击着人类。他在神性的观念下对它们进行了总结，借助神话描述了它们的作用，并将这个神话解释为"上帝的话语"，即来自"彼岸"的神秘灵感和启示。

2

要想强化珍贵的个人化感受，没有什么比个人发誓保守秘密这种方法要更好。社会结构一经产生，便显示出对秘密组织的渴望。当有根有据的秘密并不存在时，便会捏造出只有享有特权的新入会者才会接纳承认的所谓秘密。玫瑰十字会和其他许多社团就是这样。在这些伪秘密中，有一些具有讽刺意味的真实秘密，新入会者完全不知道，例如，在那些主要从炼金术传统借用"秘密"的社会中。

在原始的层面上，需要炫耀的秘密是至关重要的，因为共享的秘密是将部落团结在一起的黏合剂。部落层面上的秘密构成了对个人人格缺乏凝聚力的有益补偿，这种凝聚力不断地回归到与群体其他成员的原始无意识认同中。人的目标的实现一个人如果意识到自己的特殊性，就会成为一个漫长的，几乎是无望的教育过程。因为即使是那些进入某些秘密的人，在某种程度上已经把他们标记出来了，他们也从根本上遵守了群体认同的规律，尽管在他们的情况下，群体是一个社会分化的群体。

秘密社会是个性化个人仍然依赖于集体组织来实现他的分化，也就是说，他还没有认识到，真正的任务是使自己区别于所有其他人并自立。所有的集体身份，例如组织的成员资格，对"主义"的支持等，都会干扰这项任务的完成。这种集体身份是瘸子的拐杖，胆小之人的盾牌，懒惰人的床，不负责任的人的托儿所；但它们同样是穷人和弱者的庇护所，沉船者的家园，孤儿家庭的怀抱，幻想破灭的流浪者和疲惫的朝圣者的希望之地，牧群和为迷路的羊提供安全的圈，提供营养和呵护的母亲。因此，将这一中间阶段视为一个陷阱是错误的，相反，在今后很长一段时间内，它将是个人唯一可能的存在形式，而如今，匿名似乎比以往任何时候都更受到威胁。集体组织在今天仍然是如此重要，以至于许多人认为它是最终的目标，有一些理由；而呼吁在自治的道路上采取进一步的步骤，这看起来像是傲慢、狂妄或幻想，或者仅仅是愚蠢。

然而，也许有充分的理由出现这样的情形，即一个人觉得他必须独自踏上迈向更广阔世界的道路。也许，在所有的装束打扮和生活方式中，他找不到对他来说特别必要的东西。他只得无人陪伴、独自前行，自己就是他的伙伴，由各种不同的意见和倾向组成，这些意见和倾向不一定要朝着同一个方向前进。事实上，他会与自己意见相左，并且会发现很难将自己的多重性联合以达到共同行动的目的。即使他在外表上受到这个中间阶段的社会形式的保护，他也无法抵挡内心的多重性。他内心的多重性可能导致他放弃，与周围的环境失去一致性。

就像一个秘密社会的创始者，他从无差别的集体中挣脱出来，在他孤独的道路上的个人需要一个秘密，因为各种原因他可能不会或不能透露。这样的秘密加强了他对个人目标的孤立。许多人无法忍受这种孤立。他们是神经质的，必须和其他人一起捉迷藏，不能真正认真地对待游戏。通常情况下，他们最终会放弃个人目标，放弃对集体一致性的渴望，而这正是环境中所有观点、信仰和理想所鼓励的过程。此外，没有理性的论据能够战胜环境。只有一个秘密，个人不能背叛一个他害怕泄露的秘密，或者他无法用语言表达出来的秘密，因此似乎属于疯狂思想的范畴，才能防止这种不可避免的倒退。

在许多情况下，对这样一个秘密的需要是如此的迫切，以至于个人发现自己卷入了他不再负责的想法和行动中。他的动机既不是任性的，也不是傲慢的，而是一种他自己无法理解的必然性。这种必然性以野蛮的宿命感降临到他身上，也许这是他有生以来第一次向他直观地表明，在他自己最私人的领域里，有一种比他自己更强大的异类存在，他认为自己是主人。有一个生动的例子是雅各布的故事，他与天使摔跤，结果臀部髋骨错位，但这场角力却最终防止了一次谋杀。在那些幸运的日子里，人们对雅各布的故事会不加怀疑地相信。而在当代若雅各布讲这样一个故事，可能会得到意味深长的微笑。他宁愿不谈这些事情，尤其是如果他对耶和华使者的性质有自己的看法的话。这样，他就会发现自己不管是否愿意，都掌握了一种不能讨论的秘密，从而成为一个脱离集体的人。当然，他心理上所保留的事最终还是会暴露出来，除非他一生都扮演伪君子的角色。但是，任何试图同时做到这两点，以适应自己的群体，同时追求个人目标的人，就会变得神经质。我们现代的雅各布会对自己隐瞒这样一个事实：天使毕竟是两个人中更强壮的一个，因为从来没有人提出要求让天使瘸着腿走。

因此，这个人，在他的魔鬼的驱使下，跨过了中间阶段的界限，真正进入了"无人涉足、无法追踪的地区"，[1] 在那里没有规划的道路，没有庇护所，在他的头上铺开了一个保护的屋顶。当他遇到不可预见的情况时，例如职责冲突，没有什么戒律可以指导他。在很大程度上，只要不发生这种冲突，这些突袭到无人区的行动才会持续，一旦从远处嗅到冲突，冲突就会迅速结束。我不能责怪那个拔腿就走的人，但我也不赞成他在软弱和懦弱中发现优点。既然我的蔑视不会对他造成进一步的伤害，我不妨说，我觉得这种投降没有什么值得赞扬的。

但是，如果一个人面对着责任冲突，并且在一个日夜审判他的法官面前，他很可能会发现自己处于一个孤立的地位。现在他生活中有一个真正的秘密，如果仅仅因为他参与了一个无休止的内心审判，他是自己的辩护人，也是自己无情的审判者，并且没有一个世俗的或是精神上的法官可以重新让他安眠。

---

[1] 《浮士德》第二部分。

如果他不是已经对这些法官的判决感到厌烦，他就不会发现自己陷入冲突。因为这样的冲突总是以更高的责任感为前提。正是这种品质使它的拥有者无法接受集体的决定。正是在这种情况下，法庭成为秘密宣布判决的内心世界。

一旦这种情况发生，个人的心理就变得更加重要。它不仅是他著名的社会定义的自我的所在地，也是衡量自我价值的工具。没有什么比这种内在对立的对抗更能促进意识的成长。要是起诉书中出现了一些完全出乎意料的事实，被告一方有义务找出迄今为止不为人所知的论据。在这个过程中，相当大一部分的外部世界到达了内部，而正是由于这个事实，外部世界变得贫穷或减轻了负担。另一方面，内心世界通过被提升到伦理裁决法庭的级别而获得那么多的分量。然而，曾经毫不含糊的自我失去了仅仅是检察官的特权，它还必须学习被告的角色。自我变得自相矛盾、模棱两可，处于腹背受敌的困境之中。它开始意识到一个高于自身的极性。

所有的责任冲突甚至可能没有一个真正的"解决"，尽管它可能被争论并权衡比较直到世界末日。迟早会有决定的，会像是某种意外的产物。现实生活不能停滞不前。然而，它们之间的对立和矛盾并没有消失，即使它们在采取行动的冲动之前暂时屈服。它们不断地威胁着人格的统一性，并一次又一次地将生命纠缠在二元对立之中。

对该状态下的危险和痛苦的洞察很可能会使人决定留在家中，也就是说，永远不要离开安全和温暖的巢穴，因为只有这些才有可能保护自己免受内心压力。那些不必离开父母的人肯定是最安全的，然而，很多人发现自己被推上了个性化的道路。他们很快就会熟悉人性的积极面和消极面。

正如所有的能量都来自对立，所以心灵也拥有它的内在极性，这是它活力的不可或缺的先决条件，赫拉克利特很久以前对此就有所意识。无论是理论上还是实践上，极性都是所有生物所固有的。与这种压倒一切的力量相对应的是自我的脆弱统一，它是在几千年的过程中，在无数的保护措施的帮助下才形成的。自我的可能似乎源于这样一个事实：所有的对立都在寻求一种平衡的状态。这发生在热与冷、高与低等碰撞产生的能量交换中。有意识的精神生命背后的能量是预先存在的，因此最初是无意识的。当它接近意识的时候，它首先出现在像法力、神、魔鬼等的人物身上，它们的神秘性似乎是能量的重要来源，事实上只要这些超自然的人物被接受，它就可以这样做。但是，当这些形象消失并失去力量时，自我，即经验的人似乎掌握了这种能量的来源，并且在这个模棱两可的陈述的最充分的意义上这样做了：一方面，他试图抓住这个能量，占有它，甚至想象他确实拥有它；另一方面，却又被它所占有。

　　当然，只有当意识的内容被视为心灵存在的唯一形式时，这种怪诞的情况才会发生。在这种情况下，无法通过预测来阻止通胀。但是，当无意识心理的存在被承认时，投射的内容就可以被接受为先于意识的先天本能形式。因此，它们的客观性和自主性得以保留，自满也得以避免。先于意识存在并制约它的原型，出现在它们在现实中实际发挥的部分：作为意识物质的先验结构形式。在任何意义上，它们并不代表事物本身，而是事物可以被感知和构思的形式。自然，不仅仅是原型控制着感知的特殊性质。它们只解释了感知的集体成分。作为本能的一种属性，它们具有动态性，因此拥有一种特定的能量，这种能量会导致或强迫某种特定的行为模式或冲动，也就是说，在某些情况下，它们可能具有占有欲或强迫性。因此，将它们称为"魔鬼"的概念非常符合它们的性质。

　　如果有人倾向于相信事物本质的任何方面都会被这种表述所改变，那他就是对文字极度轻信。不管我们给它们起什么名字，事实不会改变。只有我们自己受到影响。如果一个人把"上帝"想象成"纯粹的虚无"，那与一个至高无上的原则毫无关系。我们仍然像以前一样被附体，名字的改变丝毫没有改变现实。如果这个新名字意味着否认，我们至多对现实采取了错误的态度。另一方面，对不可知的事物取一个积极的名字，有助于我们采取相应的积极态度。因此，如果我们说"上帝"是一个"原型"，我们对他的真实本性只字不提，而是让人们知道，"上帝"已经在我们心灵的那一部分中占有一席之地，那是意识之前存在的，因此他不能被视为意识的发明。我们既不能让他变得更遥远，也不能消灭他，而是让他更接近于有经验的可能性。后一种情况绝不是不重要的，因为一件不能体验的东西很容易被怀疑为不存在。这种怀疑是如此诱人，因而所谓的上帝信徒在我试图重建原始的潜意识心理时，只看到无神论而已。或者，如果不是无神论，那就是诺斯底教——无论是什么都是上帝所禁止的，而非一个像潜意识的精神现实。如果无意识是什么，它一定是由我们意识心理的早期进化阶段组成的。有一种假设认为，全部荣耀于一身的人诞生于创世的第六天，其间没有任何准备。这种认识毕竟有点太简单和不合时宜，我们现在不能满足于此。在这一点上大家意见相当一致。然而，就心灵而言，古老的观念却顽强地坚持着：心灵没有前因后果，只是白纸一张，在出生时重新出现，只是它想象自己的样子。

意识是系统发生和个体发生的一个次要现象。这个显而易见的事实终于为人所掌握。就像身体有几百万年的解剖学史前史一样，精神系统也有。正如今天的人类身体在每一个部位都代表着进化的结果，而且到处都能看到它早期阶段的痕迹，所以心里也是如此。意识从一种动物般的状态开始进化，在我们看来是无意识的，同样的分化过程在每个孩子身上都重复着。儿童在其前意识状态下的心理，绝不是白纸一张，它已经以一种可识别的个人方式被预先形成，而且还配备了所有具体的人类本能，以及更高功能的先验基础。

在这个复杂的基础上，自我出现了。在整个生命中，自我是由这个基础支撑的。当基础不在起作用时，就会出现停滞，然后死亡。它的生命和现实至关重要。与之相比，即使外部世界也是次要的，因为如果缺乏掌握和操纵外部世界的内生动力，世界又有什么关系呢？从长远来看，任何有意识的意志都不能取代生命的本能。这种本能来自我们的内心，作为一种强迫、意志或命令，如果我们给它起一个个人日常生活的名字，我们至少恰当地表达了心理状况。如果，通过使用原型的概念，我们试图更紧密地定义代蒙紧紧抓住我们的那一点，我们并没有废除任何东西，只是更接近生命的源头。

作为一名精神病学家（灵魂医生），我支持这样的观点是很自然的，因为我主要关心的是如何帮助我的病人重新找到他们的健康基础。要做到这一点，我学到了很多知识。毕竟，总的来说医学是以同样的方式进行的。它并没有通过发现某种治愈的诀窍而取得进步，从而显著地简化了治疗方法。相反，它已经发展成为一门极其复杂的科学，原因之一是它从所有可能的领域中借鉴了有用的东西。因此，我不关心向其他学科证明任何东西，我只是试图将它们的知识应用到我自己的领域。当然，我有责任对这种应用及其后果做出报告。因为当一个人将一个领域的知识转移到另一个领域并将其应用到实践中时，某些新事物就会显现出来。如果 X 射线仍然是物理学家的专有财产，而不是应用于医学，我们所知道的就少得多了。再者，如果放射疗法在某些情况下会产生危险的后果，那对医生来说是很有趣的，但是物理学家不一定感兴趣，因为他们以完全不同的方式和其他目的使用辐射。当医生指出无形射线的某些有害或有益的特性时，他也不会认为医生侵犯了他的领地。

例如，如果我把历史或神学的见解应用到心理治疗中，它们自然会以不同的角度出现，并导致结论，而不是局限于自己的领域时得出的结论，而这些结论是为其他目的服务的。

因此事实上，一个极性是心理动力的基础，这意味着整个对立的问题，在最广泛的意义上，连同它所有伴随的宗教和哲学方面，被引入心理学讨论。这些方面不可避免地失去了它们在各自领域中所具有的自主性，因为它们是从心理学问题的角度来探讨的，也就是说，它们不再是从宗教或哲学真理的角度来看待的，而是被检验其心理的有效性和意义。撇开他们声称的独立真理不谈，事实仍然是，从经验上看也就是说，在科学上，它们主要是心理现象。这个事实在我看来是无可争辩的。他们声称为自己辩护是符合心理学的方法，这种方法并没有给这种说法贴上不合理的标签，而是相反地给予特别考虑。心理学没有像"只有宗教的"或"只有哲学的"这样的判断空间，尽管事实上我们经常听到一些东西"只是心理上的"这一指责——尤其是从神学家那里。

所有能想到的陈述都是由心灵所作的。除此之外，精神出现在一个动态过程中，它建立在对立的基础上，在两极之间的能量流中。逻辑的一般规则是"原则不能超出必要的范围而倍增"。因此，既然能量解释在自然科学中已被证明是一个普遍有效的解释原则，那么我们也必须在心理学上局限于此，没有确凿的事实可以推荐其他观点。此外，心理及其内容的对立或两极分化的性质可以通过心理学经验得到证实。[1]

现在，所有试图超越心灵极性极限的陈述（例如，关于形而上学现实的陈述），如果要宣称任何一种有效性，就必须是自相矛盾的。

心灵无法超越自我。它不能建立任何绝对真理，因为它自己的极性决定

---

[1] 参见《心灵的结构和动力学》中的"精神能量"。

了它的陈述的相对性。无论心灵在何处宣布绝对真理，例如，"上帝是一种运动"或"上帝既是唯一"——它必然会掉进自己的对立之中。因为这两种说法同样可能是："上帝是一种休息"或"上帝既是全部"。由于片面性，心灵便会瓦解并失去了认知能力。它变成了一种无反射性的（因为不可反射）心理状态的继承，每一种状态都幻想自己的正当性，因为它没有，或者还没有看到任何其他的状态。

我们这样说并不是在表达一种价值判断，而只是指出这一限制经常被超越。事实上，这是不可避免的，因为正如赫拉克利特所说："一切都是不断变化的。"论点之后的是对立面，在这两者之间产生了第三个因素，一种以前无法察觉的分析。在这一点上，心灵再一次证明了它的对立本性，而且在任何时候都没有真正走出它自己。

在我努力描绘心灵的局限性时，我并不意味着只有心灵存在。只是，就知觉和认知而言，我们看不到超越心灵的东西。科学是默契地相信，一个非精神的、先验的对象存在。但科学也知道，要把握对象的真实本质是多么的困难，尤其是当感知器官失灵或缺失时，当适当的思维方式不存在或仍有待创造时。如果我们的感觉器官和它们的人工辅助设备都不能证明一个真实物体的存在，那么困难就会大大增加，以至于人们会感到诱惑，认为根本不存在真正的物体。我从来没有得出过这样的结论，因为我从来没有倾向于认为我们的感官能够感知一切形式的存在。因此，我甚至冒险假设，原型具形现象，即卓越的精神事件，可能是建立在一个精神基础上，即仅部分精神和可能完全不同的形式的存在。由于缺乏经验数据，我既不理解也不了解这种通常被称为灵性的存在形式。从科学的角度来看，我在这方面所相信的是无关紧要的，我必须接受我的无知。但就原型作用于我而言，它们对我来说是真实的，尽管我不知道它们的真实本质是什么。当然，这不仅适用于原型，而且也适用于一般的精神本质。无论它如何描述自己，它永远不会超越自己。所有的理解和所有被理解的东西本身都是心灵的，在那种程度上，我们被绝望地关在一个完全的精神世界里。然而，我们有充分的理由假设，在这面纱的背后，存在刺激并影响我们的未被理解的绝对对象，并且假设它甚至，特别是在心灵现象的情况下，没有可证实的陈述。关于可能性或不可能性的陈述只在专门领域有效，在这些领域之外，它们只是傲慢的假设。

尽管从客观的角度来看，禁止无中生有地发表声明，也就是说，在没有充分理由的情况下，仍然有一些显然必须在没有客观理由的情况下作出的陈述。这里的辩护是一种心理动力的辩护，通常被称为主观的，被认为是纯粹的个人问题。但这就是犯了一个错误，即未能区分该陈述是否真的只从一个孤立的主题出发，是否完全出于个人动机，或者它是否普遍发生并源于集体呈现的动态模式。在这种情况下，它不应被归类为主观的，而是心理上的客观的，因为不确定数量的个人发现自己被一种内在的冲动所驱使，想要发表一个相同的声明，或者认为某种观点是至关重要的。因为原型不仅仅是一种不活跃的形式，而是一种带有特定能量的真实力量，所以它很可能被视为这种陈述的因果关系，并被理解为它们的主体。换言之，并不是个人化的人在做陈述，而是原型通过他说话。如果这些陈述被扼杀或忽视，无论是医学经验还是常识都表明，心理问题就在所难免。这些症状要么表现为神经症症状，要么表现为集体性妄想，如果是无神经症的人。

原型陈述建立在本能的前提条件之上，与理性无关，它们既没有理性基础，也不能被理性论据所排斥。他们一直被列维·布吕尔恰当地形容为"集体复现现象"。当然，自我和它的意志在生活中扮演着重要的角色，但是自我的意志在最高程度上受制于原型过程的自主性和无意识的干扰，而这种干扰是小我通常不知道的。对这些过程的实际考虑是宗教的本质，只要可以从心理学的角度来看待宗教。

3

在这一点上，事实迫使我注意到，除了反思的领域之外，还有另一个同样广泛的领域，在这个领域里，理性的理解和理性的表现方式几乎找不到任何他们能够掌握的东西。这是厄洛斯的王国。在古典时期，当这些事情被正确地理解时，厄洛斯被认为是一个神，其神性超越了我们人类的极限，因此他既不能被理解也不能以任何方式被代表。我可能会像我之前的许多人所试图做的那样，冒险去接近这个大教堂，它的活动范围从无尽的天堂延伸到地狱的黑暗深渊。但在找到一种语言来充分表达爱的不可估量的悖论之前，我却犹豫不决。厄洛斯是一个宇宙进化论者，它创造了所有更高级的意识。我有时觉得保罗的那句话"虽然我能用万人之言，甚至天使的口舌表达，却没有爱"，这也许是所有认知的首要条件，也是神性本身的精髓。无论对"上帝就是爱"这句话的理解是什么，这些话肯定了神性的复杂对立。在我的医疗实践和我自己的生活中，我一次又一次地面对爱的奥秘，却始终无法解释它是什么。"我不得不捂住嘴。我已经说了一次，我绝对不做回答。"（《约伯记》）这里包括最大的和最小的、最远的和最近的、最高的和最低的，我们无法只讨论一个而不讨论另一个方面。任何语言都不足以应付这一悖论。无论一个人能说什么，没有一句话能表达全部。谈论局部方面总是太多或太少，因为只有整体才有意义。爱"包容一切"和"忍受一切"。这些话说出了要表达的一切，没有什么可以补充的。因为在最深层的意义上，我们是宇宙起源的"爱"的受害者和工具。我把这个词放在引号里，表示我并没有用它来表达欲望、喜爱、偏爱、希望和类似的种种其他情感，而是作为一种高于个人的东西，一个统一的、不可分割的整体。作为一个整体的人是无法把握的，他任凭它摆布。他可以同意它，也可以反抗它，但他总是被它缠住，被它包围。他依赖它，并由它支撑。爱是他的光明，也是他的黑暗，他的结局他看不见。无论他用"天使的舌头"说话，还是用科学的精确性来追溯细胞的生命，直到它的最源头，"爱不会停止"。人可以试着给爱起名，在它上面撒上他命令的所有名字，但他仍然会使自己陷入无尽的自欺欺人之中。如果他有一点智慧，他就会放下武器，用无人知晓的名字来命名未知的事物，也就是说，以上帝的名字命名。这是对他的屈从、不完美和依赖的承认，同时也是他在真理和错误之间自由选择的证明。

回　顾

我无法接受人们说我是智者或是圣人。一个人从一条小溪里舀了一瓢水，这一瓢水又能做什么？我不是那条小溪，我站在溪水中，但是什么也没做。其他人也在同一条溪流中，但他们大多都认为自己必须做些什么，而我什么也没有做。我从来不认为我是个必须看到樱桃树上结满樱桃的人。我所做的只是驻足观察，欣赏大自然的鬼斧神工。

有一个故事说得很好，一个学生来到一位拉比面前说："以前有人能看见上帝的面孔，为什么现在的人却无法看到？"拉比回答说："因为现在没有人能把腰弯得那么低了。"

要想从溪中取水，就得弯下腰。

我和大多数人的区别在于，对我来说，"隔墙"是透明的，这是我的独特之处。其他人总认为这些墙是不透明的，以至于他们看不到后面的东西，所以认为墙壁后面什么也没有。在某种程度上，我能察觉到墙背后正在发生的事，这给了我某种内在的确定性。什么都看不见的人没有这种确定性，也不能得出结论，或者即使看到也不会相信。我不知道是什么让我开始感知生命的河流，可能是潜意识本身。又或是我早年的种种梦境，这些梦从一开始就决定了我的方向。

由于很早便了解了事情的本质，我与世界的关系在那时就树立了。总的来说，这种关系从我的童年时期开始一直维系到现在。幼时我便觉得自己是孤家寡人，这种感觉一直持续到现在，因为我知道一些事情，同时还必须暗示给其他人一些他们显然一无所知并且大多时候也并不想知道的事。孤独并不是因为没有其他人的陪伴，而是因为找不到人交流那些对自己来说很重要的事情，或者持有别人无法接受的某些观点。孤独始于我早年的梦中经历，在我致力于潜意识研究的时候达到了高峰。如果一个人知道的比别人多，他就会变得孤独。但是孤独并不一定对友谊有害，因为孤独的人更加敏感，只有当每个人都记得自己的个体性，并使自己不同于他人时，友谊才会健康发展。

拥有一个秘密以及对未知事物的预感是很重要的。它让生活充满了非个人化的东西，即充满了神秘。如果一个人从未有过这种体验，那真是有些遗憾了。他必须意识到自己生活的这个世界从某种意义上讲是神秘的；意识到某些事情发生了，你可以体验，可仍然无法解释其缘由；意识到并非所有的事情都是可以预料的。意想不到的和不可思议的事这个世界有的是，只有经历过这些人生才会完整。对我来说，这个世界从一开始就是这样无穷无尽，无法捕捉。

我很难理解自己的想法。我心中住着一个魔鬼，事实最终证明它的存在是有决定性意义的。它控制着我，如果说我有时冷酷无情，那是因为我在任由魔鬼摆布。任何东西我一旦得到便不会再驻足，我必须向前赶，追逐着自己的愿景。可以理解的是，我同时代的人看不到我的愿景，他们只看到一个傻瓜冲在前面。

我得罪了许多人，因为一旦他们无法弄懂我的意思，我便觉得这件事就到此为止了。而我不得不继续前进。我对除病人以外的人没什么耐心。我不得不遵从自己内心的法则，我对此别无选择。当然，我并不会永远服从这个法则，一个人的生活不能总是一成不变吧？

对有些人来说，只要他们与我心心相印，我就会一直与他们相伴。但我也有可能不再和他们一起，因为已经没有什么能把我和他们联系起来了。我只得痛苦地认识到，即使人们对我没什么可说的，他们仍然存在。有一些人让我觉得自己是活生生地存在着的，但这种感觉只有当他们出现在心理学这个神奇的圈子里的时候才会出现。下一刻，当聚光灯把它的光束投射到别处时，一切便都消失了。我对许多人都产生过强烈的兴趣，但我一看透他们，他们身上的魔法就消失了。我因此树敌不少。一个有创造力的人对自己的生活几乎没有掌控权。他不是自由的，而是处于被俘的状态，受内心的魔鬼所驱使。

一个强大的力量
无耻地夺走了我们的心，
因为人人都为神明牺牲；
如若胆敢拒绝
就不得善终。

霍尔德林这样说道。

缺乏自由对我来说是一种极大的悲哀。我常常觉得自己好像在战场上说："现在你已经倒下了，我的好同志，但我必须继续前进。"因为"一个强大的力量无耻地夺走了我们的心"。我喜欢你，我也确实爱你，但我不能停下脚步。这件事让人心碎。我自己就是受害者，我不能停下来，但魔鬼掌管一切是为了让人经受苦难，而神圣的不一致性确保它与我的"不忠"形成鲜明对比，我可以在不受怀疑的程度上保持信仰。

也许我会说：比起旁人，我更加需要他人，同时也更加不需要他人。魔鬼作祟时，人们的距离总是太近或太远。只有当魔鬼沉默，人们才能保持适当的距离。

魔鬼的创造力无情地对我施加影响。通常我计划的事情通常都会得到最糟糕的结局，尽管并非总是如此，也并非事事如此。作为补偿，我想我是彻头彻尾的保守派。我从祖父的烟草罐里取出烟叶装满烟斗，我还保留着他的登山杖，上面有一只羚羊角，这是他作为那家新开的疗养酒店的第一批客人从庞特雷西纳带回来的。

我对我一路走来的人生很满意。命运待我不薄，我收获颇丰。我有想到过自己能得到这么多吗？意想不到的事总是发生在我周围。如果我自己有所改变，可能事情也会随之产生变化。但这一切还是发生了，因为我就是这样的。很多事情都按我的计划进行，尽管结果并不总是好的，但是几乎所有的事情都是顺其自然和命中注定要发生的。我为自己的固执而导致的许多愚蠢行为感到遗憾，但若没有这种品质，我就达不到自己的目标，所以我既失望又并不失望。我对别人失望，也对自己失望。我从人们身上学到了许多惊人的东西，并取得了超出自己期望的成绩。我无法形成任何最终的判断，因为生命现象和人的现象过于博大。我年纪越大，对自己的了解、洞察和认识就越少。

我对自己感到惊讶、失望，同时也感到高兴。我既痛苦沮丧，又心感狂喜。我可以体会到所有的这些感情，但是无法说出到底是什么感觉。我无法确定这些最终有没有价值；我无法对自己本身和自己的生活做出判断。我什么都不确定。我对任何事都没有明确的信念，这是事实。我只知道我生于世，长于世，在我看来，我一直都是被裹挟着前进。我存在于一些我不知道的基础上。尽管有种种不确定因素，但我可以感觉到所有存在背后的稳固性和我存在方式的连续性。

我们出生的这个世界既野蛮又残酷，同时又充满了神圣之美。当我们认为有某个因素比其他因素更重要时，不管这个因素是无意义的还是有意义的，这都只是性情的问题。如果无意义占据了绝对的优势，生命的意义将随我们的发展而逐渐消失，但事实并非如此，至少看上去并非如此。也许，就像所有形而上学的问题一样，两者都是正确的：生命既有意义又无意义，而我热切地希望意义会占上风并赢得这场战斗。

老子说："俗人昭昭，我独昏昏。"而这正是我现在老年时的感受。老子是一个具有超凡洞察力的人，他看到并经历了价值和无价值，在他生命的尽头，他渴望做回自己，回到永恒的不可知的意义中。这位见多识广的老人的原型无疑永远是正确的。在智力的各个层面上都会出现这种类型的人，而且这些人的特征总是类似的，无论他是一个老农还是一个像老子这样的大哲学家。这是老年阶段，也是一种限制因素。然而，有太多的东西充满了我的内心：植物、动物、云彩、日夜还有人的永恒。我对自己的感觉越是不确定，就越是会在自我成长过程中产生一种与万物亲近的感觉。事实上，在我看来，这种长久以来把我与世界隔绝开来的疏离感已经转移到了我自己的内心世界中，并向我揭示了一种对自己的出乎意料的陌生感。

附录 I　信　函

弗洛伊德来信

亲爱的朋友：

……在同一天我既正式收养你为长子，又任命你为我的继承人（在如今与我理念相投之人少之又少的情况下），此事非同一般。彼时彼刻你让我卸下了作为父亲的尊严，这带给你的快乐似乎与我对你的付出带给我的快乐一样多。现在我恐怕要再次扮演为父的角色，跟你谈谈我对鬼声现象的看法。之所以非谈不可，是因为这些事情和你想的不一样。

我不否认你的评论和你的实验给我留下了深刻的印象。在你离开之后，我决定做一些观察，观察结果如下：在我的前屋总是有吱吱声，响声是从书架的橡木板上放着的两块沉重的埃及石碑那里传来的，所以很明显为什么会有这种响声。在我们听到撞击声的第二个房间里就很少能听到这种吱吱声了。一开始我觉得，如果你离开后这种声音就消失了，那这声音可能有点什么别的意思在里面。但从那以后，这声音一次次地响起，不过从来不是因为我认为的那些原因，也从未在我想到你或你的特殊问题时出现过（我敢加一句，现在也没有什么关系）。这种原本对我有意义的现象很快就被其他东西所取代了。我对你的轻信，或者可以说我愿意相信你的这种意愿随着你的出现而消失了，由于种种内在原因，我再一次觉得发生这种事是完全不可能的。这些家具在我面前毫无生气，不像是有幽魂存在，就像希腊诸神消失后，诗人面前自然只剩一片寂静，神性已荡然无存。

所以，我又戴上那代表父亲形象的角框眼镜，告诫我亲爱的儿子要头脑冷静，与其为了弄懂什么而做出这等巨大牺牲，不如什么都不懂好些。碰到心理综合分析所遇到的问题时，我摇了摇自己满是白发的聪明脑袋想道：好吧，年轻人就是这样，只有不再硬拽着我们同行时，他们才学会享受，因为我们腿脚不灵，累得直喘也跟不上啊。

现在我要倚老卖老，唠叨几句。我要再告诉你一件天地间谁也不会明白的事，几年前，我的心里产生了这么个念头：我会在 61 岁或者 62 岁时死掉。当时感觉留给我的时间还很长（现在只剩八年了）。之后不久，我和我兄弟去希腊旅行，那次旅行简直让人毛骨悚然，数字 60 或 61 连同数字 1 和 2 总出人意外地出现在所有有数字的东西上，尤其是在交通工具上面。我刻意将这些情景都记录下来。到雅典后，我感到十分沮丧。我们分到了二楼的房间，我希望这下能喘口气了——至少用不着担心会碰上 61 这个数字。可谁想，我的房间号是 31（我认为这是命里注定，毕竟 31 是 62 的一半）。这个狡猾的数字更是阴魂不散地缠着我。

从那一天起直到最近，31 这个数字都是我忠诚的追随者，它还总是和一个数字 2 联系在一起。但是在我的精神系统中的某些地方，我只是渴求知识，而不会迷信，所以我试图分析这种信念。我的这种信念始于 1899 年。当时有两件事同时发生。第一件事是我写的《梦的解析》（你知道的，这本书写于 1900 年之前）；第二件事是我有了一个新的电话号码，直到今天我都在用这个号码：14362。很容易发现这两件事之间的联系：在 1899 年，当我写《梦的解析》时，我那时 43 岁，还有什么比我电话号码里的其他数字能更明显地预示我生命的终结，即 61 或 62？突然间，这种疯狂的想法有了一个合理的解释。这个我会将死于 61 岁到 62 岁的迷信意味着当我完成了这本关于梦的书的时候，我就已经完成了我一生的工作，无须多言，之后我就可以安息了。你要承认，经过这么一分析，一切听起来就不再那么荒谬了。顺便说一句，威廉·弗莱斯起到了一定的影响，因为这种迷信的想法正始于他攻击我的那一年。

上述例子还可以证实我的神秘主义里所具有的犹太人特征。除此之外，我只想说，像我这样通过数字 62 进行的一切冒险活动都可以用两件事来解释。第一是对潜意识抱有极高的警觉性，所以才会像浮士德一样，看到每个女人身上都有海伦的影子。第二是"偶然性引发的合作"，这一点无可否认，它与歇斯底里症状中身体上的伴随状态或双关语中的语言上的伴随状态一样，在幻觉形成中起着同样的作用。

因此，我期待听到更多关于你对幽灵情结的研究，我对可爱的幻觉感兴趣，而这个幻觉是无法与人分享的。

诚挚问候您及您的夫人和孩子

你的弗洛伊德

1909 年 4 月 16 日

维也纳博格街 19 号

亲爱的朋友：

……我知道你内心深处的渴望正在驱使你去研究神秘的事物，而且我也从不怀疑你回家时一定收获颇丰。这是不可阻挡的，一个人应当遵循自己内心的冲动。你因《早发性痴呆症心理学》赢得的声誉将在相当长一段时间内为你抵挡来自"神秘主义"理论的指控。只是不要待在那些远离我们的植被繁茂的热带殖民地了，管理家庭也是很有必要的……

向你致以诚挚的问候，并希望这次能更快收到你的回信。

你的忠实信徒

弗洛伊德

1911 年 5 月 12 日

维也纳九区博格街 19 号

亲爱的朋友：

……自从费伦齐的经历之后，我在神秘主义的问题上就变得谦逊了。哪怕一件事只有少得可怜的那么一点可信性，我都保证会相信它。如你所知，我并不乐意这么做。但我的傲慢已被击碎。我希望当你和费伦齐中的一位准备好迈出危险的一步（即发表）时，你们能采取一致的行动，我猜想这样在工作过程中你们既能和睦相处，又能各自保持完全独立……

向你及你们漂亮的房子致以诚挚的问候

你的忠实信徒

弗洛伊德

1911 年 6 月 15 日

维也纳博格街 19 号

致爱玛·荣格书信

（美国，1909 年）

……现在我们安全抵达伍斯特！我得告诉你这次旅行的事。上周六纽约天气阴沉，我们三个都患有腹泻，胃痛得厉害……尽管深感不适，什么也没吃，我还是去了古生物博物馆，那里可以看到所有的巨大古生物，它们是上帝对造物的焦虑之梦。这个博物馆收藏的第三纪哺乳动物的系谱可以说独一无二。我不可能把我在那里看到的一切都描述给你。后来我遇到了刚从欧洲来的琼斯。三点半左右，我们乘坐高架铁路火车从第 42 街来到码头。在那儿我们登上了一艘巨大的轮船，上面有五层白色甲板。我们在船舱安顿了下来。船从西河起航，绕过高楼林立的曼哈顿，然后沿着布鲁克林和曼哈顿大桥下的东河上行，从无数拖船和渡船中间穿过，又绕过长岛后面的桑德。天气又湿又冷，我们又因为腹泻而腹痛不止，还饿着肚子，所以我们蜷缩在床上。星期天一大早，我们已经在瀑布河城登陆了，我们冒雨乘火车去了波士顿，然后马上去了伍斯特。我们还在路上时，天气就转晴了。乡村景色甚是迷人，低矮的山脉，大片的森林，沼泽，湖泊，无数巨大的岩石，小村庄里坐落有木房子，木屋被涂成红色、绿色或灰色，窗户是白色的（这是荷兰风格）。所有这些彩色的木屋都藏在美丽的大树下。我们十一点三十分抵达伍斯特，住的斯坦迪什酒店相当不错，价格也很便宜。晚上六点，休息好之后，我们拜访了斯坦利·霍尔。他是一位文雅而尊贵的老先生，年近七十，对我们殷勤款待。他的妻子胖胖的不怎么好看，但心地善良，人很风趣，还很会做饭。她很快就把弗洛伊德和我当成她的"孩子"，给我们提供美味又营养的好酒好饭，我们的身体明显开始恢复了。那天晚上我们在旅馆睡得很好，今天早上我们已经搬到霍尔家去了。房子里的家具布置得非常有趣，一切都很宽敞舒适。那里有一个华丽的工作室，里面摆满了成千上万本书，到处都是雪茄盒。两个黑黝黝的黑人穿着晚礼服，神情极其严肃庄重，他们是仆人。这里到处都铺着地毯，所有的门都是敞开的，甚至连浴室的门和前门都开着；到处都有人进出；所有的窗户都是落地窗。房子四周是英式草坪，没有花园围栏。这座城市有一半（约有 18 万居民）都矗立在一片整齐的古树林中，这些古树遮住了所有的街道。大多数的房子都比我们的小，四周都是鲜花和开花的灌木，上面长满了维吉尼亚的爬山虎和紫藤。所有的一切都看得出经过精心照料，显得极为干净、宁静和亲切。真是一个完全不一样的美国！这就是他们所说的新英格兰。这座城市早在 1690 年就建立了，所以是一座古老的城市，非常繁荣。这所大学财力雄厚，规模虽小却与众不同，透露出一种朴素的典雅。今天早上是开幕式。X 教授第一个做了演讲，演讲内容乏味。我们很快就溜了出来，在城郊愉快地漫步，四周都是小小的湖泊和凉爽的树林。我们为周围的宁静美丽而陶醉。在纽约生活过后，这里的一切都令人耳目一新……

1909 年 9 月 6 日，星期一
克拉克大学，伍斯特
在斯坦利·霍尔教授家

……这儿的人全都特别友好，修养也很高。我们在霍尔家受到了热情款待。一天天从在纽约遭受的不适中恢复。我的胃痛现在基本好了，偶尔还拧着疼，不过除此之外，我没什么健康问题。昨天，弗洛伊德做讲座了，赢得了热烈的掌声。我们在这里开始取得一些进展。我们的听众在不断增多。今

附录 一　信　函

天我和两位非常有教养的老太太谈了精神分析学说。看得出来她们见多识广，思想开明。我极为吃惊，因为我原本以为她们会驳斥我。最近，我们举办了一次盛大的花园聚会，有五十人参加，会上有五位女士和我一起交谈。我甚至能用英语开玩笑啦——虽然我的英语糟糕透顶！明天就是我的第一次讲座了，我的担忧也不复存在，因为听众们的言行都非常得体，他们就想聆听一些新鲜事，我们当然会不负所望。听说下周天学校将授予我们荣誉博士头衔，届时学校将举行盛大的庆祝活动，晚上还会有"正式欢迎会"。今天的信就写到这里，五点钟霍尔夫妇邀请了一些人来见我们。《波士顿晚报》也采访了我们，事实上我们是这里最忙的人。偶尔过过这样的日子也不错。我已经感觉到我身上的利比多正贪婪地享受着……

> 1909 年 9 月 8 日，星期三
>
> 马萨诸塞州伍斯特
>
> 克拉克大学

……昨晚举行了盛大的舞会，大家都穿着各式各样的红黑色长袍，头戴金色流苏的方帽。在这样一个盛大而喜庆的集会上，我被任命为荣誉法学博士，弗洛伊德也享受到了同样的待遇。现在我可以在我的名字后面加一个法学博士的头衔了，这太棒了，不是吗……今天 M 教授开车送我们到一个美丽的湖边吃午饭，那里的景色美不胜收。今晚在霍尔家里还有一个关于"性心理学"的"私人会议"，我们的时间安排得实在是太满了。美国人在这方面真的很在行，他们几乎没有给人留下一丝喘息的时间。现在，我已经被这些美妙的经历弄得筋疲力尽，我渴望着山间的宁静。我感到头晕目眩。昨晚在博士学位授予仪式上，我不得不在大约三百人面前做一个即兴演讲……弗洛伊德高兴得像是到了天堂，我打心底里高兴看到他这样……

我非常期待再次回到海边，受到过度刺激的心灵可以在那无限的宁静和广阔的存在中得以恢复。而在这里，人像是在随着持续不断的旋风不停地旋转。但谢天谢地，我已经完全恢复了享受的能力，所以我可以满怀热情地期待一切。现在我要接受暴风雨带来的一切，然后我会带着满足感再次安顿

下来……

1909 年 9 月 14 日

马萨诸塞州伍斯特

克拉克大学

　　……离出发还有两天！一切都发生得太快了。昨天，我站在一座近 5600 英尺高的光秃秃的岩石山峰上，置身于浩瀚的原始森林之中，我远眺着美国的蔚蓝无垠，在冰冷的寒风中瑟瑟发抖，而今天我又置身于纽约州首府奥尔巴尼那繁华的都市氛围之中！我无法用笔描述在这里经历过的无数的美好回忆。一切都太深刻，太不可估量了。在过去的几天里，我逐渐意识到理想生活可能已经成为现实。在这里，男性因为受到良好的教育，所以他们都很富裕，女性却很穷。我们在这里看到了激发人们钦慕之情的东西，也看到了能让人深刻思考社会发展的东西。就技术文化而言，我们远远落后于美国。但所有这些都要付出极其昂贵的代价，而且本身就带有毁灭性的病原。要告诉你的事还有很多很多。我永远不会忘记这次旅行。现在我们已经厌倦了美国。明天早上我们将启程去纽约，然后在 9 月 21 日起航……

1909 年 9 月 18 日

纽约州奥尔巴尼

　　……昨天早上，我抖了抖脚上美国的尘土，心情轻松，头则有些痛，因为 Y 一家用上等的香槟款待了我们……关于戒酒这回事，从原则上讲，我早已经开始动摇，因此我光荣地退出了各种禁酒团体。我承认自己是一个诚实的罪人，只希望自己能忍住一杯红酒的诱惑，当然了，我说的是还没有喝的酒。我总是这样，只有违禁之物才能吸引我的注意。我想我不应该限制自己太多。

　　好吧，我们昨天早上十点起航，船的左边是纽约高耸入林的白红色塔楼，右边是霍博肯冒烟的烟囱、码头等。早晨雾蒙蒙的，纽约很快就看不见了，不久海水开始涨潮。我们将美国的领航员放在火船上，然后继续向"大海的悲哀荒原"中航行。大海一如既往地充满了宇宙的壮丽和朴素，以及令人无

附录一 信函

法抗拒的寂静。尤其是夜幕降临时，世界上只剩下大海和星空，此情此景下还有什么能说出口的呢？当你默默地向外望去，放下了所有所谓的自尊自负，脑海中匆匆掠过许多古老的谚语和形象。一个低沉的声音诉说着"波涛起伏，喃喃自语的海洋"的古老与永恒，诉说着"海浪和爱"，以及海中女神琉喀忒亚，这位可爱的女神出现在奔腾的浪花中，出现在疲惫的旅人奥德修斯面前，交给他缀满珍珠的面纱，把他从波塞冬的风暴中拯救出来。大海就像音乐，它怀揣所有灵魂的梦想，又将这些梦想诉说出来。海洋的美丽和壮阔在于我们不得不进入自己灵魂的洼地，里面硕果累累，在那里我们用"悲鸣的大海荒原"的动力重新认识自己，现在由于"这最终几天的折磨"，我们仍感疲乏。我们想了想刚过去的那几个月，意识到还有不少工作要做，我们要厘清在美国发生的一切……

1909 年 9 月 22 日

北德劳埃德

不来梅

凯撒·威廉·德格罗斯轮船

……昨天暴风雨持续了一整天，几近午夜才停。我大部分时间都站在桥下一个暴风雨打不着的高架上，欣赏着好似起伏山峦般的层层浪花卷起，接着在船上溅起了一团旋涡般的泡沫。船开始剧烈地摇晃，我们洗了好几次盐水澡。气温开始降低，我们走进船去喝茶。可是我们感觉到在体内，大脑正沿着脊椎往下流动，并试图从胃部涌出。我躺回床上，感觉很快就恢复了，晚些时候甚至还吃了一顿丰盛的晚餐。外面不时有一股巨浪撞击着船身。我船舱里的东西都活了起来：昏暗中，沙发垫在地板上爬来爬去；一只躺着的鞋子坐了起来，惊讶地环顾四周，然后悄悄地从沙发下溜走了；一只站着的鞋子疲倦地侧着身子，随它的伴侣而去。现在情况突然改变。我意识到鞋子已经走到沙发底下去拿我的包和手提箱了，这几件东西都列队走到床下的大箱子里。我沙发上的一件衬衫渴望地在它们身后挥着袖子，从衣柜和抽屉里传来隆隆声和嘎嘎声。突然，地板下传来一声可怕的撞击声，随后是吱吱嘎嘎的响声。其中一间厨房正位于我房间的下面。在那里，五百个盘子一下子就从死一般的麻木中苏醒过来，猛然间大胆一跃，它们作为奴隶的沉闷生活便能戛然而止了。周围所有的船舱中传来的抱怨声泄露了菜单的秘密。我睡得很香，今早风从另一边吹来……

1909 年 9 月 25 日

北德劳埃德

不来梅

凯撒·威廉·德格罗斯轮船

致爱玛·荣格

（北非，1920 年）

这个非洲真是不可思议

……很不幸，我没法思路连贯地给你写信，因为要写得实在太多了。就说说不那么重要但还挺有趣的事吧。在经历了海上寒冷恶劣的天气后，我们在一个阳光明媚的早晨到达了阿尔及尔。房屋和街道在阳光的照耀下闪着光亮，周围的深绿树丛郁郁葱葱，高大的棕榈树冠在其中很是明显。我眼前是形形色色的人，包着白色头巾的阿拉伯人，戴着红色圆形平顶帽的土耳其人，穿着黄色制服的非洲士兵和身着红色制服的阿尔及利亚骑兵，随后我还去了植物园，那是一个迷人的热带森林，充满了印度风情，还有那些根须像巨型天线、外形犹如怪兽的神圣的阿卡瓦塔树，那是众神的奇妙住所，有着巨大而沉重的深绿树叶，在海风中窸窣作响。

然后我们坐了 30 个小时的火车到达突尼斯。这座阿拉伯城市犹如古典遗迹一般，曾见证了摩尔人的中世纪，曾是他们的格拉纳达和童话般的巴格达。在这儿，你会忘却自己，你已经融进这座文化大熔炉中，这种感觉无法用钱来衡量，更难用语言来形容：你会看到一根罗马圆柱作为墙的一部分矗立在这里；一个丑陋难言的老犹太人穿着白色宽松的传统短裤走过去；一个小贩推着一车阿拉伯白色头巾在人群中穿行，扯着喉咙叫卖，那声音好像是从瑞

附录一　信　函

士苏黎世州直接传过来的；一片深蓝色的天空映衬着一座雪白的清真寺穹顶；一个鞋匠在一个小拱形壁龛里忙着缝补鞋子，眼前的垫子上有一片炽热耀眼的阳光；盲人音乐家手持鼓和小小的三弦琴在演奏；一个衣衫褴褛、一无所有的乞丐；冒着烟的油饼和成群的苍蝇；继续向上走，可以听到正午祷告的圣歌从幸福的苍穹中一座白色宣礼塔飘来；下面是一个柱廊围成的阴凉的院子，马蹄形的大门用砌砖砌成；墙上，一只脏兮兮的猫正在晒太阳；街道上，披着红的、白的、黄的、蓝的、棕色的斗篷的人，戴着白色头巾的人，穿着红色的高帽、制服的人，各种肤色（白色、浅黄色或是黑色）的人络绎不绝；人们脚上趿拉着黄色和红色拖鞋，光着脚的黑人在无声地奔跑，这种场景说也说不尽。

早晨，太阳这个伟大的上帝升起来了，地平线两端满溢着他的欢愉和力量，所有的生物都听从于他。夜晚时分，月亮皎洁如银，闪耀着神圣的光芒，此刻没有人怀疑掌管爱与生育的女神阿施塔特的存在。

在阿尔及尔和突尼斯之间绵延着的是长达五百五十英里的非洲土地，那里有高耸入云的、宏伟、绵亘的阿特拉斯山脉，宽阔的山谷和盛产葡萄和谷物的高原，还有深绿色的橡树林。今天，埃及的神荷鲁斯从遥远、苍白的群山中升起，越过一望无际的绿色和棕色平原，从沙漠中刮起一阵狂风，吹向深蓝色的大海。在起起伏伏灰绿色的山丘上，在整个罗马城市的黄褐色遗迹上，小群小群的黑山羊在其间吃草，附近有一个贝都因人营地，他们有黑色的帐篷，还有骆驼和驴子。一头骆驼站在铁轨上犹豫着是否要走下来，然后就被火车撞死了，怪物被杀掉了，一群白衣人边跑边叫，还冲我们打着手势，前方还是大海，海水变成了深蓝色的，阳光下水面上的反光十分刺眼。阳光照射下，一座有着神圣的白色穹顶和塔楼的雪白的城市从一片橄榄林、棕榈树，以及巨型仙人掌围成的树篱中升起来了，这片丛林好似在受到阳光炙烤而摇曳的空气中漂浮着，这些房子气势恢宏地分布在一座小山上。接着是白墙白塔的苏塞，下面是港口，港湾墙的另一边是深蓝色的大海，港口里停着我曾经画过的有两个船帆的帆船！

在这里你走在路上都可能会被罗马遗迹绊倒，我之前就用手杖从地上挖起了一块罗马时代的陶器。

我其实有一些可悲的词穷了，我不知道非洲到底在向我倾诉着什么，但它确实一直在讲着自己的故事。可以想象太阳高照着，空气和高山顶上一样清透，这里有你从未见过的湛蓝的大海，这里的色彩有着不可思议的力量。你仍然可以在市场上买到像双耳陶罐那样的古玩，还有月亮！

1920 年 3 月 15 日，星期一

苏塞

格兰德酒店

关于理查德·威廉

（1916 年）

我第一次见到理查德·威廉是在德国达姆施塔特召开的一次"智慧学堂"的会议上。那是在 20 世纪 20 年代初，1923 年，我们邀请他来苏黎世，他在心理学俱乐部里讲《易经》。

认识他之前，我就对东方哲学很感兴趣，大约从 1920 年起我就开始着手《易经》方面的研究了。有一年夏天我在博林根，当时我下定决心要全力以赴地去解决这本书里的谜题。我给自己剪了一束芦苇，而并没有按照传统方法的要求使用艾草秆。我会在一棵百年梨树下一坐就是几个小时，身边放着《易经》，通过一问一答的方式互相比对卜文结果，借此来练习这种技巧。我得到了各种各样毋庸置疑的神奇结果——这些结果都与我自己的思维过程产生了意义重大的关联，但是我却无法解释其中缘由。

在这个实验中，唯一的主观干预是实验者未经计算就武断地把这束芦苇秆（一共有四十九根）一下子分开了。实验者并不知道每捆芦苇有多少根，但试验结果却取决于每捆芦苇秆之间的数量关系。其他操作步骤都很机械化，个人意志完全无法干涉。如果确有精神上的因果关系存在的话，那就只能存在于芦苇秆的任意分捆中（或者，在另一种情况下，则是抛硬币时掉落的偶然概率）。

整个暑假我都在想:《易经》所给的答案到底有没有意义？如果有，那么心理和物理事件之间的关联是如何产生的？我常常遇到一些惊人的巧合，这似乎暗示了一种非普遍性的相似性（我后来称之为同步性）的想法。我对这些实验非常着迷，甚至完全忘了做笔记，后来对此也非常懊悔。然而，当我后来经常和我的病人一起做这个实验的时候，我们可以很明显地看到有相当多的答案直击要害。我还记得一个年轻人有着强烈的母亲情结。他想结婚，也认识了一个看似很合适的姑娘。然而，他自己却有些疑虑，担心在这种母亲情结的影响下，他可能会重新生活在一个强势母亲的掌控之下。我和他一起做了实验。他的卜文是这样写的:"此少女强势。他不应该娶这样一个姑娘。"

　　30年代中期，我遇到了中国哲学家胡适。我问他关于《易经》的看法，他的答复是:"哦，那不过是一本古老的咒语集，没什么意义。"他在这方面并没有经验，至少他自己是这么说的，他记得自己只有过一次真实的体验。有一天他和一个朋友出去散步，朋友告诉他自己的爱情不顺。此时他们刚好路过一座道观，他便开玩笑似的对他朋友说:"你可以去那儿算算！"说干就干。他们一起走进庙里，向道士算了一卦。但他自己一点也不相信这些胡说八道。

　　我问他卜文是否应验，他勉强回答说:"哦，是的，应验，当然应验……"我想起一个众所周知的关于所谓的"好朋友"的故事，这个朋友总是会替一个人去做他不愿意做的任何事，于是我小心翼翼地问他是不是也多少有点收获。"当然，"他回答说，"就当是玩玩了，我也问了道士一个问题。"

　　"算出来的结果还合理吗？"我问。

　　他犹豫了一下。"啊，那什么，如果你一定要这么说的话，就还算合理吧。"这个话题显然让他很不舒服。

　　距离我第一次用芦苇做试验过了没几年，威廉做评论的《易经》就出版了。我很快就拿到了书，并且欣慰地发现关于那些意义重大的关联问题，威廉和我的看法差不多。但他对整本书都非常熟悉，因此填补了那些我力所不能及的空白。威廉来到苏黎世之后，我有机会和他就此问题促膝长谈，我们畅谈了中国哲学和宗教。威廉在中国思想方面有丰富的知识储备，他和我分享的一些看法帮我厘清了一些非常重要的问题，这些问题的产生源于欧洲式潜意识。另一方面，我和他聊了一些自己对潜意识的研究结果，这让他大为吃惊，因为他以前觉得这里面有些东西是中国哲学传统所独有的。

威廉年轻时曾去过中国传教，在那儿东方的精神世界向他敞开了大门。威廉是一个名副其实的教徒，对事物的看法清晰而富有远见。他天生就能中立地接受各种外来思想，进而实现所谓"同理心的奇迹"，从而能够将中国的思想宝藏带到欧洲。威廉深受中国文化的影响，有一次他对我说："我很高兴自己从来没有给中国人施洗过！"尽管他是一个基督徒，但他还是无法忽略中国思想里蕴含的逻辑和条理。"影响"这个词并不足以形容中国思想文化给他带来的改变，实际上他已经完全被征服、被同化了。他的基督教观点退居幕后，但并没有完全消失，这些观点现在仅存于精神层面，像是一种道德条款，这种条款将在日后产生重大影响。

在中国，他有幸结识了一位老派圣人，他曾因革命被赶出内地。此人名叫劳乃宣，是威廉在中国瑜伽哲学和《易经》心理学上的引路人。多亏有此二人的合作，我们才有幸能看到这版《易经》以及里面的精辟评论。这部东方文化中最深奥的作品头一次以一种生动易懂的方式来到了西方世界。我认为这是威廉最重要的作品。虽然他心智清晰，并且毫无疑问是西方的，但他在《易经》的评论部分表现出来的却是一种与中国心理的高度匹配，这两者的共存实在是有点相互矛盾。

当此书终于译完，第一份的校样出来后，劳乃宣老师便去世了。就好像他的工作已经完成了，这便是他传递给欧洲的最后一条有关那垂垂老矣、濒临灭亡的中国的信息。威廉无疑是一个完美的关门弟子，他实现了圣人的心愿。

当我认识威廉的时候，我觉得从言谈举止的各个方面来看，他就是一个中国人。他早已被东方观点和古代中国文化浸透。回到欧洲后，他来到法兰克福中国学院任教。然而，无论在教学中还是在对外行人员进行的演讲中，他似乎都感受到了欧洲精神的压力。基督教的观点和思想形式又重回幕前。我听过他几次演讲，内容和传统布道几乎没有什么不同。

对我来说，这种倒退似乎有些欠妥，所以是很危险的。我认为这是再次被西方同化的表现，威廉的内心也会因此充满矛盾。我认为，既然这是一种屈服于环境的被动同化，那么就可能会有相对意义上的潜意识冲突，这是他东西方心理的碰撞。如果正像我设想的那样，一开始基督教思想让位于中国文化，那么现在的情况正相反：欧洲文化再次占据上风。如果缺少一种强势而意识清醒的行为对此做出调和，那么潜意识的冲突将会严重影响身体健康。

听过他几次演讲以后，我试图让他意识到自己所面临的危险。我的原话是："亲爱的威廉，请不要误会，但我觉得你现在太西方化了，你都快忘了自己向西方传播东方文化的使命了。"

他回答说："你说得对，我也感到力不从心。但我能怎么办呢？"

几年后，威廉在我家做客的时候得了阿米巴痢疾，他二十年前就得过这种病。接下来的几个月，他每况愈下，后来我听说他住院了。我去法兰克福看他，那时他已病入膏肓。医生并没有放弃希望，威廉也没有，他还在谈着康复后想要做的事情。我嘴上说支持他，但心里总有种不祥的预感。他当日所说证实了我的猜测。他在梦中重回那一望无际的荒凉的亚洲大草原，那是被他遗弃的中国。他重新摸索着找到中国曾经摆放在他面前的问题，而西方世界却阻止了他寻找答案。如今他已经意识到这个问题了，但却找不到解决办法。他的病一直拖了好几个月。

我有相当长一段时间没有听到威廉的消息，直到他去世前几个星期，有一天就在我快要睡着的时候，我被一个幻觉惊醒了。我的床前站着一个身穿深蓝色长袍的中国人，双手在袖子里交叉。他向我深深鞠了一躬，好像要告诉我些什么。我知道这意味着什么。那个场景栩栩如生，我不仅看到了那人脸上的每一道皱纹，就连衣服上的每一根线都看得一清二楚。

威廉的问题也可以看作意识和潜意识之间的冲突，对他来说这表现为西方和东方之间的冲突。我觉得我理解他的处境，因为我自己也有相同的问题，也知道卷入这场冲突意味着什么。即使在我们最后一次见面的时候，威廉也并没有对我敞开心扉。虽然他对我提到的心理学观点非常感兴趣，但也仅限于当我谈到诸如冥想或是宗教心理学方面的问题时。谈到这些的时候一切都很顺利，但是每当我试图触及由于他内心冲突而导致的实际问题时，我都能感到他会突然封闭自我，因为这些问题总是直击痛处。我观察到许多重要人物都会这样。正如歌德在《浮士德》中所说，有一个"未曾有人涉足，也无法行走"的地方，其他人无法进入，也不应强行进入，那是一个不容人类干预的命运。

附录 II 术语解释

放大（Amplification）：

通过直接联想（参阅"联想"的解释）和人文科学中（象征学、神话学、神秘学、民俗学、宗教历史学、生态学等）与之相似的部分对一种梦的意象作详尽阐释与澄清。

阿尼玛和阿尼姆斯（Anima and Animus）：

男人潜意识中女性性质的人格化和女人潜意识中男性性质人格化的过程。这种心理雌雄同体现象反映了一种生物事实，即占比更大的男性或女性性别基因决定了一个人最终的性别。占比较低的异性基因会显现出另一种性别的特征，这种特征通常会隐藏在潜意识里。阿尼玛和阿尼姆斯通常会在梦中及幻想中以具象的人格化形式展现（如"梦中女孩""梦中情人"），或以男人的不理智情感和女人的不理智想法的形式表现出来。作为行为调节因素，阿尼玛和阿尼姆斯是两种最具影响力的原型（参阅"原型"的解释）。

荣格说："每个男人心中都有女人的永恒形象，并不是某个具体女人的形象，而是一种绝对女性形象。从根本而言这种形象是潜意识的，是从嵌入男人体内有机体系中的初源处遗传而来的因素，是所有祖先对雌性经历所留下的一种印记或'原型'（参阅'原型'的解释），是女性的全部印象的一种积淀……由于这一形象是潜意识的，它总是下意识地投射到所爱的人身上，是产生强烈吸引或厌恶的主要原因之一。"

(《人格的发展》,《荣格全集》)

"在其最初的'无意识'形式中,阿尼姆斯是各种自发的、未经深思熟虑的观念的混合体,这些观念对女性的情感生活产生了巨大影响;而阿尼玛的情绪也混杂着相似的各种情感,这些情感随后影响或扭曲了男性的理解力('她将他的头转了过去')。结果,阿尼姆斯十分愿意将自己投射在'知识分子'身上,或所有'英雄'身上,包括歌唱家、艺术家、体育明星等人。阿尼玛偏爱女性身上所有无意识的、黑暗的、模棱两可的以及毫不相干的特性,也偏爱她的虚荣、冷漠、无助等诸如此类的性格。"

(《心理疗法的应用》,荣格全集)

"任何一个男性跟阿尼姆斯交谈不到五分钟,都会变成阿尼玛的牺牲品。如果有谁还有足够的幽默感,能客观聆听接下来的对话,那他准会惊愕不已,因为交谈中大量的常识、误用的真理、报纸和小说中的陈词滥调、过时的老生常谈夹杂着粗俗的辱骂和严重的逻辑缺失。正是这种对话,无论其参与者如何,都会以世界上所有语言重复千百万次,而且基本上始终保持不变。"

(《伊涌》,荣格全集)

"阿尼姆斯(也包括阿尼玛)的自然功能将处于个人意识与集体潜意识(参阅'潜意识'的解释)之间,正如人格面具(参阅'人格面具'的解释)是介于自我意识和外部世界对象之间的一种物质。阿尼姆斯和阿尼玛应像桥梁或门一样通向集体无意识的形象,因为人格面具应该是通向世界的桥梁。"

(讨论笔记,未发表。《幻象》第 1 部分)

原型(Archetype):

荣格:"原型的概念……是从不断观察研究中得来,例如世界各国文学中的神话和童话全包含有绝对动机,这种动机处处存在。我们在当今人类的幻象、梦境、妄想和错觉之中都会发现这些同样的动机,我把这些典型形象和联想称作原型思想。它们愈是生动逼真,就愈加会被染上非常强烈的感情色彩……我们对他们印象深刻,受其影响,并为其着迷。它们在原型中均有出处,原型本身是一种不能表现出来的、潜意识的、事先存在的形式,似乎

附录二 术语解释

287

是心理学的继承结构的一部分，因此可以随时随地自发表现出来。这一原始意象因具有本能性质，所以是情调情结（参阅'情结'的解释）（the feeling toned complex）的基础，而且与情调情结一起享有自治权。"

（《文明的转型》，《荣格全集》第 10 卷）

"我一次又一次地遇到一个错误的观念，即原型是根据其内容决定的，换言之，它是一种潜意识的观念（如果这样的表达可以被接受）。有必要再次指出，原型并不是根据其内容来确定的，而是仅根据其有限的形式来确定的。一个原始意象（参阅'原始意象'的解释）只有在其成为意识因而被物质性的意识经验所填满时才被其内容所决定。其形式，无论怎样……好像可以跟一个带轴的水晶体相比拟。好像可以这样说，该水晶体尽管自身没有实体，却可以在母液中形成水晶结构。这种现象的出现完全依照了离子与分子的结合方法。原型本身空无一物，只有形式，仅仅是一种具有特权的先验表现可能性。表象本身并不是遗传的，只是形式，在这方面，它们在各个方面都与本能相对应，而本能也只是在形式上决定的。只要二者不能以具体的形式表现出来，那么证明本能的存在就并不比证明原型的存在更容易。"

（《原型与集体无意识》，荣格全集第 9 卷，第 1 段）

"在我看来，上述这种原型的真正实质很有可能无法被意识到。我认为这是超验的，因而我称其为类心理（参阅'类心理'的解释）状态。"

（《心理结构与动态》，荣格全集第 8 卷）

联想（Association）：

根据相似性、共存性、对立性和因果依赖关系将思想、观念等联系起来。弗洛伊德在解析梦时说自由联想是做梦者自发产生的想法，这种想法不一定与梦境有关。荣格释梦时说经引导的抑或受到控制的联想是：源于一个特定的梦境情境并时刻与之相关的自发的想法。

联想测验（Association test）：

通过测量反应时间（the reaction time）和解释给定刺激词的答案来发现情结（参阅"情结"的解释）的方法。情结指标（Complex–indicators）：当刺激字触碰到患者想隐藏或是没意识到的情结时，患者反应时间延长、答案出现错误或具有特殊性。

情结（Complex）：

荣格："情结是由于创伤的影响或者某种不合时宜的倾向而分裂开来的心理碎片。正如联想实验所证明的那样，情结干扰了意志的意图，搅乱了意识表现：它们在联想（参阅'联想'的解释）的流动中产生记忆干扰和障碍。它们依据自己的规律出现和消失，可以暂时困扰意识，或者影响人的言语和行为潜意识的方式。简言之，情结会像独立生命体那般运作，这一事实在精神异常的状态下尤为明显。精神错乱者所听到的声音甚至可以表现出一种个人的自我特征，就像那些通过自动写作和类似技术来表现自己的灵魂一样。"

（《心理结构与动态》，荣格全集第 8 卷）

意识（Consciousness）：

荣格："当一个人反思意识到底是什么时，他会被一个奇迹深深地打动：即当一个事件发生在外部的宇宙中时，相应的也会产生一种内部形象，也就是说这个事件也会在内部产生，此即意识。"

（《巴塞尔讨论会》，私人出版于 1934 年，第 1 部分）

"我们的意识并不会无中生有，它是从未知的深处涌出的。它会从我们的童年时期开始逐渐苏醒，此后在我们的一生中，它每天早晨都会从无意识的状态中醒来。它就像一个每天都会从无意识的原始子宫里出生的孩子。"

（《心理学与宗教：西方与东方》，荣格全集第 11 卷）

梦（Dream）：

荣格："梦是心灵最深处最隐秘的隐秘之门，打开门就能进入那宇宙之夜，那是在任何自我意识出现之前就早已存在的心灵，无论我们的自我意识能延伸多远，这种心灵都会一直存在……所有的意识都是分开的。但在梦中，我们更像是这样的宇宙，更真实、更永恒的人居住在原始之夜的黑暗中。在那里，他仍然是一个整体，整体在他体内，与自然无可区别，没有任何自我。

从这些无所不包的深度中产生了梦，尽管它从未如此幼稚、荒诞和不道德。"

（《文明的转型》，荣格全集第 10 卷）

外倾（Extraversion）：

一种态度类型，特点是兴趣集中于外部客体。参阅"内倾"。

上帝形象（God‑image）：

该词来自教会教士，他们认为上帝形象印刻在人类灵魂之上。当这种形象同时在梦境、幻象、错觉之类中产生时，从心理学观点看，这种形象即是自我（参阅"自我"的解释）的一个象征，是精神整体的一个象征。

荣格："只有通过精神，我们才能够认识到上帝对我们的所作所为，但我们却不能分辨出这些行为是源于上帝还是源于潜意识。这两者都是用来解释超验内容的临界概念。但是从经验上可以确定，无意识中存在一种整体原型，这种整体原型会在梦中自发地表现出来，并且有一种独立于有意识意志的倾向，可以将其他原型与这个中心联系起来。结果看上去，原型似乎不太可能产生一种象征性的东西，能够一直是神性的特征和表现。上帝形象与潜意识本身并不一致，而是与它的一个特殊内容相吻合，即自我的原型。正是这个原型，我们再也无法从经验上区分上帝的形象。"

（《心理学与宗教：西方与东方》，荣格全集第 11 卷）

"那么一个人可以将上帝形象解释为……自我的反映，或者反过来说，解释为人身上上帝形象的一个自我。"

（《伊比特》）

圣婚（Hierosgamos）：

神圣的或精神上的婚姻，古代重生之谜和炼金术中原型人物的结合。典型的例子是基督和教会作为新郎和新娘以及太阳和月亮的炼金术结合。

个体化（Individuation）：

荣格："我使用'个体化'一词旨在表示一个人在心理上成为'个体'的

过程，即一个独立的、不可分割的统一体或'整体'。"

（《原型与集体无意识》，荣格全集第 9 卷）

"个体化意味着变为一个单一的、同质的个体，而且，由于'作为个体的发展过程'就是要与我们最深处的、最终的独特性相结合，因此它也意味着成为自己。因此，我们可以将个体化翻译为'自我实现'或'自我意识'。"

（《论分析心理学的两篇论文》，荣格全集第 7 卷）

"但是我多次注意到，个体化与自我走进意识常相混淆，因而自我（ego）常被误认为是自我（self），这自然产生了一个无望澄清的混乱概念。个体化便除了是个自我中心论和自动起性以外什么也不是。但是自我（self）比仅仅一个自我（ego）所包含的东西要多得多……它不仅是一个人的自我，而且也是其他所有人的自我（selves），而那个自我（ego）则仅指一个人的自我。"

（《心理结构与动态》，荣格全集第 8 卷）

人格扩张（Inflation）：

通过对人格面具（参阅"人格面具"的解释）或原型（参阅"原型"的解释）的认同，或在病态的情况下对历史或宗教人物的认同，使人格超出其应有的限度。它会产生一种夸大的自我重要性的感觉，通常由自卑感来补偿。

内倾（Introversion）：

一种态度类型，其特点为注重生活定向中的主观心理满足。参阅"外倾"。

超自然力量 / 神力（Mana）：

美拉尼西亚语，意为来自一个人或物体、一种行为或事件，或来自一种超自然存在和精神的巨大力量。同时也代表健康、声望与力量，它们能产生奇迹，有治愈力量。一种精神能量的原始概念。

曼陀罗（Mandala）：

一种有魔力的圆形图案。在荣格的理念中，象征着精神整体的中心、目标或自我；是一种走向中心的心理过程的自我（参阅"自我"的解释）表征现象，是产生新的人格中心的过程。曼陀罗可由圆状、方状或四位一体（参阅"四位一体"的解释）的东西象征性地表示，靠对"四"这个数和其倍数的对称摆放，象征性地复现出来。在印度密宗瑜伽术中，曼陀罗是一种用来冥想的工具，是诸神的椅座和诞生地。被干扰的曼陀罗，即指任何偏离圆状、方状，或者四边都一样长的十字，或者基数不是"四"或"四"的倍数的形状。

荣格："曼陀罗意味着一个圆圈，尤其意味着一个魔圈，这种象征形式不只在整个东方可以找到，而且在西方世界亦常见到。魔圈在中世纪被大量复现。那些特具基督教味道的魔圈即来自中世纪早些时候。它们大多把基督置于中心，旁边是四个福音传教士，或在基本方位放置象征这些传教士的事物。这一概念一定是个非常古老的概念，因为荷拉斯（埃及太阳神——译者注）和他四个儿子也以同样方式被埃及人再现出来……曼陀罗形式大部分以一朵花、一个十字架或一个车轮的形式出现，这一形式有一种朝向"四"这个作为其结构基数的方向而去的显著趋势。"

（《金花之谜》注释，荣格全集第 13 卷）

"曼陀罗……往往在心理迷惑和失调情形下出现。原型便因而形成星座状，以一种秩序模式复现出来，该模式像一种刻有分成四份的十字架或圆圈的心理学称为'视角探测器'的东西，将混乱不堪的心理置于其上，这样每种东西都将得到满足，然后各自归位，受搅扰的迷惑心理便被那具有抵抗作用的圆圈钳制住了……与此同时，它们成了印度神秘瑜伽术，成了一种帮助恢复秩序存在的工具。"

（《文明的转型》，荣格全集第 10 卷）

圣灵存在（Numinosum）：

鲁道夫·奥托语（见《神圣的意念》一书中），指一种无法言述、神秘、恐怖、直接体验的和只与神灵产生关联的感觉。

人格面具（Persona）：

最早指表演所戴的面具。

荣格："人格面具……是个人适应世界的系统，或在与世界进行交流时所采取的方式。比如，各行各业都有其自己特有的人格面具……只是，危险在于（人们）会与他们的人格面具融为一体——教授与教科书，歌唱家与其声音……可以稍加夸张地说，人格面具实际上并非所戴面具其人本身，而是他人甚至连同本人所认为的'自己'。"

（《原型与集体无意识》，荣格全集第 9 卷）

原始意象（Primordial image）：
由荣格最初使用，指原型（参阅"原型"的解释）。

类心理（Psychoid）：
"类灵魂的"或"准精神的"。

荣格："集体无意识"代表了一种无法直接感知或"表现"的心理，与可感知的心理现象相比，基于其"不可被再现"的本质，我称之为"类心理"。

（《心理结构与动态》，荣格全集第 8 卷）

四位一体（Quaternity）：
荣格："四位一体是一个几乎普遍存在的原型，是形成任何整体判断的逻辑基础。在做判断时必须包含四个方面。例如，如果你想整体性地描述一下地平线，就需要指出天空的四个部分。类似的有四种因素、四种基本性质、四种颜色、四个阶层、四种精神发展道路，等等。同样，在心理学定向中，也有四个方面……为了引导我们自己，我们必须具有肯定某种事物存在的功能（感觉）；第二个功能是确定存在的事物是什么（思考）；第三个功能是说明它是否适合我们，我们是否愿意接受它（感觉）；第四个功能是指示它从哪里来，要到哪里去（直觉）。经过上述四点阐释，也就不必说明其他的了……理想的完整形式就是圆形或球形，但它的自然最小分裂形式是个四位体。"

（《心理学与宗教：西方与东方》，荣格全集第 11 卷）

四位一体或叫四元经常具有"3 + 1"的构架，其中组成四位一体的一元常占有一个特殊地位或者具有一种区别于其他元的性质。例如，三个福音传

附录二 术语解释

教士的象征物为动物，而第四个传教士或即圣路加的象征物则为天使。"第四个"与其他三个相加，它们一起构成象征着整体的"一个"。在分析心理学中，"劣势"功能（即非支配性的主体意识功能）代表"第四功能"，它在意识中的整合是个体化（参阅"个体化"的解释）过程中的重要任务之一。

自我（Self）：

中心原型（参阅"原型"的解释）；秩序的原型；整体人格。以圆形、方形、四位一体（参阅"四位一体"的解释），儿童，曼陀罗（参阅"曼陀罗"的解释）等作为象征。

荣格："……自我是一个高于有意识的自我的概念。它不仅包含意识的，也包含了潜意识的心理，可以解释成为'我们同样也是'这样一种人格……我们几乎不可能对自我意识有一点点的了解，因为无论我们有多谨小慎微，总会存在一个不确定的也无法确定的潜意识的东西，这种潜意识属于完整的自我。"

（《两篇论分析心理学的论文》，荣格全集第 7 卷）

"自我不仅代表个人中心，而且像一个圆那样将意识和潜意识圈在中间；它是完整自我的中心，正如自我（ego）是意识的中心。"

（《心理学和炼金术》，荣格全集第 12 卷）

"……自我是我们生活的目标，因为对于我们称之为个性的命运组合来说，自我是最完整的表达。"

（《两篇论文》，荣格全集第 7 卷）

阴影（Shadow）：

人格的低级部分；它是所有个人和集体心理因素的总和，由于这些因素与所选择的意识态度无法共存，因此人们在生活中拒绝表达它们，导致它们与潜意识中对立倾向的部分结合成一个相对自主的"分裂人格"。阴影对意识起到了补偿作用，因此它的影响可能是积极的，也可能是消极的。在梦中，阴影幻化成的形象总是和做梦的人是同性别的。

荣格："阴影是一切拒绝认清自己的事物的化身，但它又总是直接或间接地把自己投射到这个事物身上，例如，性格的低劣特征以及其他无法相容的倾向。"

（《原型与集体无意识》，荣格全集第 9 卷）

"……阴影是一种隐蔽的、受压抑的、大多数时候低人一等的、充满罪恶感的人格，其最主要的影响可以追溯到我们动物祖先的世界，因此它构成了潜意识的全部历史……如果迄今为止人们还是相信人类的阴影是所有邪恶的根源，那么现在通过仔细观察就可以肯定，潜意识的人，即他的影子，不仅会表现出一些应受道德谴责的行为，而且还会表现出一些良好的品质，如正常的本能、适当的反应、现实的洞察力、创造性的冲动等。"

（《伊涌》，荣格全集第 9 卷第二部分）

灵魂（Soul）：

荣格："如果要去形容人类（的灵魂）的话，它一定具有难以想象的复杂性和多样性，因此要想仅通过本能的心理来接近它是不可能的。我只能怀着惊叹和敬畏的心情凝视着我们心灵，它是那样的深不可测又高不可攀。它的非空间宇宙里隐藏着无数的意象，这些意象是数百万年的生命发展积聚起来的，现已根植在生物体内。我的意识就像一只眼睛，目光直达最遥远的空间，然而只有心灵的非自我才能让这些空间里充满非空间的意象。这些意象并不是苍白的阴影，而是非常强大的精神因素……除了这张照片，我还想谈谈夜晚那满天的繁星，因为只有内部宇宙才是外部宇宙的对等物。正如我通过身体这个媒介到达这个世界，我也会将精神作为媒介到达那个世界。"

（《弗洛伊德与精神分析》，荣格全集第 4 卷）

"如断言说上帝可以在任何地方显现，唯独遗漏了人类的灵魂，那这是对神明的亵渎。事实上，正是上帝和灵魂之间的亲密无间，才能自动地让灵魂免遭贬值。说亲密无间也许有些太过了；但无论如何，灵魂自身必须包含这种与上帝的特殊关系，也就是要互通往来，否则二者就永远不会有联系。从心理学的角度来说，这种互通往来是上帝形象（参阅"上帝形象"的解释）的原型。"

（《心理学与炼金术》，荣格全集第 12 卷）

同步性（Synchronicity）：

此术语由荣格所造，用来表示有意义的巧合或其他类似的事情，比如，（1）指一种精神上和生理上互相不具备因果关系的状态或事件。例如，当一件内心感知到的事件（如梦、幻影、预感等）与外界现实相呼应，即预感由内心意象"变成现实"时，这种同步性现象便发生了；（2）指在不同的地方同时发生的相似或相同的思想、梦境等。这两种巧合都无法用因果关系去解释，但看上去它们主要与潜意识中被激活的原型过程有关。

荣格："我很久以前对潜意识过程心理学的偏爱促使我去寻找另一种解释的原则，因为在我看来，因果关系原则不足以解释潜意识心理学的某些显著现象。因此，我发现有一些心理上的并行现象，这些现象之间没有因果间的关联，它们必须通过另一种原则联系起来，即事件的偶然性原则。在我看来，这种事件之间的关联非常重要，因为它们相对会同时发生（即'同步性'）。确实，时间远远不只是一个抽象的概念，而是一个具体的连续体，包含有一些性质或是一些基本情形，这些性质或情形会通过并行性在不同的地方同时显现出来，这些并行性无法用因果来解释，比如说当相同的思想、符号或精神状态同时发生的时候。"

（《纪念卫礼贤》，荣格全集第 15 卷）

"之所以选择这个词，是因为在我看来，两个有意义的但不存在因果关系的事件同时发生是必不可少的标准。因此，当两个或多个无因果关系的事件在时间上重合，并且具有相同或相似的含义时，我会在这种特殊情况下使用同步性的一般概念来表示。这与'对照性'相反，'同步性'仅仅意味着两件事是同时发生的。"

（《心理结构与动态》，荣格全集第 8 卷）

"同步性并不比物理学上的不连续性更加困惑或神秘。对因果关系那至高无上的力量所怀的根深蒂固的信仰，才会造成一些人心智上的问题，他们会觉得无因果关系的事情的存在或发生是不可思议的……有意义的巧合被认为是纯粹的偶然。但它们发生得越是频繁，它们之间的对应关系越是明显而精确，它们的不确定性就越低，不可想象性就越高，直到它们因为缺乏因果关系的解释不再被视为纯粹的偶然，而不得不被当作有意的安排……它们的

'不可解释性'并不是因为原因是未知的，而是因为事物发生的原因无法从心智方面来解释。"

（《心理结构与动态》，荣格全集第 8 卷）

潜意识（Unconscious）：

荣格："从理论上讲，意识领域是没有界限的，因为它可以无限延伸。然而，从经验上讲，它总会受限于未知之事。这包括我们所不知道的一切，因此，它们与作为意识领域中心的自我无关。未知事物分为两类：一类是外在的，能被感官所感受到的；另一类是内在的，可以立即体验到的。第一类是外部世界的未知，第二类是内部世界的未知。我们称后者为潜意识。"

（《伊涌》，荣格全集第 9 卷第 2 部分）

"……那些我所知道的，但又没有去思考的一切；那些我曾经意识到的但现在已经忘却的一切；那些我的感官所感知到的，但意识没有注意到的一切；那些我没有意识到但是却主动感觉到的、思考过的、记住的、想要得到的和做过的一切；那些属于未来的，形成于我自身的并且有时会进入意识中的事情：所有这些都是潜意识的内容。"

（《心理结构与动态》，荣格全集第 8 卷）

"除了这些，我们必须或多或少地考虑到对痛苦的思想和感情的刻意压制。我把所有这些内容的总和称为'个人潜意识'。但是，除此之外，我们在潜意识性质中发现了遗传获得的而并非通过个人行为获得的东西，例如出于需要而产生的冲动行为，这些行为并非源自有意识的动机。在这个'更深的'层面上，我们还发现了……原型……本能和原型一起形成了'集体无意识'。我称之为'集体的'是因为与个人潜意识不同，它不是由个体和多少有些独特的内容组成的，而是由普遍性和经常性的内容组成。"

（《心理结构与动态》，荣格全集第 8 卷）

"第一类包括那些个体人格中的重要组成部分，因此也可以是有意识的；第二类形式，似乎可以这样说，即为一种无所不在，永恒不变，与自身同一的精神本质或基础。"

（《伊涌》，荣格全集第 9 卷）

荣格自传：记忆、梦、思考

　　"随着它们不断地向黑暗深处退去，心灵的更深层失去了它们的独特性。'向下'指的是当它们接近自主的功能系统时，它们变得越来越具有集体性，直到它们在实体的物质性（即化学物质）中普遍化并消失。人体的碳也只是碳罢了。因此，'归根到底'心灵不过就是'世界'罢了。"

（《原型与集体无意识》，荣格全集第 9 卷）